Droemer
Knaur®

Benoîte Groult

Wie die Freiheit zu den Frauen kam

Das Leben der Pauline Roland

Aus dem Französischen übertragen von
Kirsten Ruhland-Stephan

Droemer Knaur

Die Wiedergabe des Frontispizes erfolgt mit freundlicher Genehmigung von Jean-Loup Charmet, Paris

Titel der Originalausgabe: Pauline Roland ou
comment la liberté vint aux femmes
Originalverlag: Laffont, Paris

Die Deutsche Bibliothek – CIP-Einheitsaufnahme

Groult, Benoîte:
Wie die Freiheit zu den Frauen kam: das Leben der Pauline Roland/
Benoîte Groult. Aus dem Franz. übertr. von Kirsten Ruhland-Stephan.
München: Droemer Knaur, 1992
Einheitssacht.: Comment la liberté vint aux femmes
ou Pauline Roland <dt.>
ISBN 3-426-26600-8

Die Folie des Schutzumschlags sowie die Einschweißfolie
und PE-Folien sind biologisch abbaubar.
Dieses Buch wurde auf chlor- und säurefreiem Papier gedruckt.

Umschlaggestaltung: Agentur Zero, München
Umbruch: Ventura Publisher im Verlag
Druck und Bindearbeiten: Mohndruck, Gütersloh
Printed in Germany
ISBN 3-426-26600-8

2 4 5 3 1

Porträt der Pauline Roland (apokryph) aus der Zeit um 1830 in Falaise, wie es in Histoire du socialisme *von Benoît Malon erschienen ist.*

Für Pauline, meine Enkelin

Vorwort

Sei gegrüßt, Pauline Roland, die du immer mit einer anderen, Madame Roland genannt, verwechselt wirst, die auf der Guillotine endete. Du jedenfalls bist heute nahezu vergessen, und doch hast du dasselbe Schicksal erlitten, da ihr beide für eure Ideen gestorben seid.

Sei gegrüßt, du, die du so gegen die Ungerechtigkeit gekämpft hast und nicht einmal eine nach dir benannte Straße hast! Einzig eine Zufluchtsstätte für ledige Mütter hält dein Andenken für immer wach. Der Gedanke hätte dir allerdings gefallen.

Du, deren Leben nichts anderes war als ein ständiges Glaubens- und Hoffnungsbekenntnis in eine bessere Welt, und die dafür nur das Schlimmste geerntet hat.

Du, der Victor Hugo ein langes Gedicht in *Les Châtiments* gewidmet hat ... doch es war kein gutes. Pech gehabt!

Ich grüße dich, ich, der mir all das, was du für die Frauen gefordert hast, zuteil geworden ist, ohne daß ich hätte leiden müssen; ich, die ich für meine Überzeugungen nicht ins Gefängnis geschickt wurde; ich, die ich mich nicht auf einsamem Posten herumzuschlagen hatte, sondern mich lediglich Tausenden anderen Frauen im Enthusiasmus einer Solidarität anzuschließen brauchte, die sich zum erstenmal in der Geschichte manifestierte; ich, die ich mir, ohne meine

Überzeugungen opfern zu müssen, mein Leben verdienen konnte, anstatt es wie du zu verlieren, ich grüße dich, Pauline Roland.

Doch es ist die andere Roland, an die sich die Geschichte erinnert, diejenige, die Madame genannt wird und den Vornamen Manon trug, »die einzige einflußreiche Frau der Revolution«, sagte Lamartine über sie, gewiß weil sie sich mit der Rolle der Ratgeberin zufriedenzugeben und die Karriere ihres Mannes, eines girondistischen Ministers, zu fördern wußte, bis sie denn auch im Jahre 1793 gemeinsam mit den Ihren das Schafott bestieg.

Als Frau mit Intelligenz – eine durchaus geduldete Eigenschaft im achtzehnten Jahrhundert, vorausgesetzt, sie wurde in den Dienst der Männer gestellt – besaß sie die Klugheit, in ihren Memoiren einen beruhigenden Satz niederzuschreiben, der in den Lehrbüchern gern als beispielhaft zitiert wird: »Wir wollen ein Kaiserreich nur mit Hilfe der Herzen und den Thron nur in euren Herzen.«

Keinerlei Grund zur Sorge bei dieser Sorte Frauen, selbst wenn sie Revolutionärinnen sein sollten!

Du aber, Pauline Roland, ledige Mutter, liebende Frau und unbeugsame Kämpferin, du hast alle nur erdenklichen Unvorsichtigkeiten begangen, du hast allen Tabus getrotzt und bist in alle Fallen gegangen, denn du warst so naiv, zu glauben, daß die Gesellschaft es dir verzeihen würde, wenn du als freie Frau lebtest, wie es deine Freunde, die Saint-Simonisten, und dein Meister Enfantin predigten. Die Qualitäten der anderen Madame Roland hattest du auch: Idealismus, Mut, Opferbereitschaft. Doch hartnäckig hast du sie deinen Prinzipien untergeordnet, und nicht einer politischen Bewegung oder einem Ehemann, den zu haben du immer abgelehnt hast.

Wie hast du es nur geschafft, deinen Weg mit jener heroischen Logik der Heiligen und Illusionisten zu Ende zu gehen und dabei hinzunehmen, von fast allen unverstanden und verstoßen zu sein, ohne allerdings jemals gelten zu lassen, daß es der eigenen Verurteilung zum gesellschaftlichen Tod, ja zuweilen dem Tode überhaupt gleichkommt, wenn man zu früh recht hat?

Einhundertzehn Jahre vor Simone de Beauvoir besaßest du die Kühnheit, zu schreiben: »Niemals werde ich bereit sein, irgendeinen Mann zu heiraten in einer Gesellschaft, die ich nicht dazu bewegen kann, meine völlige Gleichheit mit demjenigen zu akzeptieren, an den ich mich binden oder vielmehr verkaufen würde. Ich will keine Herrschaft von List und Schläue, ich will in gänzlicher Gleichheit und Freiheit leben.« Simone de Beauvoir ist es gelungen, ihr Unabhängigkeitsversprechen einzuhalten, zu einem Preis, den wir alle kennen. Aber du, wie hättest du es erreichen sollen, mitten im Jahrhundert bürgerlicher Tugenden und Sittenheucheleien?

Im Jahr 1830 warst du fünfundzwanzig Jahre alt und nur ein züchtiges junges Mädchen aus der Provinz, das sich für die von Saint-Simon so brillant in die Welt getragenen Ideen von sozialer Gerechtigkeit und Freiheit begeisterte, die auch das Leben deines Hauslehrers Desprez von Grund auf verändert hatte. Wenn du dich damit begnügt hättest, in Falaise zu bleiben, um dort deinen Beruf als Lehrerin auszuüben, statt mit so großer Leidenschaft am romantischen Abenteuer und der Ideenfülle deiner Zeit teilzunehmen und geradezu körperlich all deren Gewagtheiten und Widersprüchlichkeiten zu durchleben bis hin zum dramatischen Scheitern, wenn du akzeptiert hättest, eine Frau zu sein wie alle anderen, was, alles in allem, wäre der Menschheit dann verlorengegangen?

Gewiß, du hast viel geschrieben, aber ohne das Talent einer George Sand; viel gepredigt, aber ohne die rednerische Gabe einer Flora Tristan; viel gearbeitet für das Volk, aber ohne im Sinne deiner Ideen wählen zu können, noch dich selbst wählen zu lassen, wie so viele deiner Freunde unter den Saint-Simonisten, denn vergeblich, ein Jahrhundert zu früh, fordertest du 1848 das Wahlrecht.
Sicher, du hast weder ein politisches System erdacht noch die sozialistische Bewegung geprägt. Ganz im Gegenteil, die sozialitische Bewegung war es, die dich prägen sollte. Mit dem Brenneisen.
Doch die großen Umwälzungen in der Geschichte bedürfen auch jener unbekannten Märtyrer, die, weitab von Palästen und offiziellen Rednertribünen, sämtliche Risiken, die neue Ideen mit sich bringen, eingehen und sich mit bloßen Fäusten der Feindseligkeit der Machthabenden, dem Haß der Reichen und deren Verachtung für die Verlierer entgegenstellen. Weit davon entfernt, lächerlich oder bemitleidenswert zu erscheinen, haben diese vergessenen Helden und Heldinnen etwas Außerordentliches an sich, das dem Feminismus und Sozialismus von heute fehlt. Nicht trotz ihrer Fehler oder Extravaganzen muß man sie lieben, sondern eben wegen jener Fehler und Verstiegenheiten und auch wegen jener Lektion der Hoffnung, die sie allen Unterdrückten dieser Erde erteilt haben. Ihre Utopien sind, ein Jahrhundert später, zu unseren Realitäten geworden.
Zum Glück für die Geschichte der kleinen Ereignisse am Rande der Weltläufe hast du, wie viele Frauen des neunzehnten Jahrhunderts, unzählige Briefe an deine Freunde geschrieben: an Barbès im Gefängnis, an Pierre Leroux in Jersey, wo er das Exil mit Victor Hugo teilte, an die Weißnäherin Jeanne Deroin, die wegen der Gründung des

ersten Näherinnenvereins gemeinsam mit dir zu einer Gefängnisstrafe verurteilt worden war, und an deinen Sohn. Auf diesem Wege kann man von deinem unglaublichen Leben Kenntnis gewinnen, das einem philosophischen Märchen ähnelt: »Pauline, oder wie die Freiheit zu den Frauen kam.« Grämliche Gemüter werden berichtigen wollen: »Wie die Freiheit die Frauen umbringt.« Doch das hieße vergessen, daß du aus deiner Gefängniszelle in Saint-Lazare schriebst: »Was sie mit mir machen werden, geht mich nichts an. Ich bin in Gottes Hand und voller Vertrauen in Ihn. Nie war die Überzeugung, daß wir im Besitz der Wahrheit sind, in mir größer.«

Und im Grunde genommen hast du sie ja auch schließlich bekommen, diese völlige Gleichheit, von der du träumtest, da der Kriegsrat dich zur Deportation nach Algerien verurteilte, wegen Beteiligung »im Geiste, wenn nicht gar durch die Tat« am Dezember-Volksaufstand gegen den Staatsstreich Napoleons III.

»Wenn schon eine Frau deportiert werden soll«, schriebst du am Vortag jener Abreise ins Bagno, an dessen Folgen du sterben solltest, »muß und will ich es sein. Wenn schon Menschen geopfert werden sollen, müssen auch Frauen an diesem Martyrium teilhaben. Das ist das Zeichen für unsere Gleichheit.«

In diesem Spielchen ist man immer der Verlierer, Pauline, daran hättest du denken sollen. Siebzig Jahre zuvor hatte eine andere Revolutionärin bereits zum Zeichen der Gleichheit die Guillotine gefordert … und erhalten! Doch wer erinnert sich schon an Olympe de Gouges und ihre Deklaration über die Rechte der Frau?

Dir hat der Tod bei der Nachwelt auch nicht mehr Hochschätzung eingebracht als Olympe. Nur die Dichter wußten sie zu ehren, jene Phantasten und mit einer Utopie Geschlagenen, die, rührend romantisch in Lumpen gehüllt, dem Hirngespinst vom unbegrenzten Fortschritt und universellem Glück nachjagten.

»Madame Roland, Pauline Roland«, wird Verlaine schreiben und damit dich neben Manon stellen in seiner Huldigung an Louise Michel, die ebenfalls, nur zwanzig Jahre später, verbannt wurde, weil sie an der Pariser Kommune beteiligt gewesen war:

Madame Roland, Pauline Roland,
Lucile, Théroigne und Charlotte,
Beinah Jeanne d'Arc, ihr Sterne an
Der Stirn der töricht dumpfen Rotte …

Ihr Himmelsnamen, Herzen Gottes,
Euch schickt ein Garnichts ins Exil,
Bourgeoises Frankreich, sorglos flottes …
Louise Michel bedeutet viel.

Und auch Victor Hugo setzte dich ein Jahr nach deinem Tod mit jenen großen, verkannten Persönlichkeiten gleich, indem er ihr undankbares Vaterland anherrscht:

Jene Frauen, die man dort in ferne Kerker bannt,
Es sind deine Schwestern, Töchter, Mütter, dir verwandt,
o Volk, ihr Frevel ist es, dich geliebt zu haben!

Keiner dieser Frauen, dieser Mütter und Töchter, Louise Michel ebensowenig wie Marie Curie, glaubte das Pantheon den Dank des Vaterlandes ausdrücken zu müssen. Doch sofern es irgendwo ein wahres Pantheon gibt für jene, die sich, wie Auguste Comte es ausdrückte, um das »Mutterland« verdient gemacht haben, so hast du, Pauline, dort einen rechtmäßigen Platz zwischen den Heiligen im Kalender der Französischen Revolution.

Das junge Mädchen aus Falaise

Im Jahr 1830 war Falaise ein kleines Städtchen von elftausend Seelen, das sich auf Weberei, Spinnerei und Stickereiarbeiten spezialisiert hatte und im Westen für die Herstellung von Baumwollmützen berühmt war. Hier nun kam am 18. Prairial des Jahres XIII (7. Juni 1805) die ältere der beiden Demoiselles Roland, Marie Désirée Pauline, zur Welt. Ihre Mutter sollte zwei Jahre später, beim Tod ihres Mannes und nach der Geburt einer zweiten Tochter, Irma, Postmeisterin werden.

In Falaise gab es kein Lyzeum. Doch Madame Roland, obwohl unvermögend, legte großen Wert darauf, ihren Töchtern eine ausgezeichnete Schulbildung zu sichern, zum Ausgleich für die fehlende Mitgift. Also wurden diese in ein Pensionat geschickt und schließlich, um ihre literarische und philosophische Erziehung zu vervollständigen, einem Hauslehrer anvertraut, der allem Anschein nach alle gewünschten Garantien bot. Denn M. Desprez war Leiter der vierten Stufe am Gymnasium von Falaise, dem intellektuellen Zentrum der Stadt. Er war ein verheirateter Mann von vorbildlichem Lebenswandel, der allerdings kurz zuvor durch den nahezu gleichzeitigen Tod von Mutter und Schwester einen schweren Schlag erlitten hatte. Überdies war seine Ehe unglücklich. All diese Kümmernisse verliehen seiner Person eine romantische Blässe und Wehmut, die nur allzu geeignet waren, das Gemüt junger Mädchen zu bewegen. Um so mehr, als er erst neunundzwanzig Jahre alt war, und seine beide Schülerinnen zwanzig und zweiundzwanzig. Aber er hatte einen Makel, dessen Gefahr Mutter Roland nicht sofort erkannte: Es hieß von ihm, er sei Saint-Simonist! Er pflegte *Le Globe* zu lesen, der wacker den Titel »Zeitung des saint-simonistischen Glaubens, der Religion, Wissenschaft und Industrie« trug und sich für diese Doktrin begeisterte, deren Streben es war, die Gesellschaft durch eine intelligent gesteuerte Industrie zu erneuern, die zu Gerechtigkeit für die Unterdrückten und zum Glück der Menschheit führen sollte.

Saint-Simons erste Schriften stammten aus dem Jahre 1803. Nahezu fünfzig Jahre vor Marx trat dieser aufkeimende Sozialismus, den Engels später herablassend als utopisch bezeichnen sollte, wie eine großartige Woge der Brüderlichkeit in Erscheinung. Angesichts der bürgerlichen Ordnung, der Unmenschlichkeit in der Industriewelt und der Machtlosigkeit des Christentums beabsichtigte er eine Republik zu errichten, die nicht ausschließlich auf den Profit, ja nicht einmal auf Chancengleichheit gegründet sein sollte, sondern auf einen höchst subversiven Begriff, der zum erstenmal in einer politischen Zielsetzung auftauchte: die volle Entfaltung aller Fähigkeiten des Individuums.
Der Saint-Simonismus war nicht irgendeine weitere politische Theorie, auch keine neue Partei und nicht einmal eine Philosophie. Er war – oder sollte es zumindest sehr bald werden – eine Religion, und als solche forderte diese von ihren Anhängern einen glühenden Eifer, der über bloße intellektuelle Zustimmung weit hinausging.

Mitten in jenem Jahrhundert, in dem die Tugenden des Familienlebens so hochgehalten wurden, wagten diese Theoretiker des Glücks sich eine Lebensweise auszudenken und in die Tat umzusetzen, die auf dem radikalen Wandel sozialer, affektiver und sexueller Beziehungen gründete und dabei eine totale Gleichsetzung von Mann und Frau mit einschloß. Gesellschaftliche Privilegien zu bekämpfen mochte ja angehen. Gerade diejenigen anzugreifen, in deren Genuß Männer Frauen gegenüber kamen, war schon weniger akzeptabel. Sich aber in Fragen der Sittlichkeit und sexuellen Freiheit zu mischen, das bedeutete eine Dreistigkeit, deren skandalöse Wirkung einzig mit dem erstaunlichen Enthusiasmus zu vergleichen war, den sie bei den Romantikern auslöste.

Es verwundert einen heutzutage aufs höchste, wenn man feststellt, daß der Saint-Simonismus, ganz wie Cabets ikarischer Kommunismus oder Fouriers Harmoniegesellschaft, im Keim etliche der Lösungen enthält, die wir heute erst erfunden zu haben glauben. Engels übrigens sollte zwanzig Jahre später erklären, er stelle bei Saint-Simon »eine wirklich geniale Freisinnigkeit« fest, »die es uns ermöglicht, nahezu alle Ideen seiner Nachfolger im Entstehungszustand zu sehen«.

Der utopische Sozialismus war es, auf dem zu nicht geringem Teil die moderne Sensibilität gründete, und zwar derart, daß diese Philosophie des Glücks noch 1968, hundertdreißig Jahre später also, eine genügend große emotionale Schubkraft hatte, um die Hoffnungen der Jugend zu mobilisieren. »Macht Liebe, nicht Krieg ... fliegt, schwebt, genießt ... Macht aus euren Wünschen Wirklichkeit ... Laßt die Phantasie herrschen ... Seid realistisch, fordert das Unmögliche ...« Diese Parolen, mit die berühmtesten, die im Mai

1968 die Mauern von Paris schmückten, hätten auch am Giebel des Tempels stehen können, von dessen Bau Enfantin, der oberste Vater und Begründer der saint-simonistischen Religion, geträumt hatte.
Es waren übrigens auch die Studenten des Mai '68, die auf dem Montmartre die Statue Fouriers, jenes anderen Phantasten des utopischen Sozialismus, auf ihrem Sockel wiederaufrichteten. Diese war in der Absicht, sie einzuschmelzen, von den Nationalsozialisten entfernt worden.
Diese Lehren wurden mit einem heutzutage schwer vorstellbaren Erfolg in Frankreich und etlichen anderen Ländern unter der aufeinanderfolgenden Herrschaft von Ludwig XVIII., Karl X. und Louis-Philippe verbreitet, bis hin zur Wahl Napoleons III., der selbst ehemaliger Sympathisant der Saint-Simonisten war. Sie bezauberten so unterschiedliche Geister wie Jean Jaurès, André Breton, Roland Barthes oder Henri Lefebvre, die im utopischen Gedanken die erste große Intuition von einer neuen sozialen Ordnung erkannten.
Der krasse Unterschied zwischen den beiden Systemen, dem utopischen und dem marxistischen Sozialismus, liegt bei ersterem im Haß auf alle Gewaltanwendung, in der Ablehnung, seine Ideen durch autoritäre Mittel anderen aufzuzwingen, der offen eingestandenen Suche nach dem Glück und schließlich in der auf der Freiheit eines jeden gründenden absoluten Gleichheit der Geschlechter.
Auch der Stil ist anders bei den Utopisten, voller Inspiration, lyrisch, prophetisch, denn sie waren grundlegend geprägt von der Romantik ihrer Epoche, was zweifellos die Faszination erklärt, die jene Gründertexte nicht nur auf ihre Zeitgenossen ausübten, sondern später auch auf die Surrealisten und noch heute auf zahlreiche Menschen, denen die Freiheit über alles geht. Ein Stil, den man in der Mehrzahl derer

wiederfindet, die sich um 1830 im Gefolge jener charismatischen Lehrer engagierten und deren Begeisterung ebenso groß war wie ihre Hoffnungen: »Mit Menschen, die für Poesie und Liebe leben, wollen wir es halten, aus ihrem Leben wollen wir unseres schöpfen«, schreibt Desprez, Paulines Hauslehrer, an Michel Chevalier, den Leiter des *Globe*. Und er fügt mit jenem Hang zum Martyrium, den wir bei so vielen utopischen Sozialisten finden werden, hinzu: »Ist es uns denn nicht gegeben, Euch durch ein Opfer anzugehören?«

Man kann sich die Wirkung leicht vorstellen, die ein solcher, im Grunde religiöser Überschwang auf das Gemüt eines frommen, aber leidenschaftlichen jungen Mädchens ausübte, das noch dazu mit einer Aufnahmefähigkeit und Lernbegierde begabt war, wie man sie äußerst selten fand zu jener Zeit, da nur wenige junge Mädchen zu geistiger Anstrengung ermutigt wurden.

George Sands erste Romane werden erst zwei Jahre später, 1832, erscheinen, doch Pauline ist bereits jetzt eine Verwandte jener romantischen Heldinnen wie Indiana oder Lélia. In einem Alter, in dem die jungen Mädchen nur an ihren Amouren und an Putz und Tand denken, empört sie sich über die Leiden der »zahlreichsten und ärmsten Gesellschaftsklasse« und ist bereit, ihr Leben der neuen Religion zu weihen, die das Ende des Elends und der Knechtschaft der Unterdrückten, das heißt der Frauen und Arbeiter verspricht. Unter Desprez' Einfluß hat sie den Glauben gewechselt, nicht jedoch die Hoffnung und die Nächstenliebe aufgegeben.

Bisher hat ihr Hauslehrer bereits den Bibliothekar von Falaise und einige Notabeln der Stadt zum Saint-Simonismus bekehrt. Die beiden Schwestern, Irma in Paulines Schatten, aus dem sie nie heraustreten wird, schließen sich dieser kleinen Gruppe an.

Ein ganz besonderer Umstand sollte den Saint-Simonismus dabei auf unauslöschliche Art und Weise in Paulines Herzen verwurzeln: Desprez hatte sich in sie verliebt.

Sie war ein hübsches und leidenschaftliches junges Mädchen, vergleichsweise groß gewachsen für ihre Zeit – sie maß einen Meter sechzig –, mit braunem Haar, einer hohen Stirn, braunen Augen und einem in einer Zeit, wo man eine Vorliebe hatte für »kleine Meißner Porzellanpüppchen« und unschuldsvollen Mienen, etwas groß geratenen Mund. So jedenfalls ihr Erkennungsbogen bei ihrem Prozeß im Jahr 1851. Sie war in den üblichen, dem damaligen Bürgertum eigenen Vorstellungen von Anstand und Zurückhaltung erzogen worden. Sie teilte die verliebte Schwärmerei ihres Hauslehrers, doch ihrer beider moralische Strenge und jenes Pflichtgefühl, das für Pauline so charakteristisch sein wird – selbst in den Dingen, die später der öffentlichen Meinung als ihre schlimmsten Irrungen erscheinen werden – verboten ihnen selbst das Eingeständnis dieses Gefühls. Desprez war immerhin verheiratet. Unglücklich zwar, aber um 1830 ist Scheidung verboten, und sicherlich wäre auch weder der eine noch der andere der beiden auf den Gedanken daran eingegangen. Ihre gemeinsame glühende Begeisterung für die Doktrin ersetzt ihnen das Liebespfand.

Allerdings fühlt sich Pauline in dieser ausweglosen Situation sehr einsam. Ihrer Schwester Irma kann sie sich nicht anvertrauen. Diese ist eine noch ganz konventionell denkende, zaghafte junge Frau, die aus Bewunderung für die ältere Schwester bemüht ist, sich Theorien zuzuwenden, die ihren geistigen Horizont weit übersteigen. Und noch weniger kann sie sich an ihre Mutter wenden, eine autoritäre und verhärmte Frau, die sich seit dem Tod ihres Mannes fortwährend mit finanziellen Schwierigkeiten herumschlagen muß und deren einzige Hoffnung es ist, ihre beiden Töchter gut zu verheiraten.

Desprez rät ihr, an den *Globe* zu schreiben. Und zunächst einmal antwortet ihr dort die Frau eines der Anhänger, Pauline Chevalier. Doch sehr bald schon fühlt diese sich beeindruckt von der moralischen und geistigen Qualität dieser neuen Briefpartnerin, und sie berichtet davon an die Person, die nach Saint-Simons Tod zum neuen Haupt geworden ist und sich Vater nennen läßt: Prosper Enfantin. Er beschließt, diese Taufbewerberin der Obhut von Aglaé Saint-Hilaire anzuvertrauen, die die Rolle der Mutter der Doktrin einnimmt. Der Saint-Simonismus ist nämlich auf der Suche nach neuen Anhängern, und Pauline scheint genau der richtige Zuwachs.

Aglaé ist Malerin, sie lebt allein in Paris und ist eine Jugendfreundin des Vaters, ihrem, fast schon könnte man sagen, bösen Geist, denn niemals wird sie sich aus dem Zauber, den er auf sie ausübt und der jegliches andere Gefühl erstickt hat, lösen können. Ihre Mission wird sie mit Glaubenseifer, Intelligenz und Gefühlskälte erfüllen, wie sie alles tat, nur für ihn, den Vater, allein.

Die kleine Provinzlerin Pauline ist geradezu überwältigt davon, Zugang zum Allerheiligsten zu erhalten, und sie hat eine Vertraute derart nötig, daß sie Jahre braucht, bis sie sich darüber klar wird, daß Aglaé keinerlei besondere Sympathie für sie hegt und ihr lediglich der Pflicht halber schreibt. Wer in der Provinz ein gleichsam zurückgezogenes Leben führt, hat Zeit zum Schreiben. Paulines Briefe, bald nahezu täglich geschrieben, zeugen von dem Glück, einen Sinn in ihrem Leben gefunden zu haben, und von ihrem innigen Wunsch, sich aufopfern zu dürfen und geliebt zu werden …

»Haben Sie die Güte, Mademoiselle, mir zu sagen, ob ich mit Ihnen korrespondieren darf, ich brauche dringend eine Stütze. Hie und da will ich Ihnen meine Zweifel oder vielmehr Bedürfnisse darlegen. Ich werde Ihnen von einem anderen Leben erzählen, das ich mir lange Zeit erträumt und wunderschön ausgemalt habe, um mich für dasjenige schadlos zu halten, in dem ich, wenngleich noch jung, bereits arg gelitten habe … Auch von den Fortschritten der Lehre in unserer wenig aufgeschlossenen und unfreundlich egoistischen kleinen Stadt will ich berichten. Und schließlich werde ich Ihnen zeigen, welch völlige Umwälzung meine Konversion in all meinen Anschauungen vollzogen hat und welche Entwicklung der Saint-Simonismus meinen Studien gegeben hat: Ich sehe ihn überall, und allem verleiht er für mich Größe.

… Verzeihen Sie die Länge meines Briefes«, schließt Pauline, »aber ich möchte, daß man mich kennen- und liebenlernt …«

Sehr bald wird sie Aglaé ein Geständnis machen, »das weder ihre Schwester noch ihre Mutter je von ihren Lippen vernommen haben«, indem sie ihr das Gefühl offenbart, das vier Jahre ihrer Jugend in Beschlag genommen hat:

»Seit viereinhalb Jahren ist Monsieur Desprez mir ein Freund. Die ersten Beziehungen, die wir zueinander hatten, waren die eines Lehrers zu seiner Schülerin. Ich war zweiundzwanzig, er neunundzwanzig. Meine Mutter ließ uns allein mit ihm, da er ein verheirateter Mann war.«

»Mademoiselle, stellen Sie sich junge, leidenschaftliche und unglückliche Gemüter vor, die sich ständig in Kontakt befinden, sich gemeinsam mit Literatur befassen, mit Philosophie und Wissenschaft, Shakespeare und Byron lesen, und

sagen Sie selbst, ob fortwährend sprühende Funken uns nicht schließlich geradezu verschlingen mußten.
Was geschehen mußte, geschah: Mein armer Freund, der unglücklich in einer vor vier Jahren unbedachtsam geschlossenen Verbindung lebt, die ihn an eine sanftmütige, doch seelen- und geistlose Frau kettet, mein armer Freund also erkannte oder glaubte in jener, die Sie Ihre Tochter nennen, die für ihn geschaffene Frau zu erkennen. Mein Herz antwortete dem seinen, und ohne es zu gestehen, erahnten wir unsere gegenseitige Zuneigung, und dieses Gefühl machte uns glücklich. Im Vertrauen auf unsere Unschuld, denn eine Zuneigung, die ganz und gar dem Herzen entsprang, konnten wir nicht als schuldbeladen erachten, sahen wir uns täglich, und täglich wuchs unsere Zuneigung. Doch ich flehe Sie an, Mademoiselle, glauben Sie, wenn ich Ihnen sage: Immer war sie rein. Rein und klar wie der Himmel.«
Auf der Basis vollkommener Offenheit ergab sich zwischen den beiden jungen Frauen bald eine enge briefliche Beziehung, die es Pauline ermöglichte, in jeden Aspekt der Doktrin tiefer einzudringen, und die auf einer grenzenlosen Bewunderung des Mädchens für jene gründete, die sie sehr schnell »ihre liebe Mutter« nannte.
»Ich will Ihnen danken für die Wohltat, die mir Ihr Brief war, Ihnen sagen, welch tiefen Eindruck er bei mir hinterlassen hat … O Mademoiselle, seien Sie beglückt über das Gute, das Sie mir getan haben, indem Sie mich fühlen ließen, daß ich durchaus die Zuneigung einer überragenden Frau und Künstlerseele gewinnen könnte. Sie haben gefühlt, daß Sie mir, weit davon entfernt, mich durch eine getreue Darstellung Ihres energischen Wesens zu erschrecken, Vertrauen in sich und in mich einflößen würden, wenn Sie mir zeigten, daß sich unsere Herzen verstehen würden.«

In dieser langen Korrespondenz mit Aglaé Saint-Hilaire und später dann mit Lambert, ihrem Beichtvater, entdeckt man zugleich Paulines Mängel – die Weitschweifigkeit und eine gewisse Nachlässigkeit im Stil – wie auch ihre Stärken: ihre moralische Geradlinigkeit, ihre Fähigkeit zu lieben und ihren festen Willen, nichts ohne eingehende Überlegung als Glaubensartikel zu akzeptieren. »Diese Briefe müßten von Rechts wegen neben die der großen Liebenden und berühmten Mystikerinnen gestellt werden«, schreibt sehr richtig Edith Thomas in ihrem Buch *Pauline Roland, socialisme et féminisme au XIXe** (*Sozialismus und Feminismus im 19. Jahrhundert,* d. Übers.). Schon von ihren ersten beiden Briefen an spürt man das Bemühen, ihren Hang zu romantischer Exaltiertheit durch den Einsatz kritischen Verstandes zu mäßigen: »Mit sechsundzwanzig verzichtet man nicht auf die Religion seiner Vorväter, trennt man sich nicht gewaltsam von der Gesellschaft, in deren Mitte man bis dahin gelebt hat, wenn man sich nicht sicher ist, durch den Glauben und die Liebe wiederzugewinnen, was man aufgegeben hat. Mein Herz hat bei meiner Konversion nahezu die einzig ausschlaggebende Rolle gespielt, und doch habe ich meiner Vernunft keineswegs abgeschworen. Wenn auch Gefühl im Spiel war, so ebenso Überzeugung. Womit gesagt sei, daß ich die neue Religion sehr eingehend studiert habe.«
Eine Religion, die ihr, unter Enfantins mystisch-sinnlichem Einfluß, noch ernsthafte Moralprobleme bereiten sollte! Doch im Jahr 1831 ist Pauline erst einmal völlig gefangen von der Entdeckung, daß der Saint-Simonismus neue Frauen braucht, die in ihrem Denken und ihrer Person frei sind. Im *Globe* hat sie in der Ausgabe vom 27. November den

* *CNRS und Librairie Marcel-Rivière,* 1956.

berühmten *Aufruf an die Frauen* gelesen, den der Vater veröffentlichen ließ.
Die Idee stammte von Fourier, der ihm zwei Jahre zuvor in der naiven Hoffnung, ihn für seine Theorien zu gewinnen, seine Werke über die Harmoniegesellschaft geschickt hatte. Der Fourierismus beunruhigt Enfantin seit langem schon, denn eben dorthin haben sich die vom Saint-Simonismus Enttäuschten gewandt. Also muß er neu die Initiative ergreifen, indem er die Gemüter bewegt und das Thema Feminismus wieder aufgreift. Der Aufruf sollte all seine Erwartungen erfüllen.
Das Wort »Feminismus« existiert noch nicht; eine Vorstellung davon nur in geringem Maße. Es heißt, Fourier sei nicht nur der erste gewesen, den Begriff in seiner modernen Bedeutung anzuwenden, sondern auch der, der als erster das Prinzip von der absoluten Gleichheit der Frauen als Gerechtigkeitsanspruch und soziale Notwendigkeit aufstellte. Für Enfantin ist dies noch keine vorrangige Frage. Bisher hat er nur zwei Frauen Zugang in die Hierarchie gewährt: Claire Bazard und Cécile Fournel. Aber er ahnt, daß die umstürzlerische Bedeutung seiner Botschaft nur dann ihren Sinn finden wird, wenn er sich an alle unterdrückten Gruppen, die der Frauen eingeschlossen, wendet.
»Es muß ein Ende gemacht werden mit dieser ewigen Unmündigkeit, die man ihnen immer noch auferlegt und die unvereinbar ist mit dem künftigen sozialen Status, wie ihn der Saint-Simonismus vorsieht.«
Die Saint-Simonisten finden sich nur allzuleicht ab mit der Unterordnung der Ehefrauen im Privatleben und deren totalen Ausschluß aus dem öffentlichen Leben. Sie werden akzeptieren müssen, daß diese an der neuen Gesellschaftsgestaltung und der neuen Moral teilhaben. Doch wie sie

tatsächlich befreien, wenn sie weiterhin der Verpflichtung zu Keuschheit und ehelicher Treue unterliegen, mit den natürlichen Trieben unvereinbar?

Der Bannfluch des Christentums gegen alle Fleischlichkeit muß demnach aufgehoben und die Verschiedenartigkeit der menschlichen Wesen, ihre Einteilung in »unbeständig und treu« anerkannt werden. Um zu vermeiden, daß die Freiheit in Zügellosigkeit ausartet, wird der *Aufruf an die Frauen* veröffentlicht: »Es sind die Hände einer Frau, durch die der neue, von Saint-Simon wiederbelebte Adam die Frucht des Baumes aller Wissenschaft erhalten wird. Durch sie wird er zu Gott geführt werden, so wie die Christen glaubten, sie hätte ihn von Ihm entfernt ...«

»Einzig und allein die erste Frau, die sich auf den Thron des Hohenpriesters setzen wird«, so schloß der Vater, »wird die Grenze der Schicklichkeit, jenseits derer die Immoralität beginnen würde, offenbaren und dem Menschen ihre meditative Ausarbeitung anheimstellen.«

Der »hl. Johannes der Frauen«, wie sich der Vater nannte, fügte hinzu: »Mütter, ihr wart Sklaven; eure Mutterschaft war eine Strafe. Ihr Töchter Marias, eure Kinder werden nicht mehr zu euch sagen: ›Weib, wo ist die Gemeinsamkeit zwischen dir und mir? Saint-Simon, der weder das Schwert noch den Krieg bringt, verwirklicht euch die Versprechungen Jesu.‹«

Dieser Aufruf war keine Huldigung an die Frauen: Derlei hatten sie bereits mehr als genug empfangen! Sondern ein Hilferuf, eine Bitte um Zusammenarbeit. Zum erstenmal nahm man Notiz von ihnen und lud sie ein, an einer geistigen Bewegung und einer gewaltfreien, kollektiven Aktion teilzunehmen, deren Ziele, wenn nicht gar Mittel und Wege, Ähnlichkeit aufwiesen mit den Prinzipien der Gerechtigkeit

und Nächstenliebe, die ihnen der katholische Glaube eingeprägt hatte.
Noch nie hatte man sich für sie als verantwortliche Menschen, als Bürgerinnen und vernunftbegabte Wesen interessiert, und sie waren darüber zutiefst bewegt. Aus Paris und überall aus der Provinz traf eine Flut von Zuschriften beim *Globe,* jenem Gemeindeblatt des saint-simonistischen Glaubens, ein.
»Wie? Verdienstvolle Männer und Frauen haben der Frau gedacht und daran, sie zu beklagen, ihre Tränen zu erhören *(sic),* deren Quelle zum Versiegen zu bringen und sie nicht mehr nur im Rahmen ihrer Schönheit und Nützlichkeit für den Mann zu beachten, sondern auch in ihrer Bedeutung und ihrem Recht!«
Da ist die reiche Bourgeoise Cécile Fournel, die in einer enthusiastischen Anwandlung ihr gesamtes Vermögen den Saint-Simonisten überschreibt. Und da ist die Stickerin Suzanne Voilquin, die, enttäuscht von der Untätigkeit der katholischen Kirchenbehörden angesichts des Elends im einfachen Volk, gemeinsam mit ihrem Mann, ihrer Schwester und ihrem Schwager zum saint-simonistischen Glauben übertritt. »Unseren Freunden, die uns nicht folgen wollten, sagten wir adieu, adieu auch den Vergnügungsgesellschaften, die unseren Herzen nichts mehr zu sagen hatten, kurzum allem, was mit dieser neuen und mitreißenden Lehre nichts zu tun hatte. Nein, nie wurde das Leben von Menschen grundlegender verändert.«
Da ist Jeanne Deroin, die des Lesens und Schreibens unkundige Näherin, die beides im Alter von zwanzig Jahren ganz allein erlernt hat, sich der Lehre anschließt und Pauline eine treue Freundin werden wird.
Da sind selbstverständlich auch Flora Tristan, eine weitere

Freundin Paulines, und Clorinde Rogé aus Lyon, die ausruft: »Ah, mein Bruder, wie oft habe ich immer wieder mit übergroßer Bewegtheit diese Worte gelesen, die Sie mir geschrieben haben! Gott wird zum Mann ebenso wie zur Frau! Und doch, verzeihen Sie mir, wenn ich Ihnen zuvorzukommen wage, aber mir scheint, daß all unsere Wünsche bereits erfüllt sind und Gott seit dem Tage schon Mann wie auch Frau ist, als Sie uns eine brüderliche Hand reichten, nachdem ihr uns lange Zeit durch eure Kraft unterjocht und durch eure Autorität unterdrückt habt. Gott segne Sie, mein Bruder, und die Väter, die Sie zu dem gemacht haben, was Sie sind, wie auch Saint-Simon, unseren Meister, und die Jünger seiner Liebe.«
Und eine, eine gewisse Isabelle, sieht bereits das Erwachen der Frauen herannahen: »Nur Mut, ihr Herren! Lacht nur recht laut! Euer Spielzeug, eure Puppe beginnt der Dinge überdrüssig zu werden ... ein voller, grandioser Klang ist an ihrem Ohr ertönt: bald werden ihn alle hören.«
Da ist eine gewisse Elizabeth, die ausruft: »Seit meiner frühesten Kindheit habe ich das Mißgeschick beklagt, diesem schwachen und in Schranken gehaltenen Geschlecht angehören zu müssen ... Hat mich denn der Allmächtige, als Er mich schuf, zu absoluter Bedeutungslosigkeit verurteilt, nur weil Er aus mir eine Frau machte?«
Und schließlich ist da noch eine Amanda M., die Enfantin aus Bordeaux schreibt: »Der magische Ruf der Freiheit ist in meiner Seele ertönt. Oh, meine natürliche Schwäche hätte es mir nicht erlaubt, die Stimme der Freiheit aus eigenem Antrieb heraufzubeschwören. Unterdrückung macht so zaghaft! Es bedurfte erst einer männlichen und dröhnenden Stimme, der Stimme des Vaters, um mein bebendes, aber den saint-simonistischen Ideen wohlgeneigtes Herz aufzurüt-

teln. Und unvermittelt tauchte meine Existenz aus diesem Friedhof der Lebenden, aus diesem Basar für Halbfrauen auf; denn all jenen, die sich der Lehre nicht zuwenden, fehlt ein Stück ihrer Seele.«

Wie Suzanne Voilquin in ihren *Mémoires d'une fille du peuple** (*Memoiren einer Tochter des Volkes,* d. Übers.) später schreiben sollte, »das war kein Christentum mehr, es war dessen strahlende Weiterentwicklung und Veredelung«. Auch Pauline Roland wird diesem Aufruf antworten. »Wie Sie hatte mich seit langem schon der Zustand der Erniedrigung, in dem sich die Frau befand, betroffen gemacht. Wie Sie verwahrte ich mich gegen die Minderwertigkeit, die man mir im Vergleich zuschreiben wollte. Ich fühlte mich den Besten nahezu ebenbürtig und dem Gewöhnlichen weit überlegen.«

Dennoch schätzt sie das Gewicht der zu überwindenden Tradition richtig ein, und desgleichen das Ausmaß, in dem sie selbst durch ihre Erziehung geprägt ist. »Früher schon gab ich mich intensiven Studien hin. Ich wollte mich des Mannes, den ich erwählen würde, als würdig und mich vor allem als fähig erweisen, ihm zu helfen. Noch unter dem Einfluß von Vorurteilen, strebte ich nur für ihn nach Ruhm. Bis auf den Platz eines Sekretärs erhob ich mich, doch die Welt durfte es nicht wissen, und meine Erfolge mußten die seinen bleiben. Nicht meine Neigungen, sondern die des Mannes, dem ich mein Leben widmen würde, sollten über meine Bestimmung entscheiden. Sie sehen, gestern wie heute empfinde ich einen starken Drang danach, mich ganz und gar einer Sache hinzugeben … Sie scheinen sehr gut zu wissen, wie schwer es ist, sich von Gewohnheiten freizu-

* neuverlegt bei Maspero, 1978.

machen, die aus der frühesten Erziehung herstammen. Mir bleibt noch viel zu tun, aber es wird mir gelingen, dafür verbürge ich mich.«

Man muß diese naiven Sätze wieder und wieder lesen, die man zu Unrecht für kollektive Hysterie halten könnte. Zuweilen erinnern sie an die Briefkastenecke von Frauenzeitschriften; doch hier handelt es sich um Botschaften aus Geist und Seele. Sie zeugen von der immensen stummen Frustration jener Frauen, die ihr Leben lediglich als »Halbfrauen« verwirklichen konnten, und erklären auch die Tollheiten, zu denen sich manche Saint-Simonistinnen noch hinreißen lassen sollten, um endlich zu der verheißenen Autonomie zu gelangen. All diese einzelnen anonymen Anschlüsse an die Bewegung zeigen in der Tat das Ausmaß einer Unzufriedenheit, die noch niemals Gelegenheit gefunden hatte, zum Ausdruck zu gelangen. Der Stil mag exaltiert wirken, doch zahlreiche Schriftsteller bedienten sich seiner in einer Zeit, wo man sich hemmungslos in romantischem Wehklagen erging ... Ein Stil, der übrigens auch nicht wenig an den der Volkstribunen während der großen Revolution erinnert. Doch 1789 hatte es außer Olympe noch keine Frau gewagt, sich als den Männern ebenbürtig zu bezeichnen und dieselben Rechte zu fordern.

Es muß gesagt werden, daß auch keine dazu aufgefordert wurde ... denn Condorcet, der einzige Feminist der Revolution, war mit seinem Vorschlag zur »Zulassung der Frauen zum Bürgerrecht« auf die Ablehnung der gesamten gesetzgebenden Versammlung gestoßen.

Dieser Unzufriedenheit, dieser Angst, nur zur Hälfte leben zu können, werden noch lange nach dem Erlöschen des Saint-Simonismus viele Romanschriftstellerinnen und Dichterinnen durch ihre Schriften, oft aber auch durch Wahnsinn oder Selbstmord Ausdruck verleihen. Das Echo hierzu findet man bei Virginia Woolf oder Sylvia Plath, wenn sie den »Friedhof der Lebenden« beschreiben, in dem die viktorianische Gesellschaft ihre Frauen festhielt; und, zeitlich näher, bei Hélène Cixous, in *Angst,* bei Gisèle Bienne, Xavière Gauthier, Chantal Chawaf oder Emma Santos.

Doch es war der Saint-Simonismus, durch den diese Angst, individuell und kollektiv, zum erstenmal Ausdruck finden konnte.

Allerdings erkennen die Neubekehrten noch nicht, daß sie es sind, die in dieser Erfahrung vom freien und gemeinschaftlichen Leben, wie es der Vater predigt, die Risiken eingehen, denn die Freiheit der Männer hat in den Augen der öffentlichen Meinung noch nie einen Skandal dargestellt.

Pauline übrigens ahnt es, und ihre Briefe zeugen von der Selbstüberwindung, zu der sie sich aufraffen muß, um die Theorie voll und ganz zu akzeptieren, denn wenn sie auch von der wirtschaftlichen und sozialen These überzeugt ist, so flößt ihr die sexuelle Moralvorstellung doch Angst und Schrecken ein. Gerade weil sie sich selbst als sinnlich und leidenschaftsfähig kennt, fürchtet sie, einer Lehre anzuhängen, die ihre geheimen Wünsche erfüllen könnte! »Ich fühlte mich auf natürliche Weise dazu getrieben, mit Abscheu eine Lehre von mir zu weisen, die mich glücklich machen oder Gefühle rechtfertigen könnte, die ich bis dahin als schuldhaft angesehen hatte«, schreibt sie, nach wie vor an Aglaé.

Erst von dem Augenblick an, als sie den Entschluß faßt, sich Desprez nicht hinzugeben, um seine Frau nicht ins Unglück zu stürzen, erlaubt sie sich, definitiv die Lehre des Vaters anzunehmen.

»Ich bin der festen Überzeugung, daß seine Stimme die Stimme Gottes ist«, schreibt sie Aglaé im Mai 1832. »Ich erkenne alles an ... Ich will mich unterwerfen, und diese Vernunft, auf die ich so stolz war, fällt mir nun lästig ... Der Saint-Simonismus hat mir alles verleidet, was ihm fremd ist.«
Wie die Mehrzahl derer, die Enfantin »meine Töchter in Saint-Simon« nennt, ist sie von nun an bereit, Verhaltensweisen in die Praxis umzusetzen, die derart avantgardistisch sind, daß sie einen Vorgeschmack von Theorien geben, die die Gesellschaft fünfzig Jahre später nur schwer akzeptieren wird, die Theorien von Freud oder Reich beispielsweise.
Ein Artikel des Anwalts Duveyrier im *Globe* allerdings wird sie trotzdem in Verwirrung stürzen und Ursache der ersten Zwistigkeiten unter den Saint-Simonisten sein: »Man sähe auf Erden«, verkündete der blutjunge Jurist Duveyrier, der sicherlich seine eigenen Wunschvorstellungen für Wirklichkeit hielt, »was man noch nie sah. Man sähe Männer und Frauen in beispiel- und namenloser Liebe vereint, denn diese würde weder Erkalten noch Eifersucht kennen. Männer und Frauen, die sich mehreren verschiedenen hingäben, ohne indessen aufzuhören, einer dem anderen anzugehören, und deren Liebe im Gegenteil wie ein göttliches Bukett wäre, da sie aufgrund der Zahl und Auswahl der Beteiligten an Glanz nur gewinnt ... Das aus der peinlich strengen Überwachung des Ehemannes befreite Brautgemach ist fortan nicht mehr das Gefängnis der Ehefrau.«
In der Tat mußte man schon sehr jung und bar jeder Erfahrung sein, um an die Liebe ohne Erkalten und Eifersucht zu glauben, allerdings auch der Morallehre seiner Zeit voraus, um sich Freiheit innerhalb der Ehe vorstellen zu können. Die sexuelle Revolution von 1968 führte weniger Neuerungen ein, als man meinen möchte: Gruppensex und

Partnertausch waren bereits Teil der Erziehung zur Fleischeslust, wie sie die kühnsten unter den Utopisten erhofften.
Fourier übrigens war in seiner *Nouveau Monde amoureux (Aus der neuen Liebeswelt)* noch weiter gegangen, eine Art *Abbaye de Thélème* (aus Rabelais' *Gargantua et Pantagruel*), wo ein jeder seinen Neigungen, Homosexualität inbegriffen, nachgehen konnte. Doch Fourier hatte bedachtsame Schüler, die es später vorzogen, diesen Teil seines Werkes zu streichen. Wie sollte man auch in einem heuchlerischen und prüden Jahrhundert die Verantwortung für die unerhörten Erklärungen eines Mannes übernehmen, dem Stendhal den Beinamen »erhabener Träumer« gab? »Das Glück besteht darin, so viele und so glühende Leidenschaften wie nur möglich zu haben. Es beruht auf dem Prinzip der Abwechslung und nicht auf der verstümmelnden Wahl einer einzigen Lebensweise ...«
Weil er sich als Philosoph des Glücks bezeichnete, wurde Fourier zum Verbreiter des Lasters abgestempelt. Weil er verkündete, daß »die Ehe das Grab der Ehefrau ist und das Prinzip aller weiblichen Knechtschaft; und daß sie sie stumpfsinnig und selbst ihrer Unterjochung gegenüber gleichgültig werden läßt«, deshalb wurde er als weit gefährlicherer Revolutionär angesehen, als wenn er gegen die Pfaffen zum Krieg aufgerufen hätte oder zum Verzicht auf Privatbesitz, wie Proudhon es tat. Die Befreiung der Frau – und dies gilt auch heute noch in zahlreichen Ländern, wo die Männer ihre Interessen als gottgegebene und unabänderliche Prinzipien auszugeben versuchen – wurde verwechselt mit einem Aufruf zu allgemeiner Ausschweifung!
Diese Aussöhnung von Fleischlichem und Geistigem wird es im übrigen auch sein, die die Saint-Simonisten straucheln

und in die überschäumendste und herzzerreißendste Phase ihrer Entwicklung geraten läßt.
Bazard, der dogmatische Vater und Ehemann der intelligenten Claire Bazard, ist ein entschiedener Gegner dieser Sittenfreiheit, die seiner Ansicht nach die Frau, die man ja nur befreien wolle, um sie auszunutzen, mehr denn je ausliefern würde. Die Impulse von Instinkt oder sinnlicher Begierde an die Stelle von Moralbestimmung zu setzen sei eine Gefahr für die Mehrheit der Individuen, und nichts gebe Anlaß, zu glauben, daß die Frauen im Zustand der Abhängigkeit, in dem sie sich noch befänden, fähig seien, die Grundsätze künftigen sittlichen Verhaltens vorzuschlagen. Er hatte nicht unrecht.
Zu Beginn wird die Familie ferngehalten von der Kontroverse zwischen den Vätern, doch die Führung durchlebt dramatische Stunden. »Auf dem Grad, wo unsere Vorstellungskraft angelangt war«, wird Carnot berichten, »schien es uns, als nähmen wir teil an einem jener berühmten Konzile in den Anfängen der christlichen Kirche, auf denen Fragen erörtert wurden, die dazu bestimmt waren, die Welt zu bewegen. Ohne schonende Vorbereitung und in strenger Schlichtheit wurden vor unseren Augen die Bereiche der Philosophie, der Moral und der Religion von zwei überragenden geistigen Größen gründlichst durchpflügt. Bazard, der unausgesetzt seine Tabaksdose zwischen den Fingern drehte, eine gewohnte Geste bei ihm, wenn er laut dachte, argumentierte scharf und nüchtern gegen Enfantins gewagte Ansichten und brillante Scheinbeweise.«
Die Auseinandersetzungen ziehen sich über Tage und Nächte hin; die hitzige Erregung weicht allmählich der Erschöpfung; das Kollegium befindet sich in einer Art Schwebezustand. Jean Reynaud wird ohnmächtig. Bazard erleidet

einige Tage später und mitten in der Sitzung einen Schlaganfall.
Einen Augenblick lang scheint es, als käme eine Einigung zustande. Aus Ergebenheit gegenüber der Doktrin verzichtet Bazard darauf, Enfantin der Immoralität zu bezichtigen. Olinde Rodrigues wird zum Kultführer ernannt, und inmitten der Umarmungen und Freudentränen versöhnt sich das Kollegium unter Enfantins Führung, den man zum obersten Vater bestimmt hat. Doch tags darauf wird Bazard von Gewissensbissen ergriffen: Er widerruft und zieht sich zurück.
Angesichts dieser Spaltung mußte wohl oder übel die Familie informiert werden. Am 19. November 1831 erklärte Enfantin in einer Vollversammlung die Gründe für Bazards Ausscheiden. Augenblicklich beschlossen Pierre Leroux, Carnot, Transon und Lechevalier, mit dem Saint-Simonismus zu brechen. Etliche gingen zum Fourierismus über. Fortan wird Enfantin neben dem symbolisch leeren Sitz des weiblichen Messias seinen Platz allein einnehmen. Die Veteranen haben ihn verlassen, ausgenommen Olinde, aber die jungen Mitverfechter der Lehre bleiben nach wie vor fasziniert von seiner Person ebenso wie von seinem Vorhaben, die Arbeitswelt zu organisieren und das Geld zu moralisieren.
Trotz seinen oftmals konfusen Reden, seinen zweifelhaften Moralvorstellungen übt Enfantin auf diejenigen, die mit ihm in Berührung kommen, einen regelrechten Zauber aus. Und es wird ihm gelingen, die Familie um sich herum wieder zusammenzuschweißen …
»Nein«, ruft Baud, ein blutjunger Schüler, aus, »Gott hat nicht zugelassen, daß ein Mensch mit diesem ruhigen und heiteren Antlitz, mit dieser Schönheit und inneren Größe

seinen Platz unter den Menschen einnimmt, damit er sich diese Vorzüge zunutze macht, um sie zu verführen und zu verlieren!«

Rasender Beifall. Alles erhob sich, um den Vater zu umarmen, und Olinde faßte die allgemeine Ekstase in wenigen entscheidenden Worten zusammen: »Im Namen des lebendigen Gottes, der mir durch Saint-Simon offenbart wurde... mein erster Glaubensakt hier muß es sein, Sie, Enfantin, als den moralischsten Mann meiner Zeit auszurufen, als den wahren Nachfolger Saint-Simons und das oberste Haupt des saint-simonistischen Glaubens.« Die Lage hatte sich grundlegend geändert.

Bazard sollte bald darüber sterben. »Das Leben ist nicht bei denen, die sich zurückziehen«, wird der Vater, der als einziger Vertreter Gottes auf Erden zurückbleibt, dazu bemerken. Er ist nunmehr seiner selbst und der »großen und schönen Sache«, die er zugunsten der Frauen unternommen hat, so sicher, daß er noch weiter vorstoßen will. Weit davon entfernt, seinen Freund Duveyrier und dessen extreme Positionen zu verurteilen, wird er einige Beispiele möglicher Anwendungsarten seiner Theorie über das Apostolat durch Zärtlichkeit geben: »Das Priesterpaar läßt sich je nach Geist und Körper lieben«, erklärt er. »Ich könnte mir denken, daß es gewisse Umstände gibt, unter denen sicherlich einzig meine Gemahlin fähig wäre, einem meiner Söhne in Saint-Simon Glück und Leben zu geben und ihn in ihren liebkosenden Armen zu wärmen ...« Doch vorläufig und da ja die Priesterin noch gar nicht in Erscheinung getreten ist, opfert er, der Vater, sich eben auf, indem er seinen bedürftigen Schäfchen die liebkosenden Arme weit öffnet ...

Pauline, die diese Entwicklung der Doktrin aus unmittelbarer Nähe mitverfolgt, weiß sich indessen einen kühlen Kopf zu bewahren und die Konsequenzen dieser Beziehungen zwischen Meister und Schüler einzuschätzen: »Der Untergeordnete von beiden vermag sie nicht frei zu akzeptieren oder abzulehnen«, bemerkt sie sehr richtig. »Und wie soll er zur Liebe zwischen seinesgleichen zurückfinden, nachdem er von der des Priesters oder der Priesterin erst einmal gekostet hat?«

Die Historiker, die sich mit der Bewegung beschäftigten, vermochten der heiklen Frage nicht aus dem Wege zu gehen: War Enfantin nun ein zügelloser Lebemann, oder war er es nicht? Er wehrte sich dagegen, indem er darauf verwies, daß er Othello und Don Juan für gleichermaßen hassenswerte Symbole männlicher Tyrannei halte. War er oder war er kein Scharlatan, kein Guru, der die Leichtgläubigkeit der Allgemeinheit ausnutzte? Der bedeutendste Historiker des Saint-Simonismus, Sébastien Charléty, kommt zu dem Schluß, daß er ganz im Gegenteil sogar reinste Aufrichtigkeit verkörpert und eine außergewöhnliche Treue sowohl seinen Prinzipien als auch seinen Freunden gegenüber. Daß er narzißtisch war – oder geworden sein soll –, daß er sich für einen Propheten hielt, braucht nicht zu verwundern. Seine magnetische Anziehungskraft zog die glühenden Anbeter um ihn herum in seinen Bann, und er ließ sich anbeten, denn diese Liebe ermöglichte es ihm, eine Lehre zu verbreiten, von der er überzeugt war, daß sie die Gesellschaft erneuern würde.

Unglücklicherweise hat weder ein Porträt noch selbst eine Fotografie die Kraft, sein Charisma wiederzugeben, was im übrigen auch für die großen weltlichen oder auch religiösen Erlauchten der Geschichte gilt. Ebenso erklärt keiner seiner Texte das Geheimnis um seine Macht über die Gemüter. Wenigstens zeugen seine Taten bis ans Ende seines Lebens von außergewöhnlicher Menschlichkeit. Zu keiner Zeit ver-

dammte er diejenigen, die ihn verließen, in Grund und Boden oder zeigte gegen sie auch nur irgendwelche Ressentiments. Nie hat er von sich aus mit einem Freund gebrochen oder selbst in der Not diejenigen im Stich gelassen, die ihn mißbilligten. Wenn er auch eine Woge von Zärtlichkeitstaumel auslöste, so nahm er sich doch immer Zeit, anderen ein offenes Ohr zu leihen und eine helfende Hand zu reichen. Ebenso blieb er zeitlebens in engem Kontakt mit seiner ihm blutsverwandten Familie (mit seinem Vater, dem es Sorgen bereitet, daß er einen Propheten zum Sohn haben soll, und seiner Cousine Thérèse Nugues, die ihn nie ernst nehmen wird) wie mit jener anderen, die sich im Geiste Saint-Simons konstituiert hat. Seine Wahrhaftigkeit – oder auch seine fortwährenden Anwandlungen von Wahrhaftigkeit – können nicht angezweifelt werden. Ihm jedoch Treu und Glauben zugute halten zu wollen, bedeutet nicht, aus ihm gleich einen Heiligen zu machen! Wenn er auch ernsthaft Männer und Frauen von Tabus und sexuellen Vorurteilen befreien wollte, so kann man doch nicht umhin, zu bemerken, daß er der erste war, der von seinen eigenen Theorien profitierte! Sein Leben lang vermied er es geschickt, sich zu verheiraten, und sei es auch nur mit den Müttern eines seiner Kinder, und niemals entschloß er sich, einen weiblichen Messias zu ernennen. Er begnügte sich damit, die Hoffnungen zahlreicher Anwärterinnen auf den Titel der Mutter wachzuhalten und mancher Ehefrau seiner Söhne in Saint-Simon »Glück zu schenken«. Ein einziger übrigens sollte ihm das übelnehmen und mit der Bewegung brechen: Olinde Rodrigues.*
Das unerklärliche an dieser ganzen Sache ist, daß im Bereich ihres Privatlebens oft völlig untadelige Männer und Frauen

* Zu den näheren Umständen der Affäre s. S. 73.

(was Enfantin zweifelsohne nicht war) am Ende doch Verhaltensweisen anerkannten und manchmal sogar annahmen, die noch heute auf viele Paare, die sich für modern halten, skandalös wirken würden.

Pauline, der noch nicht das Glück widerfuhr, dem Vater zu begegnen und die Feuerprobe zu bestehen … und zwar die seiner schönen Augen, kämpft noch an gegen die Doktrin mit ihrem gesunden Menschenverstand, an dem es ihr später, weiß Gott, mangeln wird, als sie sich endgültig dem Saint-Simonismus, so wie man in einen Orden eintritt, endgültig anschließt.

»Sie sprechen mir vom Einfluß des Priesterpaars, und gewiß erscheint mir dieser Einfluß, so wie sie ihn mir darlegen, vortrefflich und durchaus moralisch«, schreibt sie. »Doch dieser selbe Einfluß erscheint mir auch furchtbar … Selbst wenn man diese wahrhaft ehebrecherische Intimität des Priesters oder der Priesterin mit dem Untergeordneten rechtfertigen könnte, geschähe eine Ausnutzung von seiten desjenigen, dessen Überlegenheit man anzuerkennen gezwungen ist. Müßte der Schüler nicht schließlich empfinden, was Shakespeare so treffend in einem seiner Stücke ausgedrückt hat, wo ein Gesprächspartner zum anderen sagt: ›Sie scheinen mir außerordentlich menschenscheu und lebensüberdrüssig!‹ – ›Ah‹, erwidert der, ›ich habe die vollkommene Schönheit gesehen! Sagen Sie mir, haben Sie nicht gemerkt, daß es oft ein Unglück war, im Traum die vollkommene Schönheit gesehen zu haben?‹ «

»Erklären Sie mir doch also diese fleischliche Moral in der Liebe«, bittet sie Aglaé. »Sie haben in wundervoller Weise, was vonnöten ist, um mich die von meinen eigenen abgelegensten Ideen verstehen und annehmen zu lassen: Ich liebe Sie. In Ihnen sehe ich, was ich selber werden möchte. Ihre edle Unabhängigkeit, Ihr heiliger Wagemut bewegen mich zutiefst und verleihen mir Antrieb. Fürchten Sie also nicht, mich zu verschrecken.«

Und merkwürdigerweise ist es Aglaés eigene Tugendhaftigkeit, die in Paulines Augen die Theorie von der Permissivität akzeptabel erscheinen läßt: »Will man in Politik oder Religion den Grundstein für etwas Neues legen, muß man beweisen, daß es nicht geschieht, weil man sich etwa außerstande fühlt, die Vorschriften der alten Gesetze weiter zu ertragen. Daher sehe ich es gern, wenn Sie in Ihrem Leben verwirklichen, was das Gesetz des Christentums an äußerster Strenge zu bieten hat, während Sie zugleich die Ehrenrettung des Fleischlichen predigen.«

Zugegeben, zahlreiche Jünger sind weit entfernt von derartigen Verwirklichungen ... doch das Wunder besteht darin, daß sie alle in der Doktrin zusammenleben und ohne jede Sorge um Skandal oder Lächerlichkeit die mystische und sinnliche Ausrichtung akzeptieren, die Enfantin der Bewegung gibt. Denn dem Saint-Simonismus ist das Kunststück gelungen, all seinen Aktivitäten eine religiöse Dimension zu verleihen und die Umwelt davon zu überzeugen, daß es noch recht gewöhnlich wäre, wollte man ihn nach der Elle der Konventionen und des gesunden Menschenverstandes beurteilen. Es gibt hier keine betrogenen Ehemänner und keine eifersüchtigen Frauen, da sich ja alles in aller Öffentlichkeit abspielt und im Rahmen allgemeinen Überschwangs und unbesorgter Schamlosigkeit.

Neue Religionen sind eine Seltenheit. Daß wirklichkeitsfremde Schwärmer sie gründen, mag ja noch angehen. Daß es ihnen aber, weit davon entfernt, hinter den Mauern einer Anstalt in Gesellschaft von Irren zu enden, die sich für Jesus oder Napoleon halten, auch noch gelingt, eine euphorische

Bewegung auszulösen, die tiefe Spuren in der französischen Gesellschaft hinterläßt, das nun ist eigentlich unerhört. So wie Leben und intellektueller Werdegang dieses Verrückten, der sich für Saint-Simon hielt, unerhört waren. Und dem es auch noch gelang, eine ganze Herrschar vernünftiger, reicher und angesehener Leute davon zu überzeugen, die dann ihr Vermögen, ihre Fähigkeiten, ja selbst ihre Seele in den Dienst eines großen Gesellschaftsprojektes stellen, des ersten seit der Revolution von 1789.

Henry, Graf von Saint-Simon

Als Pauline Roland um das Jahr 1828 den Saint-Simonismus für sich entdeckt, ist Henry de Saint-Simon seit drei Jahren tot. Ruiniert, denn er hat sein Vermögen seinem Gesellschaftsentwurf geopfert, aber gerühmt von Schülern, die sein Grab beweihräuchern.

Zu dieser Berühmtheit war er allerdings erst infolge eines Prozesses gelangt, den die Regierung Louis-Philippes angestrengt hatte. Überhaupt wird die Staatsgewalt sich dem utopischen Sozialismus gegenüber oftmals als ziemlich ungnädig erweisen und somit erkennen lassen, in welchem Maße die Ideen von sozialer Gerechtigkeit die bürgerliche Ordnung in Aufruhr bringen.

Man griff Saint-Simon anläßlich seiner Parabel an, die die Runde durch ganz Paris machte und die man heute als politische Fiktion bezeichnen würde. In dieser Broschüre zeigte er auf, daß, sollte Frankreich »das Unglück widerfahren, am selben Tag all seine hohen Herren zu verlieren, den König, die Fürsten, die Kardinäle, Erzbischöfe und Bischöfe, Generalvikare und Domherren, Staatsräte, Präfekten und Unterpräfekten, und zu alledem noch die zehntausend reichsten Grundbesitzer, so würde dieses Mißgeschick die Franzosen sicherlich sehr betrüben, weil sie ja ein gutes Herz haben. Aber aus dem Verlust der dreißigtausend Individuen, die als die wichtigsten im Staate gelten ... würde keinerlei politisches Übel resultieren.« Wenn hingegen das Land seine dreitausend besten Wissenschaftler, Künstler und Handwerker verlöre, hätte die Nation einen unersetzbaren Verlust zu verwinden!

Er wies darauf hin, daß man im ersteren Fall mühelos die entstandenen Lücken wieder auffüllen könne, »da viele Bürger über Eigenschaften verfügen, die einen Fürsten ausmachen«. Daß aber die Wissenschaftler, Künstler und Fachkräfte unersetzbar seien.

Angesichts der unbezweifelbaren Tatsachen waren die Richter gezwungen, Saint-Simon beizupflichten. Doch die Neuartigkeit und Unverfrorenheit seiner Äußerungen hatten die allgemeine Aufmerksamkeit auf sich gezogen und ihm eine erste kleine Gruppe von Anhängern eingebracht. Seinen ersten hatte er erst 1814, mit vierundfünfzig Jahren, gefunden. Es war der Historiker Augustin Thierry, bald gefolgt von dem damals zwanzigjährigen Auguste Comte. In den darauffolgenden Jahren sollte der Saint-Simonismus Menschen aus den unterschiedlichsten Bereichen um sich sammeln, Philosophen, Physiker, Ingenieure oder Dichter, als da sind: der Literat Léon Halévy, der Jurist Duveyrier, Raymond Bonheur, Vater der Malerin Rosa Bonheur, J.-F. Aicard, Vater des Schriftstellers Jean Aicard, Carnot, Blanqui, Pierre Leroux, der Erfinder des Begriffes »Sozialismus«, der Ingenieur Frédéric Le Play, eine Weile auch der englische Philosoph Stuart Mill und schließlich der Musiker Félicien David, der die Hymne der Saint-Simonisten komponierte. Und schließlich sollte sich – welch besonders erstaunliches Phänomen – auch noch eine ganze Reihe Bankiers der Doktrin anschließen, Leute, denen man keine unüberlegt emotionalen Entscheidungen zugetraut hätte und von denen etliche bereit waren, sich für sie zu ruinieren. Manchen gelang das auch …

Benjamin Constant, der Schriftsteller Courier, Emile Souvestre, der Dichter Béranger und Rouget de Lisle, der für Saint-Simon einen *Industriellengesang* komponierte – sie alle gehörten zu seinen Sympathisanten; und bald begeisterten sich in Paris wie auch in der Provinz Arbeitergruppen, unter anderem die Schriftsetzer, für den Saint-Simonismus. Man ist sprachlos angesichts des Standes und der Verschiedenartigkeit der Menschen, die sich bezaubern, oder richtiger wäre es, zu sagen bekehren ließen durch dieses Gesellschaftsprojekt, das Saint-Simon in einer Formel zusammenfaßt: »Der Übergang des feudalistischen und theologischen Systems ins industrielle und wissenschaftliche System«. Wo man erwarten würde, wirklichkeitsfremde Schwärmer, Aufrührer, verbitterte oder gescheiterte Existenzen zu finden, begegnet man Menschen der Tat, Politikern, Unternehmern, Finanziers, Ingenieuren und hohen Staatsbeamten. Jeder der Akteure in dieser Utopie, jede der zahlreichen Frauen, die sich später mit Leib und Seele darin engagierten, führten ein Leben in leidenschaftlicher Begeisterung, das die unermeßlich große Hoffnung der Gründer getreu widerspiegelte. Ein jeder und eine jede erprobten Lebensweisen, die vor ihnen noch als unvorstellbar gegolten hatten, und wenn manche auch in Verzweiflung versanken, so erlebte man doch kein einziges Abtriften in Gewalttätigkeiten, Terrorismus oder Intoleranz. Ein einzigartiger Umstand, der hervorgehoben zu werden verdient und der aus dem utopischen Sozialismus eine jener strahlenden Episoden machte, die von Zeit zu Zeit die Geschichte erhellen, das Gedankengut bereichern und Versöhnung mit der Menschheit bringen. Freilich erreichte er nur einen schwachen

Prozentsatz der Franzosen, doch sein Widerhall beim Zeitgeist und bis mitten hinein ins zwanzigste Jahrhundert überstieg bei weitem seinen Aktionsbereich.

Vielleicht mehr noch als die Gewagtheit und Freizügigkeit der Doktrin sollte man die Gründe für ihren Erfolg im Zustand der Gesellschaft suchen, aus der sie hervorgegangen ist, und sich die empörende Misere der Arbeiter im beginnenden Industriezeitalter in Erinnerung rufen.

»Die Gesellschaft spaltet sich in zwei Klassen auf«, schreibt Henri Guillemin. »In Fresser und jene, die gefressen werden.« Die berühmte Untersuchung des Dr. Villermé, die im Auftrag der Akademie für ethische und politische Wissenschaften 1840 veröffentlicht wurde, ergibt, ganz wie die von Flora Tristan, Dr. Guépin in Nantes, Edouard Dolléans oder Engels in England durchgeführten Studien, »daß keine Sklaverei schlimmer war als die Situation der Arbeiter in der ersten Hälfte des neunzehnten Jahrhunderts«. Zwangsarbeit in jenen Bagnos, die die Kohlenbergwerke in Frankreich oder England darstellten, wo Frauen auf allen vieren und wie Hunde angespannt die Förderkarren durch die niedrigen Gänge zogen; Arbeitstage zu zwölf bis sechzehn Stunden; der Skandal der durchaus allgemein praktizierten Kinderarbeit, oft schon im Alter von fünf oder sechs Jahren, und tags gleichermaßen wie nachts; das tägliche Schreckgespenst der Textilmanufakturen, die rund eine Million Arbeiter, darunter vierhundertfünfzigtausend Frauen und Kinder, für Löhne beschäftigen, die sich im Norden zum Beispiel auf sechs Sous für die Kleinsten, zwölf bis vierzehn Sous für die Frauen und zwei bis drei Francs pro Tag für die Männer belaufen*; erbärmliche Unterkunftsbedingungen …

* Das Brot zu 4 Pfund kostete 1830 11 Sous.

Victor Hugo beschrieb in seinen *Choses vues (Historische Notizen aus der Zeit, in der ich lebte)* die Verliese von Lille als »unterirdisches Proletariatsgetto, grauenhafte Wohnverhältnisse, wo Elendsgestalten leben und Kinder, die nur wie der Schatten ihrer selbst aussehen«.
Seit 1825 sind die Frauen massiv in die Arbeitswelt eingetreten, ungebildet, ohne berufliche Ausbildung, ohne jeglichen Schutz bei Schwangerschaften, und ihre Zahl ist groß. Von allzuviel Elend erdrückt, verteidigen sie sich noch weniger als die Männer. Der erste Frauenstreik sollte erst 1870, im letzten Regierungsjahr Napoleons III., stattfinden. Der gesundheitliche Zustand der Arbeiter ist derart, daß der Präfekt des Oberelsaß 1821 an das Justizministerium schreiben muß: »Bei der letzten Aushebung in Gubwiller und Sainte-Marie-aux-Mines konnten keine Männer zur Verfügung gestellt werden, die mehr als fünf Fuß maßen.«
Angesichts der unzähligen Fälle von Einzeltragödien, Unterernährung, wiederholten Schwangerschaften und Arbeitsunfällen ist die soziale Gesetzgebung gleich Null. Erst 1841 wird die Kinderarbeit verboten ... für Kinder unter acht Jahren. Abgesehen von individueller Wohltätigkeit gab es im Falle irgendwelcher Gebrechen keinerlei Beistand. Von einem Tag auf den anderen wurde man zum Notleidenden. Auch Rente gab es nicht für diejenigen, die überhaupt ein gewisses Alter erreichten. Denn ohnehin ging die Lebenserwartung eines Arbeiters nicht über einunddreißig Jahre hinaus. Und schließlich wurde jeder Versuch, Ansprüche geltend zu machen, zu streiken oder sogar sich in Arbeitsverbänden* zusammenzuschließen, erbarmungslos im Keim erstickt. Wegen ihrer Gründung eines Erzieherinnen- und

* Das Motiv hieß Koalitionsdelikt.

Näherinnenvereins sollten ja auch später Pauline Roland und Jeanne Deroin gerichtlich belangt und zu Gefängnisstrafen verurteilt werden.
Bis auf wenige Ausnahmen (Lacordaire, Lamennais, den Pastor Oberlin oder Professor Ozanam und einige Spinnereibesitzer aus dem Elsaß) hat die Bourgeoisie diese Facette der Wirklichkeit nicht in ihr Bewußtsein dringen lassen. Man ist der Ansicht, daß sie nun mal zum Lauf der Dinge gehöre, und läßt es bei der Theorie des strikten Liberalismus bewenden. In den Salons bezeichnete man die Arbeiter als »die gefährliche Klasse«.
»Die Arbeiter müssen begreifen, daß es für sie keine andere Abhilfe gibt als Geduld und Ergebenheit in ihr Schicksal«, gemahnte der Innenminister Casimir Périer und brachte damit den offiziellen Standpunkt über den Aufruhr der Lyoner Seidenarbeiter zum Ausdruck, dessen die Arbeiterbewegung als des ersten Volksaufstands gedenkt. Die Regierung unter Louis-Philippe entsandte sechsunddreißigtausend Mann in die rebellische Stadt, um die Seidenarbeiter niederzuzwingen. Die Lohnerhöhungen, die durch den Präfekten kurz zuvor gewährt worden waren, wurden aufgehoben, der Präfekt seines Amtes enthoben und die Ordnung wiederhergestellt. Ergebnis des Ganzen: mehr als sechshundert Tote und Verletzte.
Für Louis-Philippe, Guizot und Thiers gab es nur eine Lösung des sozialen Problems: die allmähliche Bereicherung des Mittelstandes. Daher der berühmte Ausspruch »Bereichert euch!«, mit dem Guizot sich an das Bürgertum wandte.
Angesichts der Misere der Armen kannte keiner ein schlechtes Gewissen, und bei den Journalisten und Schriftstellern der Epoche trifft man (außer bei Eugène Sue und später bei

Émile Zola) auf eine Gleichgültigkeit, die nur schlecht den Abscheu verhüllt, den jene Untermenschen einflößten. Ein englischer Journalist, der mit einer Umfrage unter den in einem Hüttenwerk beschäftigten Frauen beauftragt war, schloß seinen Artikel in einem Ton, den er ebensogut über den Besuch in einem Tierpark hätte anschlagen können, mit folgenden durch und durch britischen Bemerkungen: »Alles, was mir begegnet ist, waren ... unvorstellbare Gestalten, rußgeschwärzt, unförmig, muskulös und in höchstem Grade abstoßend ...« (»Undelightful to the last degree!«)

In scharfem Kontrast zu dieser ungenierten Hinnahme des Schicksals der Geknechteten schrieb der Philosoph Durkheim: »Der utopische Sozialismus war ein einziger Schmerzensschrei.«

Sicher, die Erinnerung an die Gewalttätigkeiten und Exzesse der Französischen Revolution sind noch sehr lebendig und dienen den Hütern von Ordnung und Monarchie als Rechtfertigung. Der Begriff der Republik wurde mit dem des Terrors verquickt, und die demokratischen Ideale erscheinen nun suspekt. Alle in der Revolution erworbenen Rechte sind abgeschafft worden, die katholische Religion wurde 1813 wieder zur Staatsreligion, die Privilegien des Klerus und des Adels sind wiederhergestellt, die Scheidung ist verboten, die Pläne für ein staatliches Schulwesen sind aufgegeben, die Autorität des Ehemannes wurde erneut bestätigt, und die rechtliche Unmündigkeit der Frau wie auch die Sanktionen, mit denen ihr schlechter Lebenswandel belegt ist, ein Erbe des Ancien régime, verschärft. Das Gesetzbuch, das dieses Kräfteverhältnis legalisiert, bevor es später zum Bürgerlichen Gesetzbuch wird, trägt übrigens den Namen Code Napoléon.

Saint-Simon gereicht es zur Ehre, »die Ausbeutung des

Menschen durch den Menschen« – ein Ausspruch, der noch Furore machen sollte – angeprangert und versichert zu haben, daß die leidende Menschheit sehr wohl ihrem Schicksal der Unterdrückung und Gewalt entgehen könne. Ein Satz aus seinem ersten Werk vermag vielleicht seine Lehre zusammenzufassen: »Alle sozialen Institutionen müssen zum Ziel haben, die physischen und moralischen Lebensbedingungen der ärmsten und zahlenmäßig größten Gesellschaftsschicht zu verbessern.« Es stimmt zwar, daß Babeuf, der aus Verehrung gegenüber der römischen Tugendhaftigkeit seinen Vornamen in Gracchus abgeändert und 1797 mit siebenunddreißig Jahren unter der Guillotine geendet hatte, bereits vor Saint-Simon das Nahen eines goldenen Zeitalters vorhergesagt hatte; doch er sah es als spartanisch, tugendhaft und autoritär, als das genaue Gegenteil der glücklichen Gemeinschaften, wie sie von jenen beschrieben wurden, die die Marxisten später hartnäckig als sanfte Spinner und Urheber phantastischer Pläne ansehen wollen, denen der wissenschaftliche Sozialismus und seine unerbittliche Dialektik von Grund auf entgegenstehen werden.
Zwischen 1820 und 1850 ist jedoch der Lyrismus in Mode, und die Philosophen, ganz wie die Schriftsteller und Künstler, scheuen sich weder vor hochtrabender Ausdrucksweise noch vor mystischen Gedankenflügen. Nicht nur, daß sie nicht fürchten, sich lächerlich zu machen, nein, sie suchen oft geradezu den Skandal. Der Bourgeoisie zu mißfallen ist ein Zeichen für Auserwähltheit! Als Haupterneuerung schließlich werden die »romantischen Sozialisten«, wie sie Alexandrian* zu nennen beliebt, allesamt, bis auf den König

* Mit dem Surrealismus befaßter Historiker und Autor von *Socialisme romantique (Romantischer Sozialismus*, Anm. d. Übers.)

der Frauenfeinde, Proudhon natürlich, die Unterdrückung der Frauen mit der des Proletariats verknüpfen, ob es sich nun um Enfantin handelt oder um Cabet, Blanqui, Pierre Leroux oder mehr noch Fourier, den Vater des modernen Feminismus.

Paradoxerweise aber ist der, der am wenigsten von der Frau gesprochen hatte, letzten Endes derjenige, der postum zum Apostel ihrer Emanzipation werden sollte. Saint-Simon hatte das Problem nur ein einziges Mal angeschnitten, und zwar in einer der »europäischen Einheit«, deren Bedeutung er als einer der ersten ahnte, gewidmeten Schriften, »im leitenden europäischen Organ«, so schrieb er, »werden die Frauen zeichnungsberechtigt sein. Sie werden ernannt werden können«. (Ernannt bedeutet hier gewählt.) Er fügte keinerlei weiteren Kommentar hinzu, so als wäre diese politische Gleichgestelltheit der Geschlechter für ihn eine Selbstverständlichkeit.

Auf diesem kleinen Satz (und auf dem, den er auf seinem Sterbebett aussprach: »Mann *und* Frau, sie beide sind das soziale Individuum!«) sollen seine Schüler, allen voran Prosper Enfantin, eine wahrhafte Mystik der Frau aufbauen. Der Feminismus wurde zum Schlüsselproblem, schien zur kollektiven Zwangsvorstellung der Saint-Simonisten zu werden, und er stand auch am Ursprung aller Meinungsverschiedenheiten und des skandalumwitterten Rufes, der die Anhänger später umgab.

Die Doktrin, die so viele Frauen mit sich reißen, bis ins Innerste aufwühlen, befreien oder auch in Verzweiflung stürzen sollte, die zahlreiche Paare der Tradition und durch Gewohnheiten bedingten Trägheit entriß und so viele Menschen zu manchmal wahnwitzigen, oft prophetischen, immer aber demütigen Unterfangen trieb, diese Doktrin war unter obskuren Umständen geboren worden, die in nichts ihren künftigen Einfluß voraussehen ließen. Ohne sie wäre Pauline Roland, die nichts nur zur Hälfte tat, eine frömmelnde Katholikin geblieben, hätte sich in Falaise mit irgendeinem idealistischen Lehrer oder einem Kanzleigehilfen ohne Zukunft verheiratet (sie verfügte ja über keinerlei Mitgift) und hätte ihren überschäumenden Aufopferungsdrang in den guten Werken ihrer Pfarrgemeinde ausgelebt. Graf Henry Rouvray de Saint-Simon aber sollte dieses sittsame Schicksal kräftig durcheinanderbringen und aus ihrem Leben den heroischen Weg einer Kämpferin machen. Was den Meister selbst betraf, so hatte dieser recht sonderbare Beziehungen zu den Frauen. Auf sehr privater Ebene scheint er ein gewisses Desinteresse an den Dingen der Liebe gezeigt zu haben. Als systematischer Organisator und vom Wunsch beseelt, einen »Salon« zu führen, um die großen Geister seiner Zeit empfangen zu können, hatte er jedoch die Idee, einer gewissen Sophie Goury de Grandchamp eine Ehe auf Zeit anzutragen, worauf diese versuchshalber auch einging.

Nach einem Jahr stellten beide fest, daß diese Lebensweise unbefriedigend für sie war, und sie trennten sich auf gütlichem Wege, gerade noch rechtzeitig einige Monate bevor Napoleon 1816 die Scheidung abschaffte. Sophie de Grandchamp sollte sich übrigens wiederverheiraten und unter dem Namen Madame Bawr kitschig-sentimentale Romane schreiben, die so gut wie nichts mehr mit ihrem originellen Experiment zu tun hatten.

Saint-Simon sah sich nun nach einer anderen Lebensgefährtin um und dachte dabei an Madame de Staël, seiner Ansicht nach die einzige Frau, die politisch begabt war, und noch dazu soeben Witwe geworden war. Es heißt, Germaine de

Staëls Freund Benjamin Constant habe Saint-Simon seinen Vorstoß in diese Richtung übelgenommen. In jedem Fall aber wurde aus der Sache nichts, und er verzichtete endgültig auf die Ehe, um sich ganz und gar seinem Lebenswerk zu widmen.

»Ich machte von der Ehe Gebrauch wie von einem Mittel, um die Gelehrten besser studieren zu können«, schrieb er in *Histoire de ma Vie (Geschichte meines Lebens,* d. Ü.). »Meine Gelehrten und meine Künstler aßen viel und sprachen wenig ... Zu drei Vierteln der Zeit bekam ich nur Albernheiten zu hören!«

Wir befinden uns im Jahr 1812. Er ist zweiundfünfzig Jahre alt und hegt zahllose Pläne, die sich alle um einen Begriff ranken, dessen ganze Bedeutung er vor allen anderen ahnt: Die Kommunikation. Er träumt von nichts anderem als davon, Landengen zu durchbrechen, Kanäle zu graben oder ein Eisenbahnnetz für ganz Frankreich zu schaffen. Doch sein Einfluß auf seine Anhänger rührt nicht nur von seiner schöpferischen Phantasie oder seinem Wissen um die Zukunft her, er läßt sich vor allem aus einer sehr seltenen Übereinstimmung zwischen Mensch und Schicksal herleiten.

Saint-Simon scheint tatsächlich noch zu Lebzeiten zu seiner eigenen Legende geworden zu sein, und zwar so sehr, daß sein von symbolischen Markierungspunkten gekennzeichnetes Leben einem jener Bilderbögen aus der Sammlung von Épinal ähnelt!

Seine Familie behauptete von Karl dem Großen abzustammen, und er selbst war der Urgroßneffe des Memoirenschreibers Ludwigs XIV., Herzog von Saint-Simon. Man erzählt sich, er sei jeden Morgen von seinem Diener Diard mit folgenden Worten geweckt worden: »Sie müssen aufstehen, Herr Graf, denken Sie daran, daß Sie noch große Dinge zu tun haben.«

Mit neunzehn meldet er sich als Freiwilliger, um in Amerika unter Washington in den Krieg zu ziehen, und zeichnet sich im Kampf ungemein aus. Doch mit dreiundzwanzig läßt er die »Taufe zum Republikaner« an sich vollziehen, verzichtet auf seinen Titel und seine Rechte, verbrennt seine Gnadenbriefe und Auszeichnungen und wählt für sich den symbolischen Namen Claude Bonhomme. Als geschickter Finanzmann spekuliert er während der Revolution mit Staatsgütern, insbesondere denen der Kirche, die ein Fünftel des französischen Territoriums ausmachten. Denunziert, wird er 1793 durch den Wohlfahrtsausschuß verhaftet, doch er wird einer der wenigen sein, die der Guillotine entgehen, da ihm das Kunststück gelingt, die Richter von seinen revolutionären Auffassungen zu überzeugen.

Wieder in Freiheit, verschwendet er sein Vermögen mit der Unbekümmertheit eines Grandseigneurs, indem er wissenschaftliche Expeditionen finanziert, junge Gelehrte subventioniert und Philosophen und Künstler empfängt. Als das Empire das Direktorium ablöst, ist er ein ruinierter Mann, was ihn jedoch wenig aus der Fassung bringt, und er nimmt eine Stellung als Schreiber im Pfandhaus an.

Er befindet sich am Rande des Elends, als der erste jener unverhofften Freunde, wie er sie in den schlimmsten Augenblicken seines Lebens finden sollte, auftaucht. Zufällig begegnet er dem einstigen Diener aus erfolgreichen Tagen: Diard. Und nicht nur, daß Diard nun den Unterhalt seines ehemaligen Herrn bestreiten wird, nein, er finanziert ihm auch sein Werk über *La Physique sociale (Die Physik der Gesellschaft)*, den ersten Ansatz zu unserer modernen Soziologie! Ein ungewöhnliches Verhalten, darüber wird man sich einig sein, und ein Verhalten, das, wenn es auch ganz zur Ehre des Dieners gereicht, ebenso für die Qualität des Herrn spricht.

Das Buch erleidet einen totalen Mißerfolg! Doch Erfolg ist Saint-Simon unwichtig, genauso, wie ihm Geld unwichtig ist, und bald sind es die Menschen des Geldes, die sich für ihn interessieren werden. Laffitte wird der erste in der Reihe der Bankiers sein (darunter die Gebrüder Rodrigues, die Gebrüder Péreire, Gustave d'Eichtal, Holstein), die sich der Lehre anschlossen, bezaubert von seiner Person und zugleich überzeugt von seinem Leitgedanken: der Verbindung von Kapital und Arbeit.

Ohne es zu wissen, kennen ihn viele, diesen Laffitte, denn er ist der Held einer legendären Geste: Als er den Hof eines herrschaftlichen Stadthauses durchquerte, in dem er seine Dienste anzubieten gedachte, bückte er sich, um ... eine Stecknadel aufzuheben! Ein Bemühen, das seinem zukünftigen Arbeitgeber, der ihn vom Fenster aus beobachtet hatte, so vielversprechend schien, daß er den jungen Mann auf der Stelle verpflichtete und somit am Ausgangspunkt seines bemerkenswerten Aufstiegs stand.

Laffitte begeistert sich leidenschaftlich für den Saint-Simonismus, so sehr, daß er die Zeitschrift finanziert, die für die ersten »Industriellen« – ein neuer Begriff, den er in Mode bringt – bestimmt ist. Diesmal ist ihm Erfolg beschieden. Der Sänger und Textdichter Béranger, der damals das Idol der Öffentlichkeit war und eine Persönlichkeit durch einen Refrain ganz nach oben zu bringen vermochte, komponiert für Saint-Simon ein Lied, das er vor La Fayette, dem hohen Adel und der großen Geschäftswelt vorträgt, bevor es in den Straßen und Werkstätten von ganz Frankreich geträllert wird:

Ich kannte Saint-Simon, den Künder,
Erst reich und später ruiniert,
Einer Gesellschaftsordnung Gründer,
Die durchweg alles reformiert.
Schon alt, doch eifrig an den Werken,
Hat er nach ihr die Hand gestreckt,
Um sich an der Idee zu stärken,
In der das Heil der Menschheit steckt!

Einer Parabel und einem Lied ist es somit zu verdanken, daß Saint-Simons ungeordnetes, oft schwerverständliches Werk, das mehr von einer prophetischen Weissagung als von einem realistischen System an sich hatte, nicht nur die Intellektuellen erreichen sollte, sondern auch die Welt der Handwerker und Arbeiter. Er begnügt sich übrigens nicht damit, nur zu schreiben, sondern betätigt sich eifrig, indem er Berufsschulen gründet, für »jene, die nur ihre Arme haben«, und die Finanzwirtschaft »eher den Bedürfnissen der Armen als denen der Reichen« anzupassen sucht. Er schließt Freundschaft mit den hervorragendsten Geistern seiner Zeit, aber auch mit großen Unternehmern, wie zum Beispiel dem Abgeordneten Louis Terneaux, dem Wollkönig, der als erster die Gewinnbeteiligung der Arbeiter einführt.

Wie zu erwarten war, erschreckt seine Stellungnahme zugunsten eines Staatskapitalismus die Finanzleute, und bald stoppt Laffitte seine Subventionen. Schockiert über seine Grundsätze, versagt ihm gleichzeitig auch seine reiche Familie die monatliche Rente, und Saint-Simon steht ein zweites Mal mittellos da.

Diesmal bedrückt es ihn schwer, ihn, der doch nie Mutlosigkeit gekannt hatte. Er ist dreiundsechzig Jahre alt und darauf angewiesen, von Wasser und Brot zu leben. In der

Meinung, sein Werk sei im Grunde getan und werde seine Früchte auch ohne ihn tragen, beschließt er, sich das Leben zu nehmen. Er schreibt einen Brief an seinen Freund Terneaux, um ihm seine Absichten mitzuteilen, und schießt sich eine Kugel in den Kopf. Doch er trifft schlecht! Die Kugel hat nur sein Auge gestreift. Blutüberströmt schleppt er sich zu seinem Wohnungsnachbarn, der Auguste Comte holen läßt. Seinem untröstlichen Freund erklärt Saint-Simon, er wolle die Stunden, die ihm noch zu leben bleiben, nutzen, um letzte Hand an seinen Gesellschaftsentwurf zu legen.
Er sollte überleben, zwar auf einem Auge blind, doch ohne jeden Gehirnschaden. Seine Geldproblem allerdings bleiben ungelöst, und Comte befindet sich selbst in einer finanziellen Misere, so daß er ihm nicht helfen kann. Da begibt sich ein neuerliches Wunder, wieder in der Gestalt eines Bankiers! Bei dem Industriellen Terneaux begegnet er den Brüdern Eugène und Olinde Rodrigues. Sie sind beide um die Dreißig und eifrige Leser seines Werkes, vor allem Olinde, Absolvent der Hochschule zur Ausbildung von Lehrern an höheren Schulen, Repetitor für Mathematik an der Ingenieurhochschule von Paris und Befürworter der Gewinnbeteiligung der Arbeiter. Von Saint-Simons Intelligenz gefesselt, bietet er ihm nicht nur an, in Zukunft für seinen Lebensunterhalt aufzukommen, sondern auch sein nächstes Werk *Le Catéchisme des industriels (Der Katechismus der Industriellen,* d. Ü.) zu finanzieren.
Seine Zukunft? Er weiß nicht, daß er nur noch zwei Jahre zu leben hat. Doch in keinem Augenblick wird Olindes treue Ergebenheit abflauen.
Zu jener Zeit ist solche Art Hilfe für Künstler und Philosophen übrigens weniger selten, als man meinen könnte. Dieses Mäzenatentum, das noch nicht den abscheulichen Namen

Sponsoring trägt, ist meist Sache der Bankiers, oft aber auch die von Arbeitern oder Unbekannten. Als er aus dem Lehramt hinausgeworfen wurde, lebte Auguste Comte auf diese Weise von einer Rente, die ihm von vier Arbeitern, drei Studenten, zwei Medizinern, zwei Professoren und seinem Freund Émile Littré gezahlt wurde! Auch Fourier überlebte, als er in hohem Alter ins Elend geriet, nur dank seiner Anhänger und einigen dankbaren Arbeitern, die ihm jeden Monat einen Teil ihres Lohnes zukommen ließen.

Bis zum Schluß konnte Saint-Simon am Entwurf einer industriellen Moralvorstellung und einem weltlichen Gesellschaftskonzept arbeiten. Im April 1825 erkrankt er plötzlich schwer und stirbt zwei Tage später, den prosaischen Dingen des Lebens gegenüber nach wie vor gleichgültig, in den Armen von Olinde Rodrigues. Er hatte sich geweigert, seine Familie zu empfangen, um seinen letzten Augenblick noch der Vollendung seines geistigen Testaments zu widmen.

»Es wäre übertrieben, zu sagen, daß ich nicht leide«, vertraute er seinem Freund an, »aber wem liegt daran schon! Sprechen wir von anderen Dingen. Mein ganzes Leben, Rodrigues, vergessen Sie das nicht, läßt sich zu diesem Gedanken zusammenfassen: allen Menschen die freie Entfaltung ihrer Fähigkeiten zu gewährleisten. Mann und Frau, sie beide sind das soziale Individuum.«

So lauteten seine letzten Worte, und dieser kleine Satz sollte zum Ausgangspunkt für ein erstaunliches sozio-mystisches Abenteuer werden, unter dem Anstoß einer weiteren charismatischen Persönlichkeit, die sich erst kurz zuvor dem Saint-Simonismus angeschlossen hatte, eines jungen Ingenieurs und gleichermaßen Vorläufers von Lanza Del Vasto wie der Hippies und der Flower-Power-Bewegung, der einen für einen Utopisten geradezu prädestinierten Namen trug, einen

Namen, den Claudel hätte erfunden haben können: Prosper Barthélémy Enfantin.

Überhaupt frappiert die mysteriöse Übereinstimmung zwischen dem Namen der Akteure dieses Abenteuers und deren Schicksal, so als seien sie der Phantasie eines Weltschöpfers entsprungen! Wenn Saint-Simon beispielsweise Duraton geheißen hätte, könnte man sich da wohl vorstellen, daß es ihm gelungen wäre, eine Religion zu gründen und einer Philosophie seinen Namen zu geben? Der Begriff des Saint-Simonismus scheint ganz offensichtlich wie geschaffen dafür, Vertrauen einzuflößen und die Doktrin mit dem Nimbus eines göttlichen Widerscheins zu umgeben.

Auch die ritterlichen Gebrüder Rodrigues, Eugène und Olinde, trugen Namen, die sie zu ihrer Rolle prädestinierten. Und die enge Beziehung zwischen dem Vatertitel und Enfantins Familiennamen schließlich hatte den Vorzug, den autokratischen Aspekt, der seiner Person anhaften konnte, mit dem Glorienschein der Unschuld auszustatten.

All diese Unwägbarkeiten konnten sich auf das Los einer Doktrin auswirken, über die Henri d'Allemagne, einer der Historiker des Sozialismus, geschrieben hat: »Wenn der Saint-Simonismus über einige Millionen Franc verfügt hätte, so wäre daraus sicherlich eine Bewegung entstanden, deren Bedeutung und mögliche Auswirkung auf ganz Europa heute einzuschätzen ganz und gar unmöglich ist.«

Doch wer an jenem 22. Mai 1825, als der Sarg des Meisters auf dem Friedhof Père Lachaise beigesetzt wird, würde trotz dem naiven Stolz seines Gründers und dem Enthusiasmus der kleinen Anhängerschar, die dem Trauerzug folgen, schon auf die Zukunft des Saint-Simonismus setzen? Eine mächtige Gestalt, aber ein letzten Endes verpfuschtes Leben, ein Lebenswerk voller genialer Einblicke, aber verworren und ungeordnet, ein letztes, unvollendetes Buch, *Le Nouveau Christianisme (Neues Christentum).* Und diese wenig ermutigenden Grundlagen sind es, auf denen ein gewisser Enfantin ein System aufbauen wird, das sich bald schon zur Religion entwickelt.

Die Mystik des Geschlechts

Gerade derjenige unter den Anhängern, der Saint-Simon am wenigsten gekannt hat, sollte am meisten für seine Sache erreichen und ihm zu neuem Leben verhelfen.

Enfantin hat genau das richtige Aussehen: Er ist ein sehr schöner, hochgewachsener junger Mann mit langem, gelocktem Haar und unwiderstehlichem Blick, dessen sanftes und liebenswürdiges Gesicht die Männer ebenso wie die Frauen auf ungewöhnliche Weise fasziniert. 1813 war er in die Pariser Ingenieurhochschule eingetreten, doch da sein Vater als Bankier in Konkurs ging und seinen Unterhalt nicht mehr zahlen konnte, hatte er sich während der Hundert Tage in der Armée des Alpes verdingt, wo er sich durch vorbildliche Führung auszeichnete. Dann war er nach St. Petersburg gegangen, um sich mit dem Bankgeschäft vertraut zu machen, wobei sein Hauptinteresse allerdings Wirtschafts- und Gesellschaftstheorien sowie historischen Studien galt, wie es nach den turbulenten Zeiten der Revolution und des Ersten Kaiserreichs bei vielen jungen Leuten der Fall war. In seinem *Catéchisme des industriels (Katechismus der Industriellen,* d. Ü.) findet er den geeigneten Rahmen für seine sehr positivistischen Ansichten, indem er politische Spielereien ablehnt und sich ausschließlich auf die Mittel und Wege konzentriert, das Los der Menschen durch Zusammenschluß, Bildung und Kommunikation zu verbessern. Ideen, die uns heutzutage vertraut sind, die aber im Jahre 1830 noch überaus aufrührerisch wirkten.

Nachdem sie in der Zeitung *Le Producteur* durch ihre beiden Begründer Olinde Rodrigues und Prosper Enfantin näher ausgeführt worden war, stieß die Theorie bei den führenden Schichten des Landes, die der Politik der Parteien anhingen, auf keinerlei Anklang, faszinierte dafür aber die Jüngeren und all jene, die ernsthaft danach strebten, die Gesellschaft neu zu gestalten. Von den Ingenieurhochschulen kommen die ersten neuen Mitglieder: Abel Transon, Jules Lechevalier, Euryale Cazeaux, Charles Lambert, der als »der intelligenteste Mann des Jahrhunderts« angesehen wird, und Michel Chevalier, der als Bester die Hochschule abschloß. Innerhalb weniger Monate scharen sich die Anhänger nur so um Enfantin: Olinde Rodrigues, einige Aktionäre der Bank Laffitte, die Brüder Isaac und Émile Péreire, Arlès-Dufour, ein weiterer Bankier, der Anwalt P. M. Laurent, Dr. Buchez, Hippolyte Carnot, Sohn von Lazare, dem Revolutionär, und Vater von Sadi Carnot, dem späteren Präsidenten der Republik, der den Templerorden verläßt, um in den der Saint-Simonisten einzutreten. Carnot wird die Satzung und den Entwurf der Doktrin abfassen.

Diese Männer und viele andere sind bereit, auf alles, Ehrungen, Karriere, Vermögen, zu verzichten, um sich ohne jede Hoffnung auf Macht oder Profit der Ausarbeitung dieser Doktrin zu widmen.

An der Spitze dieser Familie werden zwei Väter den Vorsitz führen: Enfantin, der Herz und Seele des Ganzen darstellt, und Bazard, die Vernunft.

Bazard hat das Zeug zum Anführer: kühne Intelligenz, Geradlinigkeit mit einem gewissen Mißtrauen gegenüber verstandesmäßig nicht kontrollierbaren Sophismen und Begeisterungsausbrüchen, ein ernster und gefestigter Charakter. Für seine Tapferkeit im Kampf 1814 war er zum Mitglied der Ehrenlegion ernannt worden und hatte die französische Sektion der Karbonari, die Carboneria, gegründet, deren Ziel es war, die aus der Restauration hervorgegangene Regierung zu stürzen. Auf diese Weise war er in mehrere Verschwörungen verwickelt gewesen, die jedoch alle scheiterten. Entmutigt, war er reif für eine neue missionarische Aufgabe.

Seine Frau, Claire Bazard, entsprach der Vorstellung, die man sich in etwa von der Mutter der Doktrin zu machen hatte, und war bislang noch die einzige Frau in der Hierarchie, die in einer Atmosphäre wunderbarer Hoffnung und Brüderlichkeit predigte.

»Die totale Befreiung der Frau ist es, durch die sich die Saint-Simonistische Ära auszeichnen wird«, hatte Enfantin geschrieben. Eine Befreiung, die zwar die Ehe respektierte, aber den Bannfluch des Christentums gegenüber der Fleischeslust verwarf und eine Gesellschaftsform ankündigte, in der sich die geistige Freude mit dem körperlichen Genuß ergänzen sollte.

Dieser Aspekt der Doktrin war nur allzu geeignet, das Gemüt der Frauen zu bewegen, von denen bis dahin noch kein politisches System anders Notiz genommen hatte als in ihrer Eigenschaft als Ehefrauen oder Mütter. Desprez und seine Schülerin Pauline unterhalten sich lang und ausgedehnt darüber. Um so mehr, als das junge Mädchen beginnt, sich über seine Zukunft Sorgen zu machen. Sie ist sechsundzwanzig – das ist alt für ein unverheiratetes Mädchen in jener Zeit – und sollte, wie sie es ständig von ihrer Mutter zu hören bekommt, ernsthaft daran denken, eine

Vernunftehe zu schließen. Das aber würde für sie bedeuten, das geliebte Studium aufgeben und sich hinter dem Herd mit den häuslichen Pflichten als einziger Perspektive einsperren lassen zu müssen. Eine Lösung, vor der ihr graut.

»Sie machen sich keine Vorstellung von der Einsamkeit großdenkender Gemüter in unseren unseligen Provinzen. Man ist nur allzu glücklich, wenn man ein einziges Wesen findet, das einen versteht«, schreibt sie an Aglaé Saint-Hilaire, deren Freundschaft ihr immer kostbarer wird. Die Freundschaft, aber auch die Ermutigungen, denn gewisse Abschnitte im saint-simonistischen Katechismus müssen bei einem jungen Mädchen, das in christlicher Tradition erzogen wurde, notgedrungen Entrüstung hervorrufen. Es ist eine rührende und widersinnige Korrespondenz, die nun zwischen diesen beiden tugendhaften Personen geführt wird, der belehrenden Aglaé, die das Leben einer saint-simonistischen Nonne führt, und der züchtigen Pauline, die mitten im platonischsten aller Liebesromane steckt. Doch die Doktrin hat in ihrem Herzen bereits entsprechende Verheerungen angerichtet, denn sie zögert nicht, die gewagtesten Verhaltensweisen der Liebe zu diskutieren, während sie selbst doch eine Leidenschaft durchlebt, die der konventionellsten Leitfäden über guten Lebenswandel würdig wäre und auf wenige schmachtende Blick und zaghafte Berührungen in den Fluren beschränkt bleibt.

»Vor einigen Tagen hatten wir Gäste, und es wurde musiziert«, erzählt sie. »Monsieur Desprez war von außerordentlicher Traurigkeit, ich litt Qualen. Schließlich näherte ich mich ihm, um ihm etwas Kuchen anzubieten ... Ich wollte ihm unbedingt einen Beweis meiner Zuneigung geben ... Der Zufall will es, daß ich mich nahe bei den Notenpulten und verborgen vor der Aufmerksamkeit der Gesellschaft befinde ... Ich nehme seine Hand, drücke sie, und ein kräftiger Gegendruck erwidert den meinen. Dann sah ich ihn an, und seine Augen sagten mir, daß ich ihm sehr wohlgetan hatte ... Noch niemals hatte ich ihm gestanden, daß ich ihn liebte! Meine Schwester, die darum bangt, daß er mir womöglich das Versprechen abnehmen könnte, mich nie zu verheiraten (als ob ich mich mit dem Gefühl, das ich augenblicklich im Herzen trage und von dem sie tut, als wisse sie darum nicht, in die Arme eines anderen begeben könnte!), meine Schwester also läßt mich keine Minute allein mit ihm ... Begreifen Sie, verehrte Mutter, wie entsetzlich diese Lage ist?«

Aglaé nahm Paulines Herzensergüsse und ihre »entsetzlichen« Leiden ohne Nachsicht auf und erinnerte sie an ihre oberste Pflicht als Bekehrte: die Doktrin zu verbreiten. Was Pauline auch demütig akzeptiert.

»Geliebte Mutter, Ihr Brief hat mich sehr traurig gestimmt: Ich habe darin nicht die Liebe wiedergefunden, die Sie mir zur Gewohnheit werden ließen und deren ich so sehr bedarf. Vielleicht habe ich es so verdient? ... Sie haben mich klar erkennen lassen, daß, wenn Gott mich in einer Lage darben läßt, in der ich Überdruß empfinde und mich fruchtlos mühe ... Er mich später sicherlich für würdig befinden würde, dieses Leben eines Apostels zu führen, nach dem ich sehnsuchtsvoll strebe. Sie wissen um meine Bindungen. Sie können sich ein Urteil davon machen, wie schwer sie zu zerreißen sind. Wohlan, ihrer ungeachtet sage ich Ihnen heute: Ich bin bereit, und wenn Ihre Stimme oder die des Obersten Vaters mich rufen wird, so werde ich ohne jeden Widerspruch gehen ...«

Während sie mit Ungeduld diesen Aufruf erwartet, trotzt Pauline der allgemeinen Einstellung ihrer kleinen Stadt: »Ich habe das Moralproblem mit solcher Überzeugung und, ich wage zu sagen, Züchtigkeit angesprochen, daß die Männer nicht einmal zu jenem spöttischen Lächeln und den schmutzigen Anspielungen zu finden vermochten, mit denen man sonst eine Frau vor Scham zum Erröten zu bringen pflegt. So weit also sind wir nun: Das Martyrium der Lächerlichkeit kommt auf uns zu. Es schreckt uns nicht, und ... ich bedauere, mich nicht häufiger in Gesellschaft zu begeben, um da den neuen Glauben zu verbreiten. Unsere Ergebenheit«, schließt sie und spricht dabei von sich, ihrer Schwester Irma und Desprez, »kennt keine Grenzen, und nichts wird uns abschrecken können, auch wenn wir dafür zu leiden haben.«

Wie sollte man sich angesichts solcher Glaubensbekenntnisse nicht an den Enthusiasmus und den Hang zum Martyrium erinnert fühlen, der die ersten Christen beseelte?

Auch die ersten Saint-Simonisten sind zu allen Opfern bereit. Einem Saint-Simon hätten sie diese Opferbereitschaft sicherlich nicht entgegengebracht, Enfantin jedoch wußte die Dinge allesamt zu verklären. Er hat »die Familie«, das heißt seine Brüder, Schwestern und Söhne in Saint-Simon, unter Gottes Schutz, der Vater und Mutter von allen, Männern wie Frauen, ist, zusammengeführt, und zwar in einem gemeinschaftlichen Haus in der Rue Monsigny von Paris. Die Predigten und Vorträge werden dort im Zeremoniengewand abgehalten: weiße Weste, Rock und Hose den unteren Stufen der Hierarchie zu in jeweils immer dunkleren Farbtönen, wobei sich die Väter Azurblau vorbehalten haben, während das Königsblau den Anhängern dritten Grades zugewiesen ist.

»Unter uns soll es weder ein Privileg des Geschlechts noch der Geburt mehr geben«, so lautet das saint-simonistische Credo, das täglich rezitiert wird. »Der Untergeordnete ist nicht länger Sklave des Übergeordneten, sie sind einander verbunden. Der Mann ist nicht länger Herr über die Frau, sie sind einander verbunden. Ein Volk ist einem anderen nicht länger tributpflichtig, sie bilden ein und dieselbe Familie.«

Ab 1830 beteiligen sich nahezu zweihundert Frauen an den Versammlungen in der Rue Taranne, und ihre Zahl wird fortan weiter steigen. Zum erstenmal fühlen sie sich wohl, in dieser Bewegung, die über bloße Politik hinausgeht.

Die gesamte intellektuelle Avantgarde nimmt teil an den saint-simonistischen Festen, die zu den glanzvollsten der romantischen Epoche zählen. Hier begegnet man Berlioz, Liszt, Sainte-Beuve, von dem man einen Augenblick lang hoffte, er würde beitreten, Heinrich Heine, dem Tenor Adolphe Nourrit, dem Schriftsteller Émile Souvestre. Und Hugo höchstpersönlich wird an Enfantin schreiben: »Sie sind einer der Seher des allumfassenden Lebens, mit dem ich mich in tiefer Brüderlichkeit verbunden fühle.«

Diese dreißiger Jahre, in denen sich soeben die Schlacht von Hernani abgespielt hat, sind es nun, denen »einer der lebendigsten, reichsten, schönsten und erhebendsten Augenblicke unserer Geschichte« zuzuordnen ist, wie Philippe Séguin in seinem Buch schreibt, das er unlängst Napoleon III.* gewidmet hat. »Ein flüchtiger Augenblick, in dem die Phantasie das Zepter führt, die Freiheit einen Sinn erfährt und die Brüderlichkeit eine erlebte Wirklichkeit ist: ein Augenblick der Hoffnung, wo nichts unmöglich scheint.«

Die neue Religion hat sich auch in der Provinz ausgebreitet, und zahlreiche Arbeiter und Handwerker haben sich ihr angeschlossen, darunter auch Pierre Leroux, damals noch

* *Napoléon le grand,* Editions Grasset.

Druckergeselle, der sich trotz seiner Aversion gegen jegliche Hierarchie dafür gewinnen läßt. In Toulouse überzeugt Hoart sogar einen katholischen Priester, der sich bereit erklärt, eine öffentliche Erklärung für seinen Übertritt von einer theistischen Religion zu einer humanistischen abzugeben. In Rouen finden Barrault und Adolphe Guéroult (der ein Jahr später Pauline Rolands erster Liebhaber werden sollte) günstige Aufnahme. In Lyon gründen Jean Reynaud und Pierre Leroux eine Gemeinde, die lange bestehen sollte.

In Belgien gerieten die Saint-Simonisten in Höhen wie auch Tiefen. Dafür gewannen sie in England jedoch den Philosophen Stuart Mill für sich, der 1830 nach Paris kam und sich dort mit den Vätern traf. In Deutschland waren zu diesem Zeitpunkt gerade drei Werke über die saint-simonistischen Thesen erschienen.

Es gab viele Konversionen, doch waren sie häufig wenig beständig. Trotzdem konnte sich Olinde Rodrigues rühmen, bei den Predigten in der Rue Taitbout an einem einzigen Tag achtundzwanzig Frauen und siebenundzwanzig Männer geweiht zu haben! Der ergreifendste Tag aber war der, als zwei alte Männer von fünfundsechzig und zweiundsiebzig Jahren kamen und darum baten, in die neue Religion eingeführt zu werden: »Wir haben es nötiger als die jungen, an etwas zu glauben. Wir wollen beruhigt sterben können.«

Die greifbaren Ergebnisse waren vielleicht enttäuschend, aber der Weg war frei für eine neue Denkweise. Man lehrte die Doktrin in den Werkstätten und den »Gemeinschaftshäusern«, die sich nicht nur damit begnügten, preiswertere Suppen und wärmere Kleidung auszuteilen, sondern auch als apostolische Zentren gelten wollten. Möglicherweise aber überschätzte man den Eifer der Arbeiter, den industriel-

len Katechismus zu lernen, während sie doch zumeist nur nach einem Weg aus ihrem Elend suchten.
Dafür unterschätzte Enfantin gewaltig den Widerstand der Gesellschaft jeder Veränderung gegenüber, die die Situation der Frau betraf. Überzeugt davon, daß die Lust dem menschlichen Wesen zu seinem Gleichgewicht verhilft, wollte er bis zur äußersten Konsequenz seiner Logik gehen und die Schleier der Verstellung und Schamhaftigkeit zerreißen, die die Entfaltung des Körpers im Keim erstickten. Eine Theorie, die eine Gesellschaft zutiefst schockieren mußte, in der ein ausschweifender Lebenswandel bei einigen Privilegierten zwar sehr wohl toleriert wurde, in keinem Fall aber die Freiheit für die Mehrheit.
Indem er sich zugleich seine Anziehungskraft, seine engelhafte Schönheit, seine hypnotische Stimme wie auch seine rednerische Begabung zunutze macht, wird es Enfantin allerdings gelingen, seine Anhänger von der Notwendigkeit einer absoluten Transparenz in den Dingen ihres Privatlebens zu überzeugen. Alles will er wissen über die Vergangenheit seiner Mitglieder, wie sie miteinander schlafen, oder warum sie es nicht tun; und mit recht unbesonnenem Eifer drängen sich Männer und Frauen zu diesen Sitzungen öffentlicher Beichte, deren Konsequenzen sie nur schlecht einzuschätzen vermögen.
Man kann sich den Skandalerfolg dieser Gruppenpsychotherapien vorstellen, die sich in aller Öffentlichkeit im Stile von im Fernsehen übertragenen »Psi-Shows« abspielten, aber eben fünfzig Jahre bevor Freud die öffentliche Meinung überhaupt mit der Psychoanalyse vertraut gemacht hat. Die Techniken zur Erforschung dieses noch völlig im Dunkel gelegenen Kontinents steckten noch in den allerersten Anfängen, und häufig ereigneten sich Pannen. Beim Herum-

experimentieren mit völlig neuen Beziehungen gingen selbst die besten Paare Risiken ein. Die Frauen vor allem waren schockiert über die Offenheit, ja sogar Anstößigkeit der Gespräche, an denen ihre Ehemänner durchaus Geschmack zu finden schienen. Cécile Fournel zum Beispiel, ein sehr traditionell erzogenes Kind des Großbürgertums, sollte Aglaé die Verwirrung anvertrauen, die sie empfand, als sie ihren Mann den Damen der Doktrin Fragen stellen hörte, die ihr mehr voyeuristischer Perversion zu entspringen schienen als aufrichtigem Interesse.

»So kann ich nicht leben, die Doktrin tut mir weh. Sie hat meinen Mann verändert, sie macht mir mein Zuhause unerträglich. Ich muß fort von hier, um an irgendeinem entlegenen Ort in Frieden sterben zu können.«

Andere machen heroische Anstrengungen, darunter auch Claire Bazard, die Frau des väterlichen Stellvertreters. Obwohl sie sich über die Vorstellung sexueller Gemeinschaft entrüstete, wurde Claire, die mit dem Unterrichten der Frauen betraut war und sich gewünscht hätte, zur Glaubensmutter erkoren zu werden, durch Enfantins Autorität doch in seinen Bann gezogen. Aber sie liebte ihren Mann innig und war eine der wenigen, die der Liebe des Vaters widerstanden. In einer öffentlichen Sitzung gestand sie dafür allerdings eine kurze Liaison, die sie mit einem der Mitglieder gehabt hatte. Das Paar, das nach achtzehn Jahren Ehe bis dahin in großer Harmonie gelebt hatte, stand kurz vor der Scheidung, aber Bazard sah es dann doch als seine Pflicht an, ihr im Sinne der saint-simonistischen Toleranz zu verzeihen. »Was mich selbst angeht«, schloß er, »so haben mir die Vorstellungen des Vaters über die Beziehungen zwischen Mann und Frau immer widerstrebt. Doch immer war Vater Enfantin in meinen Augen auch *das Leben* der Doktrin.

Deshalb habe ich mich ihm angeschlossen.« Woraus man ersehen kann, daß, bei den Männern ebenso wie bei den Frauen, der mystische Drang zuweilen sogar die alten Dämonen der Eifersucht und der hartnäckigsten Vorurteile bezwang.

Ein wenig später wird sich auch Suzanne Voilquin, eine junge Weißnäherin, von einer Vergangenheit befreien wollen, die sie bedrückt und die sie ihrem Ehemann niemals zu gestehen gewagt hat. In Gegenwart des Vaters und Voilquins, eines Bauunternehmers, den sie ohne Liebe und nur zu dem einzigen Zweck, Kinder zu bekommen, geheiratet hat, erzählt sie, wie sie als blutjunges Mädchen von einem Studenten verführt worden war, der ihr die Ehe versprochen hatte und einen Monat darauf verschwand.

»Es ist mir ein Bedürfnis, die Wahrheit zu sagen«, erklärt sie in ihren Memoiren. »Jede Lüge belastet mich. Ich will meinen Mann meine ganze Vergangenheit wissen lassen und es ihm vor dem Vater sagen. Wenn er diese Eröffnungen würdevoll erträgt, wird sich unsere Verbindung, durch Vertrauen gestärkt, vielleicht auf Liebe stützen können.«

Doch das Ergebnis entsprach nicht ihrer Erwartung. »Ich hatte meine Kräfte überschätzt. Vor diesen beiden Männern sitzend, stammelte ich unzusammenhängendes Zeug und erstickte in Schluchzern, genau wie damals, als ich mich an meinen alten Beichtvater gewandt hatte ... Nach dem Bekenntnis warf Voilquin sich weinend in die Arme des Vaters! Doch keiner reichte mir in diesen ersten Augenblicken die Hand! Oh, meine heilige Mutter, du hättest mir liebkosend meine Tränen getrocknet, bevor du dich dem Manne zugewandt hättest. Diese ungerechte Verteilung männlicher Gerechtigkeit hat meine Tränen versiegen lassen«, schließt sie. »Von diesem Augenblick an gelobte ich mir, nichts mehr über meine Gedanken oder mein höchst privates Tun in meinem apostolischen Leben preiszugeben.«

Nichtsdestoweniger war des Vaters Einfluß so stark, daß Voilquin sich wieder faßte und Suzanne wieder sein Vertrauen und seine Zuneigung schenkte.

Manchmal sind es die eher einfachen Seelen und nicht die großen Geister, die die menschlichen Konsequenzen einer theoretischen Entscheidung am besten erkennen. Riskierte der Vater nicht, indem er wirklich und wahrhaftig die Frauen befreien wollte, sie nur noch verletzlicher zu machen? Ein Arbeiter war es, der nach seiner eigenen öffentlichen Beichte an einige elementare Tatsachen erinnerte: »Die Frauen, die über ihr vergangenes Leben die Beichte ablegen, werden bei uns zwar sehr wohl die Absolution finden, aber wir werden nicht die Macht haben, ihren guten Ruf vor den Augen der Welt wiederherzustellen ..., und ich füge hinzu, daß sie wegen der mächtigen Vorurteile, die noch lange existieren werden, nicht einmal bei ihren Schwestern gut angesehen sein werden, die keine ähnlichen Bekenntnisse haben ablegen müssen.«

Vernünftige Worte, die eine Claire Démar etwa oder eine Pauline Roland, weiß Gott, verdient hätten, denn auch die beiden sollten noch an dem Tag, als sie den Prinzipien des Vaters getreu leben wollten, von der Gesellschaft wie von ihren Schwestern verstoßen werden. Diese Prinzipien bezogen ebenfalls mit ein, daß demjenigen der Partner, der womöglich sein Leben verändern wollte, seine Freihzeit zurückgegeben würde.

»Das Priesterpaar hat die Aufgabe, die Eheleute, die sich nicht mehr verstehen, behutsam dahin zu bringen, daß sie neue Bande knüpfen, denn Überdruß und Widerwille sind überaus unzuträglich. Wenn einer von beiden aufhört, dem anderen zu gefallen, sollte er dem anderen seine Freiheit zurückgeben.«

Eine allzu grausame Verhaltensmaßregel? Nein: nichts ist den Saint-Simonisten zu hart. Einige Zeit später, am Tag als Suzanne Voilquin durch ein aus einer Tasche ihres Mannes gefallenes Billett entdeckt, daß er eine blutjunge Anhängerin liebt und wiedergeliebt wird, rät sie ihm als pflichtgetreue Saint-Simonistin, das junge Mädchen zu heiraten. Der Vater stimmt zu, das magere Hab und Gut wird in aller Redlichkeit geteilt, denn unter Mitgliedern wird es niemals gemeine Berechnung geben, und der neuverheiratete Voilquin schifft sich nach Amerika ein, um dort mit seiner jungen Angetrauten und anderen Mitgliedern der Gemeinschaft das Evangelium zu predigen. Sie werden dort ein »Phalanstère« gründen, auch ein neuer Begriff, den der Sprachschöpfer Fourier völlig frei erfunden hatte.

Was Suzanne betrifft, so wird ihr missionarischer Eifer deswegen nicht zu erschüttern sein: Sie folgt später dem Vater nach Ägypten, leitet zusammen mit Désirée Gay, einer anderen Arbeiterin und Verehrerin Enfantins, die Zeitschrift *Femme nouvelle* und bricht schließlich mit einem saint-simonistischen Ehepaar, den Rogés, nach Rußland auf, um sich dort als Hebamme zu betätigen. Ihren Lebensabend verbringt sie in Amerika, in einer jener zahlreichen Gemeinschaften, in die sich später die utopischen Sozialisten flüchten sollten.

Man muß sagen, daß es bei den Romantikern Mode war, die traditionelle Ehe zu kritisieren. George Sand prangerte die Erziehung der Mädchen an, die man wie Nonnen aufzog, um sie den Männern dann wie Stutenfohlen auszuliefern. Und Musset entrüstete sich über das Larvenstadium der heiratsfähigen jungen Mädchen, »bleich, unbeschäftigt und

sorgsam in völliger Unwissenheit vom Leben gehalten«. In wenigen ungeschminkten Worten faßte er zusammen, was eine junge Bürgerin um 1830 vom Leben zu erwarten hatte: »Unvermittelt holt man sie da heraus, sie, die nichts weiß, nichts liebt, nichts erstrebt. Ein altes Weib erzählt ihr belehrend etwas, man flüstert ihr ein obszönes Wort in Ohr und wirft sie ins Bett eines Unbekannten, der sie vergewaltigt. Das ist dann die Ehe, das heißt die gesittete Familie!«
Die Saint-Simonisten nun wollten den Grundstein zu einer »Neuen Liebeswelt« legen, wie übrigens auch der Titel einer sehr gewagten Abhandlung von Fourier lautet, die dieser aus Angst vor einem Skandal nicht zu veröffentlichen gewagt hatte.* Solcherlei Beeinträchtigungen für die gewonnenen Ideen gingen in der Tat nicht ohne Katastrophen ab, da Enfantins Stolz ihn gelegentlich zu bedauerlichen Handlungen hinriß. Auf diese Weise verlor er die Freundschaft seiner treuesten Stütze, Olinde Rodrigues, der sich in Liebesdingen als vorbildlicher Monogamist gab. In seinem Wahn nach Transparenz, und gewiß auch Narzißmus, vermochte Enfantin dem Vergnügen nicht zu widerstehen, eines Tages aus seiner Tasche einen Brief von Euphrasie, der Frau des Bankiers, zu ziehen, der bewies, daß sie ihm ihre Gunst geschenkt hatte. Somit kam es zum Bruch, und das Ehepaar beschloß, das Hôtel de Gesvres, ein herrschaftliches Stadthaus, das Enfantin erst dank der finanziellen Unterstützung des Ehemannes hatte erwerben können, zu verlassen.
Dem Umstand, daß es keine Mutter der Doktrin gab, schrieb Enfantin die Schuld an seinem Scheitern seinen beiden engsten Freunden zu. Weil ihm die Unterstützung eines

* Sie sollte von Simone Debout entdeckt und erst 1967 veröffentlicht werden. (In dt. Übersetzung: Charles Fourier, *Aus der neuen Liebeswelt.* Wagenbach, 1977, Anm. d. Übers.)

weiblichen Messias fehlte, konnte er »diese beiden mächtigen Vertreter vergangener Moralvorstellungen: den Juden und den Christen, Rodrigues und Bazard« nicht für seinen Glauben gewinnen.

All diese Querschläge in der Gemeinschaft kennt Pauline nur durch die weitschweifigen Berichte von Aglaé. Sie kann nicht umhin, darauf mit dem, was ihr an christlicher Tugendhaftigkeit bleibt, zu reagieren.

»Wir sind zutiefst betrübt über die neuerliche Unstimmigkeit im Kollegium. Wie wir sehen, ist nach wie vor das Moralproblem der Anlaß dafür ... Unsere Väter haben gesagt: ›Wir werden den Ehebruch aus dem Schoß der Gesellschaft herausreißen.‹ Wir haben an diese Worte geglaubt. Aber wir waren weit davon entfernt, zu glauben, daß das angewandte Mittel in der Anerkennung und Legitimierung der Prostitution bestehen würde. Denn was ist es schließlich anderes als legitimierte Prostitution? Was bei diesen freien und unbeständigen Paaren, die unentwegt zu neuen Liebschaften, die kein religiöses oder weltliches Band billigen wird, überwechseln. Was sich also bei diesen Paaren geändert haben wird, ist, daß das, was man früher als unordentlich bezeichnete, heute ein moralischer Akt sein wird. Daß man sich, anstatt sich für Gold zu verkaufen, für Liebe hergeben wird. Ich will nicht leugnen, daß dies ein Fortschritt ist, aber ich glaube, man hätte es besser machen können ... Ich glaube, daß die Treue ein natürlicher Zustand des Menschen ist und die Unbeständigkeit eine Krankheit.«

Die Eskapaden des Vaters und die Erklärungen gewisser Anhänger beginnen übrigens in der Presse skandalöses Aufsehen zu erregen; in einem Maße, daß Mutter Roland, alarmiert durch die entrüsteten Kommentare der Lokalzeitungen, Desprez verbietet, mit seinem »verderbten« Unterricht bei ihren beiden Töchtern fortzufahren. Seit vier Jahren haben er und Pauline sich täglich gesehen: Es zerreißt ihnen schier das Herz, und im Aufruhr seiner Gefühle geht Desprez sogar so weit, seiner Angebeteten die Hand zu küssen! Es ist die erste Berührung zwischen ihnen, wie Pauline, die niemals lügt, schreiben wird. »Ein stiller und kühler Kuß, gegeben und empfangen von der Verzweiflung im Augenblick der Trennung für ewig.«

»Ich bin von ihm geliebt worden, wie nur wenige Frauen geliebt worden sind. Ich fühle, daß ich mich mit einem schwächeren Gefühl nicht mehr zufriedengeben kann, und da ich meiner Jugend und Schönheit beraubt bin [sie ist siebenundzwanzig Jahre alt!], werde ich nichts Annäherndes mehr erwarten können. Liebste Mutter, ich habe die Glückseligkeit kennengelernt, ich wurde in Armen gehalten, und wiewohl der Schmerz nur gelinde war, als ich nach einer heftigen Umarmung verlangte, glaube ich doch erlebt zu haben, was das Beste an der Liebe ist. Mein Leben ist in dieser Hinsicht ausgefüllt, und nun werde ich mich einem größeren und nützlicheren Ziel zuwenden.«

Niedergeschmettert vom Schmerz, will Desprez sich das Leben nehmen. »Vielleicht wird er sterben, und die Gesellschaft verlöre einen edlen Menschen. Wenn mein teurer Freund sterben sollte, würde ich ihn nicht überleben«, schreibt sie an Aglaé.

Es stirbt sich viel in Gedanken in jenen Jahren schwelgerischer Romantik; im Saint-Simonismus aber geht man bis zu den äußersten Konsequenzen seiner Leidenschaft, und einige, darunter vor allem Frauen, werden nach so erhebenden Hoffnungen ihren Tagen ernsthaft ein Ende setzen.

Zum Glück beschließt Desprez, seinen Kummer zu überleben. Pauline wird sich also ihrem Glauben widmen können.

Ihr beengtes Leben bedrückt sie. Sie kann der Bewegung weder dienen noch materiell helfen, und das betrübt sie. Sie bietet sich für die eine oder andere Übersetzung an oder auch für Näharbeiten, für eine junge Frau die einzig denkbare Beschäftigung, die es ihr auch noch ermöglichen würde, dem Vater etwas Geld zu schicken.

»Ich denke nicht, daß es nötig sein wird, mich bei Ihnen dafür zu entschuldigen, daß ich Ihnen in einer Lage, in der Sie es sicherlich brauchen werden, kein Geld schicke: Meine Situation hindert mich in jeder Weise daran. Nachdem wir von meinem Vater sehr wenig geerbt haben und meine Mutter einen Teil dieses wenigen ausgegeben und zudem noch Schulden gemacht hat, arbeiten wir, meine Schwester und ich, seit acht Jahren daran, ein zerronnenes Vermögen wiederaufzubessern. In äußerster Sparsamkeit müssen wir leben, da meine Mutter unseligerweise einen gewissen Hang zu Ausgaben und wenig Sinn für Ordnung hat. Unser Einkommen beschränkt sich auf neuntausendzweihundert Franc im Jahr, was, wie Sie sich denken werden, keine allzu üppige Summe für drei Frauen ist, die einen gewissen Rang in der Gesellschaft einnehmen. Im Augenblick kann ich über nahezu nichts verfügen.«

Ein Rang, der sich auf den äußeren Schein beschränken läßt in diesem Kleinbürgertum, das, ohne dieses Ranges verlustig zu gehen, nicht auf ein Minimum an Schicklichkeit in Kleidung und Hüten zu verzichten wüßte, die das Zeichen dafür sind, daß weder die Mutter noch ihre Töchter der Kategorie der »Frauen ohne Hut« angehörten. Es ist einleuchtend, daß das Gehalt einer Postmeisterin kaum ausreichte, um diesen äußeren Schein zu retten. Eine Lohnarbeit in Betracht zu ziehen war hingegen für junge Mädchen, die sich mit Würde zu verheiraten wünschten, undenkbar. Die einzig schickliche Beschäftigung ist, Kranke zu besuchen und die Bedürftigen, das sind nahezu zehn Prozent der Bevölkerung von Falaise, zu unterstützen. Allerdings gibt es Arbeitsplätze in den Spinnereien der Stadt: Hundertundfünfzig Kinder unter vierzehn Jahren arbeiten dort für ungefähr fünfzig Centimes am Tag, und etwa hundert Frauen für fünfundneunzig Centimes, während die männlichen Arbeiter über zwei Franc verdienen. Durch Heimarbeit verdienen mehrere hundert Falaiserinnen nur drei bis vier Franc pro Woche, indem sie vierzehn Stunden am Tag den Tüll und die Spitzen besticken, durch die die Stadt berühmt geworden ist. Die einzig annehmbare Tätigkeit wäre die der Lehrerin, doch es gibt keine Mädchenschule in Falaise.

Neuntausendzweihundert Franc pro Jahr, das bedeutet ungefähr zwei Franc fünfzig pro Tag für jede der drei Damen Roland. Der Verdienst eines Arbeiters ist das. Gerade eben genug, um nicht zu verhungern.

Man versteht nun besser, daß Pauline sich für diesen Saint-Simonismus begeistern konnte, der um ein Betätigungsfeld verlegenen jungen Mädchen erhebende Perspektiven eröffnete. Mehr und mehr spielt sie mit dem Gedanken, Falaise zu verlassen, aber ihr Aufbruch würde, das weiß sie, ihre zaghafte, ängstliche Schwester Irma, die ihr nur mühsam in die von ihr angestrebten Höhen folgt, verzweifeln lassen.

»Verehrte Mutter«, schreibt sie an Aglaé, »wie viele Male, bevor ich vom neuen Licht erleuchtet wurde, habe ich geweint, weil ich nicht zum Beginn des Christentums, oder besser noch, der Reformation zur Welt kam. »Gott sei Dank«, fügt sie hinzu, »wird die Epoche, in der wir leben, noch weit größer und glorreicher sein.«

Millionen von Männern und Frauen sollten in den darauffolgenden Jahren diese Überzeugung teilen und bereit sein, für den Sozialismus und das, was sich bald Kommunismus nennen wird, zu sterben. Das heißt, für das, was sie als soziale Gerechtigkeit und eine verbesserte Lebenslage der leidenden Menschheit ansahen.

In Erwartung des Martyriums tut Pauline Riesenschritte, in der Bereitschaft, die neue Moral anzunehmen. Enfantin hat soeben einen Sohn geschenkt bekommen von Adèle Riffé-Morlane, einer Jugendfreundin, die er allerdings nicht zu heiraten gedenkt, da er sich ja für den weiblichen Messias aufsparen muß. Doch das Kind hat er im Verlauf einer jener feierlichen Zeremonien anerkannt, für die er eine große Vorliebe hat und der beizuwohnen, das sei beiläufig auch gesagt, er der Mutter des Kindes nicht gestattet hat. Und Pauline, die sich wie Adèle darauf vorbereitet, der Ehe zu entsagen, findet für ihn auch noch Rechtfertigungen: »Ich für mein Teil habe sehr wohl verstanden, daß seine Ehefrau die Mutter der Menschheit sein mußte und daß er anderes zu berücksichtigen hatte als die Wiederherstellung der Ehre einer Frau vor den Augen der Welt. Sie alle sind unerträglich mit ihren veralteten Tugendvorstellungen! Und wenige nur begreifen, was an wahrhaft Großem in des Vaters Anerkenntnis steckt. Wenige auch werden jene verstehen, die es als erste wagen werden, die Moral des Vaters in die Praxis umzusetzen.«

Vorahnung? Mag sein. Doch auch Demut und Opferbereitschaft, die sich bis zum Masochismus steigern: »Wenn ich mich gezwungen sah, eine Entscheidung zu fällen, die mich selbst betraf und bei der Gut und Schlecht nicht eindeutig zu erkennen waren, wähle ich stets die für mich am wenigsten vorteilhafte Lösung ... All die Male, die ich mich für andere aufgeopfert habe, empfand ich Glückseligkeit genug, um keiner anderen Belohnung mehr zu bedürfen.«

Ihr ganzes Leben lang sollte sie dieses Prinzip mit untrüglichem Blick für das Schlimmste in der Praxis anwenden.

Endlich wird ihr Gelegenheit geboten, Falaise zu verlassen: Die materielle Situation der Familie hat sich verschlechtert, und Madame Roland ist nicht mehr imstande, für den Unterhalt ihrer beiden Töchter zu sorgen. Irma soll, wie ihre Mutter, in den Dienst der Post eintreten. Und was Pauline betrifft, so wird diese sich um eine Stelle als Lehrerin in Paris oder als Gouvernante in einer Familie bemühen. Sie kann Französisch unterrichten, aber auch Geographie, Geschichte und englische Literatur.

Aglaé versucht einige Male, ihren Einfluß geltend zu machen, aber ohne rechte Überzeugung. Sie ist eifersüchtig auf jede Frau, die sich auf den Platz der Glaubensmutter setzen könnte. Und dies, obwohl Pauline sie zu beruhigen versucht hat, indem sie ihr ein ehrliches Charakterbild von ihrer Person gab: Sie hat ein entschlossenes, aber sanftes Wesen, das zur Melancholie, nicht aber zur Depression neigt, und sie ist unzugänglich für Zorn wie auch Haßgefühle. Ihr ganzes Leben hindurch wird sie das beweisen. Ihre einzigen Fehler sind, so gesteht sie, ihre »etwas romantisch-schwärmerisch gefärbten Ideen und allzuviel Überschwang«. Alles in allem ein klarsichtig gezeichnetes Bild. Sie vergißt vielleicht dabei den Stolz, der ihrem Charakter zugrunde liegt und ihr in all ihren Mißgeschicken eine große Hilfe sein wird, und ihre Weigerung, von anderen abhängig zu sein, ein seltener Zug für eine junge Frau ihrer Zeit.

Die Monate vergehen, gramvoll für Pauline, die von ihrer Mutter als »Saint-Simonisten-Dirne« beschimpft wird, bis ihr endlich von einer gewissen Mademoiselle de Puget eine bescheidene Stelle als assistierende Aufsichtsperson mit Unterkunft, aber ohne Gehalt, in einem Pariser Pensionat angeboten wird. Pauline nimmt an. Sie wird ihrer Mutter und ihrer Schwester finanziell nicht unter die Arme greifen können, doch einmal vor Ort, hofft sie, auch eine andere Stelle zu finden. Sie macht sich keine Vorstellung von der Einsamkeit, die sie, Desprez' Anbetung und der ständigen Fürsorge ihrer Schwester beraubt, in der Hauptstadt erleben wird. Auch findet sie bei ihren Glaubensbrüdern nicht den erwarteten Rückhalt, da die saint-simonistische Schule soeben in eine schwierige Phase eingetreten ist.

Eine Spaltung hat sich, wie ja bereits beobachtet, innerhalb der Gemeinschaft vollzogen, und Anlaß hierfür war natürlich das Thema Frauen. Von seiner Frau Claire beeinflußt, die sich nicht dazu entschließen kann, Enfantins Sexualtheorien zu akzeptieren, hat Bazard das Kollegium verlassen. Mitten in seiner Abschiedsrede erleidet er einen Schlaganfall und stirbt kurz darauf, da er über seinen Bruch mit dem Vater nicht hinwegkommt.

Wieder also eines jener Dramen, die der Gemeinschaft den Todesstoß versetzen könnten. Doch das hieße, das wahrhafte Talent des Vaters, die mißlichsten Situationen zu bewältigen, zu vergessen. In einer erstaunlichen Kehrtwendung beschließt er, daß der Saint-Simonismus für eine neue Etappe reif ist und daß vierzig aus dem harten Kern ausgewählte Jünger sich gemeinsam mit ihm nach Ménilmontant auf einen ausgedehnten Grundbesitz zurückziehen sollten, den er erst kürzlich von seiner an Cholera verstorbenen Mutter geerbt hat, um dort als Zönobiten zu leben und die Doktrin neu zu durchdenken.

»Heute ist eine Phase meines Lebens abgeschlossen«, erklärte der Vater. »Ich habe geredet, nun will ich handeln. Aber ich brauche einige Zeit der Ruhe und Stille.«

Selbst Propheten können sich einmal müde fühlen!

Was die Frauen betrifft, so werden sie ersucht, anderswo ihren Meditationen nachzugehen und ihrerseits die Wege ihrer Emanzipation zu suchen. Die Kirche löst sich auf, *Le Globe* erscheint nicht mehr, der Saal, wo die Predigten stattfanden, wird geschlossen. Die Saint-Simonisten verschwinden von der Bildfläche. Da sie die Religion der politischen Aktion vorgezogen haben, existieren sie nicht als Partei und verfügen über keinerlei Mittel, um auf die öffentliche Meinung einzuwirken. Dem sollte abgeholfen werden, und zwar durch die Zurschaustellung ihrer Tugenden. Daran mußte einer erst einmal denken!

In der Ansicht, daß die Hierarchie allzu weißgepflegte Hände hat, und auch um den Bruch mit den Privilegien besser hervorzuheben, beschließt Enfantin, das Gesinde abzuschaffen: Nunmehr werden sich die Gelehrten, die Künstler und Professoren um Gemüsegarten, Küche, Haushalt und Anwesen zu kümmern haben. Mit einem erstaunlichen Blick in die Zukunft für die großen Themen und sogar das Vokabular wie auch die Bildersprache des Sozialismus und der modernen Gewerkschaftsbewegung wird Enfantin 1832 anläßlich der Grundsteinlegung für den saint-simonistischen Tempel sein Vorhaben zusammenfassen:

»Heute geht die Menschheit nicht mehr wie zu Jesu Zeiten in den Märtyrertod, nein, sie geht zur Arbeit. Und wir wollen ihr den Weg weisen, dem sie durch göttliche Fügung folgt, ohne ihn zu kennen: Zu diesem Zweck gehen wir ihr voran, indem wir Schaufel und Hacke ehren.« Hammer und Sichel sind nicht weit.

Doch bevor er sein öffentliches Leben beschließt, läßt es sich Enfantin, der seine Vorliebe für Riten beibehalten hat und an ihre Notwendigkeit glaubt, nicht nehmen, noch eine letzte symbolische Zeremonie abzuhalten. Nachdem seine

Mutter am 20. April verstorben war, war er entschlossen, sie mit großem Pomp zu bestatten. »All jene, die im Laufe des vergangenen Jahres eine Frau verloren hatten, die sie liebten oder von der sie geliebt worden waren«, lud er ein, sie umarmen zu kommen. Hunderte von Menschen folgten dem Trauerzug, von denen viele keine Saint-Simonisten waren.

Am nächsten Tag hielten die siebenunddreißig Apostel Einzug in der Rue de Ménilmontant 145, auf einem Hügel, der, von Feldern und Gemüsegärten umgeben, damals noch weit außerhalb der Pariser Stadtgrenze lag. Es war ein weitläufiges Anwesen, fast wie ein Kloster mitten in einem herrlichen Park. Das Leben lief dort in mönchischer Zucht und Ordnung ab, zwischen Stunden der Arbeit, Andacht und komödiantischem Zeitvertreib, auf den Enfantin denn doch nicht zu verzichten vermochte.

Jeden Sonntag pilgern bis zu zehntausend Pariser nach Ménilmontant hinaus, um den Brüdern zuzusehen, wie sie am Tempel bauen und Hymnen singen, die Félicien David komponiert. Die Gewänder, die sie dabei tragen, haben Symbolcharakter und sind höchst eindrucksvoll: Der Vater in langer Robe, die Brüder in weißen Hosen, der Farbe der Liebe, roter Weste und blauer Tunika, der Farbe des Glaubens. Haartracht und Halstuch waren frei zum Zeichen dafür, daß ein jeder seine Unabhängigkeit behielt. Die Weste schließlich war im Rücken zu knöpfen, um jeden der Apostel daran zu erinnern, daß er seinen Bruder brauchte.

Nach dem Entscheid des Vaters führen die Anhänger von nun an ein Leben in Keuschheit, das ihnen die Abwesenheit jeglicher Weiblichkeit auferlegt. Dieser Zölibat wird zwar vorübergehend, aber rigoros sein. Enfantin hat weder auf legale noch auf persönliche Bindungen Rücksicht genommen. Die Ehefrauen konnten ihre Männer nur sonntags im Sprechzimmer sehen. Allesamt beugten sie sich zu guter Letzt dieser Bestimmung, aber ein Brief zeigt, zu welchen Opfern die Saint-Simonistinnen bereit waren, um dem vom Vater gewiesenen schweren Weg zu folgen. Es handelt sich um den Brief, den Cécile Fournel am Tag vor ihrer Trennung an ihren vielgeliebten Mann Henri richtet: »Mein guter und zärtlicher Freund, preise Gott! Endlich werden wir wieder ein gemeinsames Ziel finden, und wenn wir auch getrennt leben müssen, so werden zumindest unsere Herzen in ein und demselben Gedanken und demselben Streben vereint sein: die Befreiung all dessen, was auf Erden zu leiden hat ... Die Reaktion der Frau auf die ihr so edel angetragene Aufforderung zur Befreiung beschränkte sich bislang darauf, daß sie in aller Bescheidenheit im Gefolge ihrer Befreier einherging. Der Tag ist nun gekommen, da sie sich selbst freimachen wird. Von diesem Tag an, liebster Freund, verbinde ich mich mit den Frauen, ich helfe ihnen, unterstütze sie, rufe sie heran ... Ich werde mich bemühen, alle meine Kräfte zusammenzunehmen, um es hören zu können, wie Du auf mich als Ehefrau und wie Du auf Amélie als Dein Kind verzicht leistest. Viel Kraft benötigt man für derartiges.

Nimm den zärtlichen Gruß von jener entgegen, die sich bald nicht mehr sagen darf: Deine Cécile.«

Man kann sie für absurd oder erdrückend naiv halten, die Beweggründe, die die einen oder anderen zu diesen außergewöhnlichen Opfern treiben. Alle jedenfalls handeln sie in der Überzeugung, richtig zu handeln, und zu keinem Zeitpunkt zeigen sie sich mittelmäßig oder egoistisch. Ganz sicher, das fühlt jeder, war diese moralische Regenerierung durch Arbeit und Abstinenz nötig, um der Spirale aus

Exhibitionismus und Unverstand, in die sich viele hatten hineinziehen lassen, ein Ende zu setzen.
Schon in den ersten Wochen wurde das System allgemein als wirksam anerkannt: Die manuelle Arbeit, der Zwang, den für gewöhnlich den Frauen übertragenen Haushaltspflichten selbst nachzukommen, bewirkten »schlagartige und enorme Veränderungen« und stellten eine lebendige Verkündigung der Doktrin dar. Alle ließen sich den Bart wachsen, »wie Jupiter, Michelangelos Moses oder Jesus«! Als Propheten eines neuen Lebens fühlten sie sich, und ihre Klausur erschien ihnen leicht.
Und ausgerechnet in diesem Kontext, dessen Vielschichtigkeit sie nicht durchblicken kann, muß Pauline in Paris eintreffen, als kleine Provinzlerin, auf die keiner mehr wartet und deren Kommen nicht eben Aufsehen erregen wird. Allerdings wird sie dem Vater vorgestellt, und sie bildet keine Ausnahme von der Regel: Sie ist hingerissen von ihm. Aber sie kommt ein bißchen spät. Der Vater »verspürt für den Augenblick kein Bedürfnis mehr, den Frauen etwas zu sagen«. Von zu vielen Bewunderinnen ist er bereits umgeben, und er sehnt sich nach der keuschen Zurückgezogenheit von Ménilmontant, die es ihm ermöglichen soll, ein wenig Distanz zu finden.
»Ich weiß nicht, was ich von den Frauen halten soll«, schreibt er. »Es ist wahrhaft schwer zu durchschauen, das Herz der Frauen ... Ich jedenfalls bin am Ende meines Lateins.« Er wird nicht der einzige bleiben, der vor diesem Thema kapituliert!
Durch das Schweigen des Vaters verunsichert, gelingt es den Saint-Simonistinnen nicht, sich zu organisieren und eine unter ihnen als maßgebliche Autorität anzuerkennen. Nie haben sie gelernt, sich gegenseitig zu schätzen und zu be-

wundern, also kann auch der weibliche Messias nicht eine von ihresgleichen sein. Pauline selbst fällt ein unnachsichtiges Urteil über ihre Glaubensschwestern. »Zweifelsohne wird es nur einer gegeben sein, die Bedürfnisse aller ans Licht zu bringen, und diese eine wird sich weder vom Geschrei der Leute noch durch deren Beschimpfungen schrecken lassen. Doch diese Frau muß auch an Macht, Liebe und Intelligenz unserem Obersten Vater gleichkommen, und wenn ich mir die Frauen der Vergangenheit wie eine Madame de Staël, Roland, Héloïse und manche andere, die sich wie Riesinnen aus unserer Mitte hervorheben, genau betrachte, dann finde ich sie in Wirklichkeit einem Benjamin Constant, einem Mirabeau oder Abélard (die selbst wiederum unserem Vater unterlegen erscheinen) derart unterlegen, daß ich um unsere Zukunft zittere und nahezu die Hoffnung auf das Kommen des weiblichen Messias aufgeben möchte.«

Und Aglaé, die so gern diese eine geworden wäre, geht noch weiter: »Nein, nicht einmal der holdesten aller Frauen, derjenigen, die ihre Befreiung begreifen kann, wird es gegeben sein, sich vor der Welt erheben und sagen zu können: ›Ich bin der weibliche Messias!‹ Ich sah sie vor mir, diese Frau. Schön wie Sie, wenn ich so sagen darf«, schreibt sie an den Vater in einem pathetischen Bekenntnis, »gut, wie eben auch Sie. Doch ich wünschte, daß sie etwas von mir haben solle. Oh! Sehr viel von mir ...«

Die Zeit der Ernüchterungen ist angebrochen. »Die Männer bleiben einander verbunden, die Frauen meiden sich wie die Pest. So viele Dinge hatte man sich versprochen! ...«

Fourier, wieder einmal der, der sich in seinem System vor jeglicher feministischen Mystik gehütet hatte, hatte den Grund für jene Blockaden schon im vorhinein sehr treffend beschrieben: »Wie alle Gesellschaftsschichten im Zustand der Unterwürfigkeit hassen sich die Frauen untereinander. Sie verehren das unterdrückende Geschlecht und schätzen zugleich jeden Mann gering, der Partei für sie ergreifen und ihre Versklavung beklagen würde.«

Trotzdem ist es gerade der Kreis der Saint-Simonistinnen, in dem Pauline eine Stütze finden wird: Suzanne Voilquin lädt sie zur Mitarbeit an der von ihr geleiteten Zeitschrift *La Femme nouvelle* ein. Zwei junge Arbeiterinnen haben dieses kleine Wochenblatt gegründet, die erste feministische Zeitung in Frankreich. Ausschließlich von Frauen verfaßt und veröffentlicht, die dann mit »die saint-simonistischen Proletarierinnen« zeichneten, wurde sie auch nur durch deren Handarbeiten finanziert. Sie machen es sich zur Aufgabe, alle Themen anzuschneiden, und die Mitarbeit privilegierter Frauen zu gewinnen, um »endlich etwas Großes zu schaffen«. Wie ein Jahrhundert später die Feministinnen des MLF*, beschließen auch sie, nicht mehr den Namen eines Vaters oder Ehemannes zu nutzen und statt dessen lediglich mit ihrem Vornamen zu signieren. Ein bedauernswerter Fehler! Kein Mann hätte sich je darauf eingelassen, nur mit Michel oder selbst Olinde oder Prosper zu zeichnen! Denn da das Problem der Frauen gerade ihre Unscheinbarkeit in der Geschichte ist, wird diese bescheidene Zurückhaltung ihre Anonymität, ihr Nichtvorhandensein in der Welt nur noch mehr verstärken und sie gleichzeitig in den Bericht des Affektiven, Familiären abdrängen und so jedenfalls die Historiker entmutigen. Wie Nonnen im Kloster hinter ihren Vornamen versteckt (man wird feststellen können, daß sich die Mitglieder der Männerorden immer mit ihrem Familien-

* *Mouvement de libération des femmes,* Bewegung für die Befreiung der Frau, gegr. 1968, Anm. d. Übers.

namen benannt haben), sind Suzanne, Jeanne-Désirée, Marie-Reine, Marie-Paluine da wohl Désirée Véret, Reine Guindorf oder Pauline Roland? Es steht zu vermuten, aber nichts beweist es; den Texten, die sie schrieben, den Aktionen, die sie durchführten, hat es geschadet.

Die Frage der Vornamen war übrigens eine ganz bezeichnende Etappe für die Frauen, denen plötzlich klar wird, daß sie nicht im Besitz ihres Namens sind, da er immer einem Mann, dem Vater oder Ehemann, gehört. Im neunzehnten Jahrhundert war der Gebrauch des ehelichen Namens immer problematisch für diejenigen Frauen, die sich darauf versteift hatten, zu schreiben, zu malen oder Politik zu betreiben. Oftmals waren sie gezwungen, dies inkognito zu tun oder sich hinter einem männlichen Pseudonym zu verbergen. »Die Anonymität steckt ihnen im Blut, immer noch beherrscht sie der Wunsch, sich zu verschleiern«, sagte Virginia Woolf in *Ein Zimmer für sich allein.* Marie d'Agoult konnte in der Belletristik nur unter dem Namen Daniel Stern berühmt werden, und Aurore Dudevant wurde es von ihrer Schwiegermutter, der Baronin Dudevant, untersagt, »auf den Einbänden gedruckter Bücher« den Namen ihres Mannes zu verwenden. Daher ihr Beiname George Sand.

Auch die drei Schwestern Brontë hatten es als sicherer erachtet, für ihre ersten Bücher männliche Pseudonyme* anzunehmen, um den frauenfeindlichen Verlegern und Kritikern die Klinge aus der Hand zu schlagen.

Dieses Problem, seinen eigenen Namen zu nennen, das noch heute in der Ablehnung fortlebt, bestimmte von Frauen ausgeübte Funktionen mit der weiblichen Form zu bezeich-

* Currer, Acton und Ellis Bell für Charlotte, Anne und Emily Brontë.

nen, macht ein und dieselbe Einstellung deutlich. Es handelt sich darum, die Persönlichkeit der Frau zu unterdrücken und ihr eine Existenz außerhalb des häuslichen Bereichs zu verwehren.

Als die beiden Gründerinnen zum Fourierismus überwechselten, war es wieder eine Proletarierin, nämlich Suzanne Voilquin, die die Zeitung unter Beibehaltung ihrer bisherigen Richtlinien übernahm: Der Kampf um die vermehrte Einrichtung von Mädchenschulen, das Scheidungsrecht, die Lohngleichheit, wobei sogar mutig das Problem der Prostitution angeschnitten und die Erklärung Papst Pius' IX. im jüngsten Konzil verurteilt wurde, die die Frauen zu »Ergebenheit, Opferbereitschaft und Geduld hinsichtlich eines mystischen Himmels« gemahnte, ganz wie Casimir Périer auch die Arbeiter zu »Geduld und Ergebenheit« gemahnt hatte.

Pauline schreibt Artikel für das Blatt, vor allem Literaturkritik, wobei sie jedoch sehr beklagt, daß Enfantin das Unternehmen nicht stärker fördert. Aber er wird beeinflußt durch die gehässigen Berichte, die Aglaé ihm täglich zukommen läßt. »Die armselige Madame Voilquin und ihre Truppe können noch so viele Reden schwingen wie ein sechs Fuß langes Mannsbild, ich bezweifle, daß all das dahin führt, wo sie hinzuwollen vorgibt.« Nach Herzenslust streicht sie die Rivalitäten heraus, die zutage treten, seitdem der Vater abwesend ist, und die er auch noch durch seine Weigerung, einen Teil seiner Macht einer unter ihnen zu übertragen, nährt. Eine merkwürdige Rolle ist es, die sie in bezug auf ihn spielt: zugleich Jugendfreundin, platonische Verehrerin, Vertraute und Hüterin seines Wortes ... Vielfältige Rollen, die sie zerstören, ohne die sie aber auch nicht leben kann. Sie leidet unter Migräne, Schlaflosigkeit, Krämpfen, alle-

samt Übel, die unwillkürlich an die Leiden der Stigmatisierten erinnern. Wie jene geißelt Aglaé sich täglich vor ihrem Gott:
»Trennt uns wohl Ihre Erhabenheit? Habe ich die Lehre falsch verstanden? Der Kopf schmerzt mir ... Meine Stimme erstickt in Tränen. Doch seien Sie beruhigt, ich werde wieder neue Kräfte sammeln. Wenn Sie nur wenigstens zu mir sprechen! Sie selbst! Sagen Sie mir, daß es Verstiegenheit ist, wenn ich Ihnen allzu sehnlichst ähnlich werden will ... Sagen Sie mir alles, was ich sagen, und alles, was ich verschweigen soll.«
Enfantin braucht diese geradezu hündische, mit serviler Unterwürfigkeit verbundene Treue. Er ist zweifellos davon gerührt, doch wohlweislich hält er Aglaé auf Abstand zu seiner Person. Er beginnt übrigens in seinen Äußerungen Frauen gegenüber einen gönnerhaften Ton anzunehmen, der traurigerweise an den denkbar herkömmlichsten Partriarchalismus anknüpft. »Wann endlich, meine Damen, werden Sie, ich will ja nicht sagen, aufmunternd ... nein, nur wohlwollend, ich möchte fast sagen: nur gerecht sein? ... Aglaé, meine liebe Freundin, in Gottes Namen, meinem, Ihrem und aller Frauen Namen, bitte ich Sie inständig, lassen Sie Ihre kritischen Reminiszenzen da, wo Sie sie begraben haben.«
Die radikalste seiner Töchter, Claire Démar, die geglaubt hatte, in ihm einen geistigen Führer und keinen Papa zu finden, macht ihm bittere Vorwürfe darüber, daß er das, »was er in seiner hochmütigen lehrmeisterlichen Ausdrucksweise weibliches Gezänk nennt«, nicht mehr hören will.
Claire Démar übrigens wird sich zwei Jahre später das Leben nehmen, nachdem sie die Hoffnung verloren hat, als eigenständiger Mensch angesehen werden zu können.

In ihrer Unschuld und Edelmütigkeit bemerkt Pauline nichts von dieser intriganten Atmosphäre der Eifersucht, mit der sich die Frauen des Vaters umhüllen. Und dies, obwohl es sie mehr und mehr verwundert, daß sie nicht in den Kreis der engeren Vertrauten aufgenommen und ihr später sogar das Recht verwehrt wird, Enfantin in seinem Gefängnis Besuche abzustatten.

Sie weiß eben nicht, daß Aglaé ein wachsames Auge darauf hat. Und wie sollte sie auch ihre vielgeliebte »Mutter« verdächtigen?

Pauline in Paris

»Gütige Mutter, ich verliere allmählich die Hoffnung, Sie zu sehen. Ich brauche Ihren Rat, ich will Sie umarmen dürfen … Gestern war es mir ein tiefes Bedürfnis, in Ihren Armen zu weinen; ich habe allein bei mir im stillen Kämmerlein geweint. Ich habe es so nötig, daß Sie mir sagen, daß Sie mich lieben. Niemand hat mir dergleichen gesagt, seitdem ich hier bin.«

Doch die positiven Eigenschaften der gütigen Mutter liegen nicht gerade in ihrer vielbeschworenen Güte. Und sicherlich steigt in ihr langsam Unmut auf über Paulines unablässige Bitte um Liebe. Sie empfängt selbst vom Glaubensvater viel zuwenig, um die Kraft aufzubringen, eine seiner Töchter zu lieben.

Und wieder ist es Mademoiselle de Puget, durch die Pauline eine Lehrstelle in einem mittelmäßigen Pensionat finden wird. Sie ist dort schlecht bezahlt, aber im materiellen Bereich hat sie bescheidene Bedürfnisse. In moralischer Hinsicht hingegen genügt ihr immer nur das Absolute. Das hat sie am Vortag ihrer Ankunft in Paris Aglaé gegenüber angedeutet: »Es geht nun nicht mehr darum, ein junges Mädchen daran zu hindern, irgendwelche Dummheiten zu begehen, sondern all das aus mir herauszuholen, was gut und nützlich für die Menschheit sein kann.«

In Paris hat Pauline Desprez wiedergesehen, der nun ebenfalls in die Hauptstadt gekommen ist, um seine Brüder in Saint-Simon zu treffen. Doch trotz der Freiheit, die sie endlich genießen könnten, bleibt das moralische Verbot der Stärkere.

10. Oktober 1832. »Ich habe meinen geliebten Freund wiedergesehen, liebste Mutter«, schreibt Pauline an Aglaé, vor der sie keine Geheimnisse hat. »Und ich glaube, Sie wären zufrieden gewesen mit Ihren Kindern. Ich habe sehr gelitten, als er eintraf, und er kam uns erst am Abend des nächsten Tages besuchen. Der ganze Tag schien mir unerträglich lang. Doch, Mutter, Sie müssen ja wissen, wie das ist, denn Sie haben auch geliebt, dessen bin ich mir sicher. Während der drei Stunden, die er blieb, empfand ich das heftigste Verlangen, mich ihm in die Arme zu werfen und an seiner Brust zu weinen. Viele Male drückten wir uns die Hände, und schließlich küßte er mich, als er ging. Mein armer Freund! Das schreckliche an meiner Lage ist ja, daß ich ihn leiden sehen muß und ihm nicht helfen kann. Ich für meinen Teil kann versichern, daß ich mich, als ich gestern nahezu in seinen Armen lag, mich zu keiner einzigen Geste hinreißen ließ, die ich nicht gestehen dürfte, und doch bin ich schließlich erst siebenundzwanzig Jahre alt und handele vielleicht sogar dem Willen der Natur zuwider?«

Während sich Pauline mit Qualen herumschlägt, wie sie eine der Heldinnen von Dumas dem Jüngeren durchlebt haben könnte, machten sich die vierzig Apostel des Vaters in Ménilmontant mit einer geradezu asketischen Disziplin vertraut und erprobten die Arbeitsbedingungen des Proletariats. Ein gewisser Mao wird hundert Jahre später dieselbe Idee haben. Er aber wird seine Intellektuellen mit Gewalt zu manueller Arbeit zwingen und in einer Atmosphäre des

Hasses gegen jedes Wissen, was völlig im Gegensatz zu Enfantins Zielen steht.

In Ménilmontant arbeitete man mit Frohsinn. Doktor Simon war Küchenchef, assistiert von Paul Rochette, seines Zeichens Professor der Rhetorik. Talabot, der ehemalige Stellvertreter des königlichen Staatsanwalts, kümmerte sich um das Geschirr. Rechtsanwalt Duguet wichste die Stiefel und putzte die Kandelaber. Die beiden Muskulösesten, der Bankier Holstein und Duveyrier, bohnerten dafür die Parkettböden. Henri Fournel versorgte gemeinsam mit dem Vater den Gemüsegarten, und Alexis Petit, Jurist und einziger Sohn einer Frau, die über eine Jahresrente von vierhunderttausend Franc verfügte, war für den Müll zuständig.

Enfantin trägt mehr als sein Soll zu diesen Arbeiten bei. Er steckt voller Vitalität: »Das will schon was heißen«, pflegte er zu seinen Anhängern zu sagen, »daß euer Vater sieben Jahre lang Wein in Flaschen verkauft hat, die er selbst zuvor ausgewaschen hat … oder Korn auf der Tenne abgewogen und mit dem Dreschflegel bearbeitet hat … Ich war der beste Ballspieler und der beste Billardspieler von Paris!«

Um fünf Uhr morgens beim Hornsignal stand man auf. Man zog sich die von Raymond Bonheur entworfene Uniform, vervollständigt durch eine große rote Tellermütze, wieder an. Bei einem jeden stand in großen Lettern der Name auf die Brust geschrieben. Auf Enfantins Uniform las man: der Vater, und auf der von Duveyrier: *Charles, Poet Gottes.* Alle aßen sie gemeinsam wie Mönche im Speisesaal oder im Park zu Mittag. Die Mahlzeiten fielen karg aus: Specksuppe, Gemüse aus dem eigenen Anbau; Wein allerdings war erlaubt; Musik begleitete rhythmisch die Arbeiten: Choralgesänge unter der Anleitung von Duveyrier, dem Cellisten der Pariser Opéra-Comique, Tajan-Rogé, und dem Musiker

Félicien David. Nach den Unterrichtsstunden, die die Saint-Simonisten sich gegenseitig, ein jeder in seinem Fach, Architektur, Medizin, Rhetorik und so weiter, erteilten, wurden um zweiundzwanzig Uhr die Lichter gelöscht.

Die Strenge der Disziplin und der hohe Gedankenflug, der die Saint-Simonisten den in Port-Royal um d'Arnault gescharten Jansenisten ein wenig verwandt machte, schienen die Apostel nicht zu entmutigen, denn nur einer oder zwei wurden abtrünnig. Ein Dritter, Cavel, wurde ausgeschlossen, weil er gegen das Zölibatgelübde verstoßen hatte.

Die Eröffnung der Arbeiten zum Tempelbau zog Tausende von Neugierigen an, die zunächst der Mahlzeit der Arbeiter und dann den Aktivitäten der Schaufler und Maurer zusahen wie einem von Chorälen und Félicien Davids Klavierakkorden begleiteten Opernballett.

Doch der Erfolg der Saint-Simonisten begann den staatlichen Machtapparat bereits zu verstimmen. Gerüchte über angebliche Skandale gingen um. Die Karikaturisten vergnügten sich damit, Fußböden schrubbende Ingenieure zu zeigen oder Bankiers am Spülbecken und Bacchantinnen im Röckchen bei gemeinsamen Orgien.

Eine weitere Gefahr bedrohte den Saint-Simonismus in der Person von Fourier, für dessen Gesellschaftssystem sich die Jugend mehr und mehr begeisterte. Die bekanntesten Romanciers ihrer Zeit, Émile Zola wie auch Eugène Sue, der Verfasser des berühmten Zeitungsromans *Die Geheimnisse von Paris,* waren Fourieristen, und auch Politiker wie zum Beispiel Victor Considérant.

Die Untergeordnetheit der Frau war für Fourier weit mehr als eine Ungerechtigkeit: Sie war ein gewaltiger sozialer Fehler. Er war der erste gewesen, der das ausgesprochen hatte, aber im Gegensatz zu Enfantin war er nicht so ungeschickt gewesen, einen weiblichen Messias auf den Plan zu rufen, der dem Manne auf der Gefühlsebene überlegen sein sollte. Als echter Feminist, und nicht nur feministisch angehaucht, wie zum Beispiel ein Michelet oder ein Auguste Comte oder selbst ein Enfantin, arbeitet er ausschließlich darauf hin, für die Frauen berufliche und soziale Gleichheit zu erlangen. Sein ganzes Denken gründet auf dieser in einer berühmten Formel zusammengefaßten Gleichheit: »Allgemein betrachtet, vollziehen sich die sozialen Fortschritte aufgrund des Fortschritts der Frau zur Freiheit hin; und der Verfall sozialer Ordnung vollzieht sich aufgrund der Freiheitsverminderung für die Frau. Die Ausweitung der Privilegien für die Frau ist das Grundprinzip jeglichen sozialen Fortschritts.«

Demgemäß wollte Fourier die Frauen aus ihrer »ehelichen Knechtschaft« befreien. Einzig die Liebe, in Form von beständiger Leidenschaft oder »schmetterlingshafter Vielfalt« durfte den Zusammenschluß der Geschlechter bestimmen. In zahlreichen Punkten war Fouriers Utopie moderner noch und wahrhaftiger egalitär als die von Enfantin. Doch Fouriers Anhänger hatten sich entschlossen, das, wie ja beobachtet, so gefährliche Thema der Frau stillschweigend zu übergehen und sich statt dessen ganz den wirtschaftlichen Aspekten des Systems zu widmen. Daher wandten sich diejenigen unter den Saint-Simonisten, die sich durch die sexuellen Moralvorstellungen verwirrt fühlten, dem Fourierismus zu. Und diese Abwanderung hätte gewiß noch angedauert, wäre nicht eines jener unverhofften Ereignisse eingetreten, wie sie der Saint-Simonismus immer wieder erlebt: Die Regierung verfällt auf die unsinnige Idee, in Ménilmontant eine Polizeirazzia durchführen zu lassen! Die schriftlichen Beweisstücke werden beschlagnahmt und die Apostel

der Verbreitung sittlicher Unzucht und des Verstoßes gegen das Gesellschaftsrecht im Namen des Artikels 291 im Strafgesetzbuch beschuldigt, demzufolge Versammlungen von mehr als zwanzig Personen verboten sind.
Barrault gibt zu bedenken, daß Ménilmontant kein Versammlungsort, sondern eine gemeinschaftliche Unterkunft sei, da man hier doch siebzehn Betten und dreiundzwanzig Hängematten vorfinden könne. Verunsichert ziehen sich die Polizisten zurück. Doch wenig später ist es eine Abteilung der Stadtwache, unter Verstärkung eines Kommandos der Grenadiere, einer berittenen Kompanie aus dem 52. Regiment und einer Husarenschwadron, die die Blockade des Landguts vornimmt, während ein Kommissar Maigret den Betroffenen die Anordnung, die Gemeinschaft aufzulösen, überbringt.
Dies war das sicherste Mittel, den Vater in den Augen der Öffentlichkeit zum Märtyrer zu machen und ihm eine Rednertribüne zu bieten, die er mit einem Geschick und einer Intelligenz zu nutzen wissen sollte, die an Genialität grenzte.
Am 27. August 1832 um 7 Uhr morgens verließ die Familie in Paradeuniform Ménilmontant. Es wurde viel geweint während der Schließungszeremonie, und man verteilte eine symbolische Halskette an jeden Gläubigen, der das Glaubensbekenntnis, beginnend mit den Worten: »Ich glaube an Gott, Vater und Mutter eines jeden und einer jeden ...« zu wiederholen hatte.
Dieser Angriff gegen die Sekte sollte, laut Regierung, die saint-simonistische Bewegung in Mißkredit bringen. Doch angesichts der Lächerlichkeit der Motive schlug sich die Presse in ihrer Gesamtheit auf die Seite der Zeitung *Le Temps*, die der Ansicht war, daß die Saint-Simonisten Leute

seien, denen »man eine hohe Befähigung, eine außergewöhnliche Geradlinigkeit und vor allem edelmütige Ansichten nicht absprechen kann«.

Aufs höchste bestürzt durch die Auflösung der Gemeinschaft und obwohl sie sich in einer prekären materiellen Lage befand, zögerte Pauline nicht, ihr einziges Hab und Gut, zwei kleine von ihrer Mutter geerbte Diamanten, zu verkaufen, um ihren Beitrag zu den Prozeßkosten des Vaters zu leisten.

Erste Provokation: Enfantin weigert sich, einen Rechtsanwalt zu bestimmen! Er fordert als Rechtsbeistand Aglaé Saint-Hilaire und Cécile Fournel. Der Präsident des Gerichtshofes lehnt sie ab: Frauen haben nicht das Recht, vor Gericht zu plädieren.

Am Tag des Prozesses belagern unzählige Schaulustige den Justizpalast, darunter auch die Getreuen und freilich sicher ebenso Pauline, obgleich dies durch kein Dokument belegt ist. Die vier Angeklagten, Enfantin, Barrault, Duveyrier und Michel Chevalier, haben sich, gefolgt von einem langen Zug, zu Fuß zum Gerichtsgebäude begeben. Auf der Anklagebank wird Enfantin Olinde Rodrigues wiederbegegnen, der zwar seit der Affäre um die öffentlichen Bekenntnisse sein Feind geworden ist, den der Richter jedoch unbedingt an seiner Seite sitzen sehen wollte.

Der Vater hat vor einem brechend vollen Saal einen theatralischen Einzug gehalten, und zwar umgeben von seinen Beraterinnen, um gegen die Männlichkeit einer Geschworenenbank zu protestieren, die dazu aufgerufen ist, über einen die Frauen mit einbeziehenden Rechtsfall zu befinden. Heiter, elegant, mit dem bis über die Schultern fallenden Haar und im saint-simonistischen Gewand, dessen Wunderlichkeit alle Blicke auf sich zieht, hypnotisiert er buchstäblich seine Zuhörerschaft und wird in diesem Gerichtssaal ein regelrechtes Happening veranstalten, noch ehe es diesen Begriff überhaupt gibt. Die Angeklagten haben auf alles eine Antwort und widerlegen sämtliche Argumente der Anklage. Michel Chevalier ist es, der die Gemeinschaft gegen den Anklagepunkt der »Gaukelei und eines die Gesellschaft gefährdenden Lebenswandels« verteidigen wird. »Ich wüßte nicht, meine Herren, daß man in diesem Jahrhundert viele Leute fände, die sich, von Berufs wegen zwischen ihre Überzeugungen oder ihre Sympathie, ihre Emotionen oder ihre Würde gestellt, dazu entschließen könnten, ihren Rücktritt zu erklären. Ich wüßte auch nicht, daß es viele gäbe, die gerne ihr Vermögen preisgeben! Die meisten unter uns haben nun aber das eine oder andere, Vermögen oder berufliche Stellung, zu opfern gehabt, und sie haben es getan. Und das ist nicht alles: Wir mußten auf die Zuneigung von Menschen verzichten, die uns lieb und teuer sind ... wir mußten den Annehmlichkeiten einer achtbaren Existenz ein bewegtes Leben vorziehen; dem öffentlichen Ansehen das ungerechte Geschrei leichtfertiger Menschen und die Vorwürfe der Weisen und Gelehrten. Wer nun, außer uns, tut heutzutage so viel für seinen Glauben?«

Lambert wird die Inkompetenz des Gerichts demonstrieren, das großenteils auf dem »Stillschweigen der geheiligtesten Repräsentanten der Gesellschaft, den Frauen nämlich« besteht.

Und der Dichter Duveyrier wird sich am arrogantesten geben: »Man klagt mich an, geschrieben zu haben, die Welt lebe in Prostitution und Ehebruch, aber ihr lebt schließlich alle in Prostitution und Ehebruch! So habt doch auch den Mut, es laut zu sagen.«

»Sie haben sie beleidigt«, meinte der Präsident.

»Beleidigt? Ganz und gar nicht; sie haben mir nicht gesagt, daß ich sie beleidigt hätte ... Sie haben die Köpfe gesenkt und nichts erwidert!«

Duveyrier schloß mit einer idyllischen Darstellung der künftigen Menschheit, die, befreit vom christlichen Bannfluch gegen alles Fleischliche, Schönheit und Freude preisen und Gerechtigkeit walten lassen würde. Man mußte ihm Schweigen gebieten.

Was die Zeugen betraf, so wurden die gar nicht erst angehört. Als der erste, Moïse Retouret, in den Zeugenstand getreten war und der Richter ihn aufgefordert hatte, den Eid abzulegen, hatte er sich dem Vater zugewandt, um dessen Zustimmung zu erhalten. Auf ein verneinendes Zeichen Enfantins hin verweigerte Retouret den Schwur, weil in der Eidesformel Gott nicht erwähnt wurde. Die Gerichtsversammlung erklärte hierauf, daß der Zeuge nicht angehört werden könne. Fünfunddreißig weitere Zeugen weigerten sich ebenso, den Eid abzulegen.

Als letzter hielt mit feierlicher Würde der Vater sein Plädoyer, wobei er sich oft unterbrach, um seinen Blick über die Richter und die Geschworenen wandern zu lassen. Die aufs äußerste gereizten Richter verloren die Geduld angesichts dieses Angeklagten, der sich nicht zu verteidigen, sondern zu dozieren gedachte!

»Sie scheinen sich innerlich sammeln zu müssen?« fragt ihn der Präsident.

»Ich muß *sehen,* wen ich um mich habe ... Es ist mein Wunsch, dem Herrn Generalstaatsanwalt den mächtigen Einfluß der Form des Fleisches und der Sinne nahezubringen und ihn deshalb den des *Blickes* spüren zu lassen.«

»Sie haben mir weder über den Blick noch über irgend etwas anderes Lektionen zu erteilen ...«, erwidert Delapalme.

Hierauf richtet der Vater seine Rede auf folgenden Leitgedanken aus: Gott will keinen Haß mehr, kein Blut, keinen Krieg. Das Reich der Frau ist nah. Die Mutter aller Männer und Frauen wird in Erscheinung treten. Denn das Leben, das sind der Mann *und* die Frau.

Die Befreiung der Frau wurde auf diese Weise zu einer frommen Sache, und die Angehörigen des Klerus sollten bald den Enthusiasmus, zu dem diese Aufgabe sie inspirierte, durch den apostolischen Eifer bekunden, der sie auf der Suche nach der Glaubensmutter bis in den Orient führte.

»Der Justizpalast ist in diesem Augenblick unser Ort der Verkündigung«, hatte der Vater seine Gefolgsleute wissen lassen, denen es ein diebisches Vergnügen bereitet haben muß, die Gesichter dieser Richter zu beobachten, die wider ihren Willen zu Schülern erkoren und gezwungen waren, sich eine Rede anzuhören, die ihre ganze Weltsicht und die Gewißheiten ihrer Männlichkeit verdrehte.

»Unser Gott«, so endete Enfantin, »*Er* ist nicht nur gut wie ein Vater, nein, *Sie* ist auch zartfühlend wie eine Mutter, denn Gott ist männlich und weiblich zugleich, da in der Natur beide Geschlechter existieren.«

Maître Delapalmes Plädoyer stützte sich auf ein klägliches Argument, das sehr schlecht aufgenommen wurde: »Wir haben eine soziale Ordnung. Und ob die nun gut oder schlecht ist, wir müssen sie bewahren.«

Der Prozeß dauerte zwei Tage, und die Behörden wurden der bedauerlichen Publicity, die er der Doktrin verschaffte, erst gewahr, als es schon zu spät war. Sie reagierten mit außergewöhnlich harten Strafen. Zwar kamen Rodrigues und Barrault mit einer Geldbuße davon, aber die anderen drei, Chevalier, Duveyrier und Enfantin, wurden zu einem Jahr Gefängnis verurteilt. Auf diese Weise wurden die Re-

defreiheit, die Meinungs- und sogar die Vereinigungsfreiheit hart geahndet.
Und was den Strafprozeß wegen Betrügerei anging, fielen die Zeugenaussagen über die Rechtschaffenheit der Anhänger und die Klarheit ihrer Verwaltung so eindeutig aus, daß die Richter Freispruch verkünden mußten.
Die Presse verhielt sich zögernd. Die Ironie über die Gewandung der Apostel übertünchte nur schlecht das Unbehagen angesichts dieser Verurteilung; eine Verurteilung, die als über die Maßen streng anzusehen war, falls die Saint-Simonisten nur harmlose Schwärmer waren ... und lächerlich, falls sie echte Verschwörer waren.
In Ménilmontant herrschte die große Verwirrung. In der Gemeinschaftskasse waren nicht mehr als dreiundsiebzig Franc übrig! Die Glaubensbrüder hatten den Zölibat und die manuelle Arbeit satt. Man gestattete ihnen, die Mahlzeiten auswärts einzunehmen. Der Vater sah ein, daß »die schreckliche Gewohnheit, sich gegenseitig, einer den anderen, zu beobachten, anstrengend war. Wir wollen uns am Ende gewissermaßen mit immer schöpfenden Augen leeren und uns mit immer gebenden Augen überfluten!«
Und somit vollzog sich die Auflösung. Die Hierarchie wurde bis zum Erscheinen der Mutter auf Eis gelegt. »Warten, immer nur warten«, lamentierte der Vater. »Was macht sie wohl zur Stunde? Seit so langer Zeit liebe ich sie doch schon!«
Am 15. Dezember 1832 hielt Enfantin Einzug im Gefängnis Sainte-Pélagie, um hier seine Strafe abzusitzen, und entsagte vorübergehend seiner Führungsrolle. Seine Anhänger beschlossen, in kleinen Gruppen in die Provinz zu gehen und sich dort auf den Baustellen und in den Zechen Arbeit zu suchen, um ein Vorbild für den Verzicht auf Privilegien und die Heiligkeit manueller Arbeit zu geben. Sie werden keine

Mühe scheuen, sich aber nur allzuoft in Extravaganzen verlieren.
Hoart und zehn andere »Gefährten der Frau« haben beschlossen, von Lyon aus im Boot die Rhône hinunterzufahren, um der Bevölkerung zu verkündigen, daß die Zeit der Frau nahe. In Nîmes will die Menge sie lynchen; in Tarascon wird man sie mit Steinen bewerfen; aus dem Departement Lozère werden sie von den Gendarmen ausgewiesen; doch in Castelnaudary wird man ihnen einen festlichen Empfang bereiten und in Dijon, wo sie sich während eines Großbrandes heldenhaft verhalten hatten, wird man sie als Heilige ansehen.
»Arme ›Gefährten der Frau‹!« schrieb der Historiker Alexandrian. »Sie liefen sich die Hacken ab, um überall zu erzählen, daß die Frau ein bewunderungswürdiges Wesen sei, daß es ihr zu verdanken sei, wenn die Gesellschaft erneuert wäre, und überall wurden sie von abscheulichen Weibsbildern nur übel beschimpft und mit Steinen beworfen!«
Ein wenig entmutigt, sollten sie auf ihr Apostolat verzichten, um durch beispielhaftes Vorangehen zu predigen. Hoart wird eine Beschäftigung auf einer Baustelle in Grenoble annehmen, wo er, nach wie vor im Saint-Simonisten-Gewand, nahezu hundert Arbeiter unter seiner Leitung hat und der Bevölkerung auf diese Weise Respekt abnötigt. Andere wiederum arbeiten in Werkstätten oder Fabriken. Die »Gefährten der Frau« sind zu ganz einfachen »Gefährten«, kurz gesagt, zu Arbeiterpredigern geworden.
Für diejenigen, die geblieben waren, gestaltete es sich schwierig, ohne den Vater zu leben. Sie hatten sich den Bart abgeschnitten, waren zu ihren Frauen zurückgekehrt, trauerten aber darum, daß sie Enfantin nicht mehr sehen

durften. »Vergeßt nicht den Vater, meine Kinder«, ermahnte er sie immer wieder, »doch denkt auch an die Mutter. Ihr seid nicht länger meine Kinder; ihr seid selbständige Menschen.«

Er, in seiner Zelle, schweigt und sinnt nach. Die Bedingungen im Gefängnis sind nicht allzu hart für ihn. Er empfängt recht häufig Besuche und erhält alles, was den Gefängnisalltag annehmlicher gestalten kann. Er hat eine Zelle für sich allein zugebilligt bekommen und kann somit ungehindert schreiben.

Was die sich selbst überlassenen Saint-Simonistinnen angeht, so fühlen diese sich ratlos, da die Mutter sich immer noch nicht ankündigt! Unter den Anwärterinnen auf diesen Titel würden ihn zwar etliche, von Cécile Fournel bis hin zu Aglaé Saint-Hilaire, verdienen, aber die Zeit vergeht, ohne daß es auch nur einer von diesen Kandidatinnen gelänge, sich durchzusetzen.

Die Proletarierinnen hingegen haben bereits begriffen, daß sie nur auf sich selbst zählen können. Sie haben in jedem Pariser Stadtbezirk Selbsthilfekomitees für Mütter und Arbeiterfrauen und -kinder gegründet, für die sie Kinderhorte und Gemeinschaftskantinen einrichten und sie beiläufig zugleich in die Doktrin einweisen. Véturie predigt im Stadtviertel Popincourt, Eugénie Niboyet in der Rue de la Tour d'Auvergne. Andere leiten ein saint-simonistisches Heim, in dem es Werkstätten gibt und Abendkurse zum Lesenlernen. Sie haben sofort großen Erfolg damit und müssen sogar viele abweisen.

Unglücklicherweise leiden diese auf Paris und einige andere Großstädte beschränkten Initiativen am Geldmangel und mehr noch am Mangel an Interesse von seiten der Behörden und derer, die für solcherlei Aktionen das Patronat zu übernehmen pflegen. Einsatzbereitschaft allein kann nicht ausreichen.

Kein Lebenszentrum mehr, die Anhänger weit verstreut und Enfantin zum Schweigen verurteilt ... Alles scheint diesmal dazu angetan, daß der Saint-Simonismus nun doch seinen letzten Seufzer tun muß.

1834: das Jahr der Frau

Im März 1832 war Madame Roland in Falaise gestorben, ohne die Freude erleben zu dürfen, »diesen Schurken von Enfantin« hinter Schloß und Riegel zu sehen. Irma ist mittlerweile Pauline nach Paris gefolgt. Doch sie zeigt entschieden keinerlei Neigung, Saint-Simonistin zu werden, und keinerlei Berufung zum Apostolat. Pauline beginnt allmählich die Hoffnung aufzugeben.

»Ich glaube, es ist das beste, dieses Thema, mit dem man ihr nur Kummer bereiten kann, ohne sie zu überzeugen, bei ihr fallenzulassen. Ihr fehlt jegliche Befähigung zu einem Gottesverständnis, niemals wird man sie zu einem religiösen Menschen machen können.«

Gewohnheitsgemäß nimmt Pauline die Verantwortung für diese Situation auf sich: »Nie waren zwei Kinder wie wir, als wir noch ganz klein waren, von unterschiedlicheren Charakteren. Als die Lebhafte, Agile, Anhängliche und Witzige war sie der Liebling meiner Mutter gewesen … Ich hingegen, ernst, ruhig und strebsam, wie ich war, konnte schon leicht einmal in Vergessenheit geraten. Man liebte mich wegen meines hübschen Gesichts, aber niemand war vernarrt in mich. Später dann wurde alles verschlimmert. Man steckte uns in ein Internat. Ich, die ich mit einer guten Auffassungsgabe begabt bin, war in allem erfolgreich, was nicht gerade mit manuellen Aufgaben zu tun hatte, während meine Schwester die einfachsten Dinge nur mit Mühe erlernte. Immer bot man mich ihrem jungen Gemüt als Vorbild an, niemals schenkte man ihr Ermutigung, als sei man überzeugt, daß sie ohnehin nie etwas zustande bringen würde. Hierin müssen Sie den Ursprung einer Niedergeschlagenheit sehen, die ihr das Leben vergiftet. Ich wollte mit ihrer Erziehung noch einmal ganz von vorn beginnen, und genau dadurch habe ich ihr Schlimmes angetan ... Sie war ungestüm und spottlustig; darin sah ich schlechte Neigungen. Sie war nicht geschaffen für harte Studien, ich veranlaßte sie, sich daran zu gewöhnen, wenn nicht gar Geschmack daran zu finden ... In der Überzeugung, daß ich recht hätte, beugte sie sich alledem, und es gelang mir, jegliche Originalität in ihr zu zerstören und sie auf eine Bahn zu drängen, die ihrer eigentlichen Bestimmung sehr widersprach. Aus dem lebhaften Wesen, das sie war, wurde ein schwermütiger Mensch, und heute muß ich mir vorwerfen, daß ich, wenn auch mit den besten Vorsätzen der Welt, so eben doch der Grund für ihr Unglück gewesen bin.«

Einzig Aglaé könnte sich hilfreich einschalten, und Pauline fleht sie an: »Meine arme Schwester! Sie leidet mehr als ich, da sie keine Leidenschaft im Herzen trägt. Sie liebt nur mich, und mit ihren fünfundzwanzig Jahren ist es noch kaum vorgekommen, daß sie von einem Mann gesagt hätte: Der da gefällt mir ... Sie müssen ihr unbedingt Abhilfe verschaffen.«

Abhilfe wovon? Von ihrem Leiden, gewiß; doch mehr noch von der Gefahr einer konventionellen Ehe. »Wenn sie in die Hände eines gewöhnlichen Mannes fallen sollte, was ja durchaus geschehen kann, so würde sie sich mit einem hausbackenen Glück zufriedengeben und in völlige Gleichgültigkeit allem gegenüber verfallen, was nicht mit Mann und Kind zu tun hätte.«

Diese Art von Glück will Pauline um keinen Preis für sich selbst. Wo würde sie auch die Zeit dafür finden? Sie arbeitet für zwei oder sogar für drei, denn sie hilft dem Vater und denjenigen seiner Anhänger, die sich unter dem Banner der »Gefährten der Frau« neu gruppiert haben. Sie nimmt Entbehrungen auf sich, um Enfantin Poularden ins Gefängnis schicken zu können, die sie aus der Normandie erhält. Doch das verschafft ihr nicht das Privileg, von ihm empfangen zu werden. Aglaé hat den Vater vor ihr gewarnt: »Ich fürchte sehr, sie ist von dem Ehrgeiz besessen, die Erste zu werden.«

Als er nach sieben Monaten Gefängnishaft begnadigt wird, beschließt sie, ihm direkt zu schreiben, denn sie fühlt sich von der Familie ausgeschlossen: »Es ist mir ein Bedürfnis, einige Zeit in Ihrer Nähe leben zu dürfen. Dies ist, das fühle ich, eine notwendige Voraussetzung, ohne die ich meine Aufgabe nicht zu erfüllen vermag. Der Weg, dem ich folgen muß, liegt noch nicht klar vor mir. Und doch sagt etwas in mir, daß die Zeit gekommen ist. Ich bin bereit, Vater, aber die Stimme hat noch nicht gesprochen. Sie sind es, durch den Gott sie mich vernehmen lassen wird.«

Aber wieder einmal entzieht sich ihr der Vater. Er verläßt soeben einen Ort ruhiger Zurückgezogenheit, und Paulines Überschwang erschreckt ihn. Regelmäßig hat er seinen engsten Vertrauten geschrieben, der unumgehbaren Aglaé, seiner Cousine Thérèse Nugues, die ihn mit erfrischender Ironie behandelt, und Caroline Simon, einer neuen jungen Anhängerin, für die er eine besonders innige Zuneigung empfindet. Ihm fehlt der Mut, an die euphorische Vaterschaft neu anzuknüpfen, die so viele Männer und Frauen von ihm gefordert haben. Und so weist er Pauline einen

anderen als Beichtvater zu: einen seiner Getreuen, den Bergwerksingenieur Charles Lambert, der in der Gemeinschaft mit der Lehre der Theorie betraut ist.
Lambert ist ein intelligenter und bezaubernder Mann und ein Beichtvater ganz im Sinne des Saint-Simonismus, der Geist und Körper miteinander vereint, was Pauline, nachdem sie nun gebührend indoktriniert ist, fortan zu akzeptieren bereit ist. Die glühenden leidenschaftlichen Briefe, die sie ihm bald schickt, könnten glauben machen, daß Lambert ihr Liebhaber geworden sei. Doch man kennt ja den Überschwang der Sprache in der Romantik wie auch die übermäßige Gefühlssteigerung bei der jungen Frau. Sie wird sich an dem Tag, an dem sie sich dazu entschließen wird, einem jungen Glaubensbruder ihre Jungfräulichkeit zu schenken, keineswegs verstecken. Bei Lambert jedoch handelt es sich, obwohl es nicht den Anschein hat, nur um mystische Schwärmerei.
»Doch, doch, Sie sind hier, tief in meinem Innersten ... Ich besitze Sie nur um so mehr seit Ihrer Abreise. Daher bin ich ruhig, fröhlich und glücklich. Ich habe Sie hier in mir; Sie werden mir nicht mehr entwischen. Es ist für ewig. O ja! Ewig werden wir einer im anderen leben.«
Die Abreise, von der Pauline spricht, ist leider Gottes Lamberts Aufbruch nach Ägypten im September 1833, kaum einige Wochen also, nachdem er sich Paulines weiteren Werdegangs angenommen hatte. Weshalb Ägypten? Weil in Enfantin, der des Wartens auf den weiblichen Messias müde geworden war, in Saint-Pélagie die Vorahnung aufgekeimt war, daß sie aus dem Osten kommen würde, um den Westen mit der mediterranen Welt zu versöhnen. Ohne seine Entlassung aus dem Gefängnis abzuwarten, hatte sich bereits eine Gruppe der Glaubensbrüder dorthin eingeschifft, wie

in jener Zeit auch so viele Schriftsteller der Romantik, Chateaubriand, Byron und andere, die fasziniert waren von jenem Orient, der auch Victor Hugo keine Ruhe ließ.
Als erster bricht Barrault nach Konstantinopel auf. Die neueste Hymne von Félicien David singend, geht er gemeinsam mit einigen Gefährten in Marseille an Bord:

Gefährten der Frau
Wenn ihre Stimme uns ruft
an Seele, Herz und Tat
Sind wir zur Stelle!

Ganz im Sinne des Katechismus der Industriellen haben die Glaubensbrüder große Ziele. Sie planen, Manufakturen und bedeutenden Hochschulen zu gründen, und spielen mit dem Gedanken an einen Kanaldurchstich bei Suez, alles Projekte, die den Pascha Muhammad-Ali durchaus reizen. Einige Frauen sind dem Beispiel der Apostel gefolgt, und Pauline träumt davon, sich ihnen anzuschließen. »Unser Aufbruch, der Aufbruch von uns Frauen, von mir junger Frau, die, wie die Leute sagen werden, ihre Zukunft aufs Spiel setzt, dieser Aufbruch wird noch einen großen Nachhall haben. Der Aufschrei wird vom Orient her erschallen, und es wird jener große Aufschrei sein, den man bei Jesu Tod vernahm und der die Befreiung der Sklaven verkündete. Der Aufschrei, den die von uns wachgerüttelte Welt ausstoßen wird, er wird das Signal für die Befreiung der Frau und vielleicht auch für die Ankunft der Glaubensmutter sein ...«
Eine Mutter, von der man das Unmögliche erwartet. Auf die Frage »Wird die Frau mehr Macht besitzen als der Mann?« antwortete Enfantin: »Im religiösen Sinne, ja, im politischen, nein«, und vernebelte so unter einem letzten Endes tradi-

tionsgemäßen weiblichen Trugbild seine Ablehnung einer tatsächlichen Gleichheit.

Nach wie vor schwärmerisch und von ihrem Glauben überzeugt, doch zugleich auch sentimental, zögert Pauline, ihre Schwester Irma im Stich zu lassen, die in dem Marktflecken Ille-et-Vilaine, wo sie die Leitung der Poststation übernommen hat, trüben Gedanken nachhängt. Und ebenso zögert sie, sich ein zweites Mal von Desprez zu trennen, der immer noch unter Liebeskummer leidet und drauf und dran ist, sich doch noch das Leben zu nehmen. Im übrigen kann sie diese lange Reise aus finanziellen Gründen nicht vor Ablauf von drei Monaten unternehmen. Und unvermutet haben sich zu ihrer Schwester und ihrem Anbeter auch noch weitere Bande gesellt: diejenigen, die sie zu einem sehr jungen Anhänger geknüpft hat, den Lambert bei seiner Abreise ihrer Obhut anvertraut hatte: Adolphe Guéroult.

Pauline ist achtundzwanzig Jahre alt. Er ist vier Jahre jünger, hat ein brillantes Studium absolviert und beginnt nun, literaturkritische Zeitungsartikel zu schreiben. Aber er ist sich noch unklar über die Richtung, die er einschlagen soll. »Ich habe das Gefühl, daß mir die Erziehung einer Frau nottäte, da ich nur ein ungehobelter Klotz bin. Nichtsdestoweniger steckt wahrhaft Gutes in mir. Wer wird wohl die Spreu vom Weizen trennen?« Pauline, die just darauf brennt, die Unentschlossenen zu bekehren, ist für diese Aufgabe genau die Richtige.

Durch die Berührung mit Lambert hat sie akzeptieren gelernt, daß selbst die Sexualität für Indoktrinierungszwecke genutzt werden darf. Mit verblüffender Offenherzigkeit wird sie es also in Angriff nehmen, Guéroult auf dem Wege über die Zärtlichkeit zu überzeugen. In echt saint-simonistischem Mangel an Schamhaftigkeit wird die ehemalige

Frömmlerin, die sich einst damit begnügte, Desprez' Hand zu streifen, ihrem Beichtvater darlegen, wie sie ihre Mission ausübt:

»Lambert, ich werde kühn und kühner! Sie hatten mir gesagt, ich wüßte nicht zärtlich zu sein, und glaubte es. Ich war unbeholfen wie ein junger Chirurg. Aber das Geheimnis meiner Macht ist mir offenbart worden.«

Doch Guéroult leistet Widerstand. Er hält sich Paulines für unwürdig, da er sich als Bruder Leichtfuß und wenig geneigt kennt, einer einzigen Religion zu folgen. »Sie, Pauline, Sie sind rein … Sie haben keine Erinnerung aus Ihrem Gedächtnis zu streichen. Sie sind stolz auf sich selbst und voller Vertrauen in Ihre Fähigkeiten. Ich hingegen habe meinen Körper prostituiert, habe Frauen gekauft und die Lüge ihrer Zärtlichkeiten hingenommen … Gestern, als ich den Kopf in Ihrer Brust vergrub, habe ich so köstlich die Kraft Ihrer Schönheit gespürt. Ich hatte das Bedürfnis, es Ihnen zu sagen, Ihnen dafür zu danken. Doch ich vermochte Ihre Zärtlichkeiten nicht zu erwidern. Ich kann von Ihnen nehmen, aber ich habe nichts, was ich Ihnen geben könnte.«

Trotzdem schreibt Guéroult an seinen Freund Lambert, um ihm von der Dankbarkeit zu erzählen, die er der jungen Frau gegenüber empfindet, der er »seine Auferweckung verdankt«. Er ist übrigens nur einer von etlichen jungen Leuten um Pauline, die einer wie der andere auf der ernsthaften Suche nach neuen Beziehungen zwischen Mann und Frau sind. Begegnungen, die leicht anstößig, wie als Vorwand für die Sittenlosigkeit, erscheinen könnten, geschähe nicht eben alles in einer Welt für sich, in der Begeisterung und Emotionen über fleischliche Begierde und Interessen den Sieg davontragen. Es sind keine gewöhnlichen Liebhaber, es sind Saint-Simonisten mit Leib und Seele. Übrigens läßt sich

Pauline zu keinem ausschließlich auf eine Person konzentrierten Gefühl hinreißen; sie sucht nicht ein oder mehrere Abenteuer, sondern ist bemüht, ihr Leben auch nach der Moralvorstellung auszurichten, die sie für immer als die ihre angenommen hat.

Man muß ihr glauben, wenn sie schreibt, daß sie fortan ihren Körper, ebenso wie Seele und Geist, in den Dienst der Doktrin stellen will. Dies ist, wie immer bei ihr, eine reiflich überlegte Entscheidung: »Wenn ich den Zölibat aufgebe, darf ich, das fühle ich, weder die Frau noch die Mätresse eines Mannes werden ... Ich will mich ihm ganz meinem Gefühl nach hingeben, in der Eigenschaft, die mir gebührt, und nur in dem Maße, als ich es auch will.«

Als ebenso kluge wie auch törichte Jungfrau faßt sie natürlich auch die Mutterschaft mit gleichem Mut und nüchterner Erwägung der Risiken, die sie eingehen wird, ins Auge. »Es ist mein Wunsch, Mutter zu werden ... doch ich bin zu diesem Thema streng ins Gericht mit mir gegangen. Ich habe mich gefragt, ob ich in dem Zustand der Kränklichkeit, den eine Schwangerschaft immer mit sich bringt, stark genug wäre, um einen Mann nicht zu bitten, dem Kind, dessen Vater er vor Gott sein wird, vor der Welt seinen Namen zu geben. Auch habe ich mich gefragt, ob ich das Recht habe, ein kleines Wesen zur Welt zu bringen, das von Geburts wegen von der Gesellschaft verstoßen sein wird. Beide Fragen konnten mit einem Ja beantwortet werden«, schließt sie mit jenem Stolz, der ihr immer aus Verzweiflung und Mißgeschick heraushelfen wird. »Ich werde stolz auf meine Mutterschaft, und mein Kind wird stolz auf seine Herkunft sein.«

Bleibt nur noch Guéroult davon zu überzeugen, der sich in dieser Angelegenheit wie ein verschrecktes junges Mädchen benimmt. »Guéroult scheute davor zurück. Er fürchtete, es könnte ein zu großes Opfer für mich werden. Vor allem aber fürchtete er, sich an mich zu ketten ... Er könne sich nicht für immer und ewig an eine Frau binden lassen: Dies wurde mir mehrfach erklärt und geschrieben ... Schließlich aber gelang es mir, diesen Widerstand zu brechen.«

Eine ziemlich unerwartete Siegesmeldung von seiten einer noch jungfräulichen jungen Frau! Doch ihre Aufgabe steht fest: »Guéroult wurde nie von einer Frau erfühlt und geliebt. Daher das Geschwür in seinem Herzen. Einzig eine Frau kann ihm vollständige Heilung bringen.«

Lambert gegenüber wird sie übrigens klarstellen, daß sie nicht diese Frau ist, daß sie dafür aber versuchen kann ... ihn der Heilung näher zu bringen. Sie selbst wird sich dabei wohl befinden, denn »sich zu enthalten, sich immer zu enthalten, sollte das denn Leben sein? Und Vorwärtskommen? Und ist nicht jedes Verlangen heilig in den Augen dessen, der es einem ins Herz legt?«

Die Antwort ist Ja. Jedes Verlangen ist heilig, wozu sich also enthalten? Doch in ihrem »Brief am Tag danach« achtet sie sehr wohl darauf, Lambert ihre Beweggründe genau darzulegen: »Ich bin nicht etwa schwach gewesen. Es war keinerlei Verirrung. Ich war achtundzwanzig Jahre alt und inmitten eines ziemlich bewegten Lebens noch unberührt geblieben, unberührt, weil ich es so gewollt hatte. Und plötzlich wollte ich auf dieses Leben verzichten, für etwas Größeres, weil ich mit Bestimmtheit fühlte, daß die Verneinung und Abstinenz nicht das Leben oder zumindest nur der passive Teil des Lebens waren.«

Alles in allem ist sie es, die Guéroult verführt hat, und beide beglückwünschen sie sich dazu. »Ich bin eine Frau der Liebe«, erklärt Pauline Aglaé, »aber nicht der mystischen Liebe, nein,

der fleischlichen ebenso wie der des Herzens; der ganzheitlichen Liebe eben.«
Parbleu! Bei Pauline wird das Fleischliche laut und ungehindert zu Wort kommen, doch niemals stärker als das Herz, und sie wird sich ausschließlich Männern schenken, die sie für ihren Glauben gewinnen oder der Verzweiflung entreißen will, wodurch sie im Grunde eine Art geheiligte Prostitution verkörpert.
Glücklicherweise schließt die Pflicht das Vergnügen nicht aus, »Gottlob, denn es war schön«, wie sie gestehen wird … Ihre Beziehungen zu Adolphe sind zugleich zärtlicher wie auch stürmischer Natur. Doch sind Stürme nicht das geradezu obligate Klima für die Liebesbeziehung der Romantik? Jedenfalls scheinen Verzicht und Trennungen zu Paulines Schicksal zu gehören. Nach Desprez Charles Lambert, und nun Guéroult.
»Gütige Mutter, ein Brief meines Adolphe, mit dem er mir seine sofortige Abreise in den Orient ankündigte, hat mich wie ein Blitz getroffen. Ich war ganz und gar am Boden zerstört. Heute stehe ich wieder aufrecht, stark und froh über sein Vorhaben. Duguet hat ihm gesagt, daß seine Person dem Vater von Nutzen sein könnte … und schon bricht er auf!«
Hier läßt sich allmählich Paulines unglaubliche Fähigkeit erkennen, Schicksalsschläge, Enttäuschungen und sogar grausame Mißgeschicke, wie man später noch sehen wird, zu ertragen, ohne ihre Entscheidungen in Frage zu stellen. An ein und demselben Tag kann sie im Schmerz zerfließen und eifriger denn je wieder daraus hervorgehen. Man mag zuweilen lächeln über die Emphase ihres Stils, die Maßlosigkeit ihrer Gefühle. Doch im Gegensatz zu dem, was man bei allen Romantikern feststellt, sind alle ihre Äußerungen

zutiefst aufrichtig. Pauline lebt ihre Exzesse bis zum äußersten aus, ohne jemals ihre Qualen zu verheimlichen.
In Wahrheit wird dieser Aufbruch in den Orient nicht stattfinden, und Adolphe kehrt verliebter denn je zu ihr zurück ... Auch er schreibt seinem Freund Lambert, da man ja beschlossen hat, sich in dieser Familie alles zu sagen: »Ohne jedes Versprechen, ohne jeden Schwur haben wir uns geliebt. Es ist eine Liebe, so frei, wie sie nur irgend sein kann, und zugleich voller Ehrenhaftigkeit und Vertrauen ... Des Vaters Ideen gären hier mit voller Kraft. Für viele sind es lediglich noch Ideen. Für Pauline und mich ist es das praktische Leben.«
Alle beide denken sie daran, dem Vater nach Ägypten nachzureisen. Und in der Erwartung jenes glücklichen Tages reist Guéroult in Frankreich umher. Dabei begegnet er Lamartine, der eine Zeitung zu gründen beabsichtigt. Was er noch nicht weiß, ist, daß Pauline schwanger ist. Ganz allein Aglaé, deren Billigung sie sucht, sollte sie die Neuigkeit anvertrauen: »Mutter, Sie wissen, es geht um mein ganzes Leben. Ich habe einen beschwerlichen Weg eingeschlagen, und schon haben mir die Steine die Füße wund gestoßen. Aber das ist mir gleichgültig, ich gehe den Weg zu Ende. Beten Sie zu Gott für mich.«
Doch völlig uneingedenk dessen, daß sie ihr ja so eindringlich die Moralisierung des Fleischlichen gepredigt hatte, wird Aglaé es der jungen Frau aus Falaise nicht verzeihen, daß sie naiv genug war, die Theorien des Vaters in die Praxis umzusetzen. Sie wirft ihr vor, nun nur eine mehr von vielen ledigen Müttern geworden zu sein!
Statt dessen sind es die Ärmsten, nämlich Jeanne Deroin und Suzanne Voilquin, bei denen sie Hilfe und Sympathie finden wird. Suzanne leitet immer noch die Zeitschrift *La Femme*

nouvelle, die inzwischen *La Tribune des femmes* heißt. Sie kämpft hartnäckig für Rechte, die sie als einzige zu fordern scheint, zieht man den Vergleich mit den herkömmlichen Frauenzeitschriften, jenen nämlich, die sich gut verkaufen und die aus der Feder von »Damen mit Hut« stammen, wie man die Frauen des Bürgertums nannte, um sie von den »Frauen mit Haube« zu unterscheiden.

»Behalten wir unser Sklaventum, so wie es ist«, riet Laure Bernard schon in der ersten Ausgabe des *Journal des femmes,* dessen einziger Ehrgeiz darin bestand, seiner weiblichen Leserschaft die geheiligten Pflichten einer Hausfrau in Erinnerung zu rufen. Für die Saint-Simonistinnen war von seiten dieser Frauen der Gesellschaft keinerlei Solidarität zu erwarten.

An Suzannes Seite wird Pauline plötzlich hautnah erfahren, wie die Lebensumstände der Arbeiterwelt in Wirklichkeit aussehen. Und bald soll sie auch die der Frauenwelt erleben, mit ihrem ganzen Trauerzug an Entsagungen und Erniedrigungen. Sie weiß bereits, daß es ihr durch die Schwangerschaft von nun an versagt sein wird, dem Vater und Lambert nach Ägypten zu folgen. Ihr bleibt nur noch, im alltäglichen Leben der Ablehnung derer, die sie für ihre Freunde hielt, die Stirn zu bieten.

»Es gibt wenige Menschen, denen ich das Recht zubillige, über mich zu richten, und diese schätze ich hoch genug, um sie nicht zu fürchten«, hatte sie ein Jahr zuvor stolz geschrieben, ohne zu wissen, in welchem Maße sich ihre Mißachtung der öffentlichen Meinung gegen sie selbst wenden würde. Zum Glück gehört sie zu der Sorte Frauen, die moralisches Leiden nur um so mehr berauscht, statt sie niederzuknüppeln.

Irma, die zu informieren sie sich endlich durchgerungen hat, ist indigniert. Pauline beschuldigt sie, die Situation nicht mit ihrem Gewissen zu beurteilen, sondern mit den Vorurteilen der anderen. Irma kreuzt in Paris auf, um ihre Schwester von dort wegzuholen und nach Antrain-sur-Couesnon mitzunehmen, wo sie derzeit Postbedienstete ist. Sie hofft, so deren Schwangerschaft geheimhalten zu können. Doch es ist ein unerquicklicher Aufenthalt dort, da Irma ihre ältere Schwester nicht mehr versteht und Pauline sich in Verdruß und Einsamkeit verzehrt. »Alles ist häßlich hier, sogar die Spaziergänge!« Auch Adolphe fehlt ihr. »Seit ich hier bin, habe ich rasende Anfälle körperlichen Verlangens, so daß ich mich in meinem Bett nur noch hin und her wälze. Eine Wesensart, die Ihnen gewiß nicht angenehm erscheint, aber ich will mich nicht besser machen, als ich bin. Heutzutage müssen die Frauen die Wahrheit sagen.«

Guéroult antwortet ihr verliebt, jedoch in Saint-Simon, wie sie es von ihm verlangt. Sie liebt ihn, aber unter der Bedingung, daß sie beide frei bleiben wie zu Zeiten ihrer ersten Begegnung. Am Tag, als sie ihm eröffnet, daß sie schwanger ist, stellt sie auch klar, daß sie allein die Familie des werdenden Kindes sein wird, ganz wie es Enfantins Prinzip vorschreibt.

Da sie für die schwierige Zeit mit niemandes Hilfe rechnen kann (auch Guéroult verfügt über keine festen Einkünfte), kehrt Pauline nach Paris zurück. Sie ist mit der Redaktion einer *Histoire de France des origines à nos jours (Geschichte Frankreichs vom Anbeginn bis in unsere Tage,* d. Ü.*)* betraut worden und arbeitet nun zwölf bis vierzehn Stunden täglich, obwohl ihre Schwangerschaft sie recht elend macht. Unweit ihrer Wohnung in der Rue Jacob hat sie eine Amme gefunden, denn »die Notwendigkeit und der starke Wille, ihre Arbeit nicht aufzugeben, haben sie dazu bestimmt, ihr Kind

nicht selbst zu stillen«. Das ist ein ungeheures Opfer für sie, die die Mutterschaft so ernst nimmt.
Diese schwierige Situation ändert nichts an ihren Anschauungen oder Verhaltensweisen, im Gegenteil. Pauline hat oft zugegeben, daß sie gern der öffentlichen Meinung trotze. Sie ist bereits aus der Gesellschaft ausgestoßen, doch das wird sie keineswegs daran hindern, ihren Fall durch einen absurden Akt noch zu verschlimmern: am 20. Juni 1834 »gibt sie sich aus freien Stücken Jean-François Aicard hin«.
Guéroult ist wie immer auf Reisen, und schließlich haben sie einander sowieso nichts versprochen.
Und außerdem ... Aicard ist schön. Er hat langes Haar wie der Vater und wirkt unerschrocken und zugleich doch von irgend etwas gequält. Gegenüber Guéroults Jugend und Unbekümmertheit verkörpert er den gestandenen Mann.
Und Pauline mißt außerdem, wie man weiß, der Lehre von der christlichen Enthaltsamkeit keine große Bedeutung bei.
Und schließlich ist er auch noch ein ehemaliger Saint-Simonist, der mit der Doktrin gebrochen hat und den es nun in den Schoß der Familie zurückzuführen gilt.
Alles in allem vereinigt er in seiner Person sämtliche Ingredienzien, die Paulines apostolischen Eifer anzustacheln vermögen.
Aicard geht auf die Dreißig zu. Er ist ein junger Bürgerlicher aus Toulon, der zum Studium der Rechtswissenschaften 1830 nach Paris gekommen und sehr bald schon in den Reihen des Saint-Simonismus aktiv geworden ist. Doch 1832 brach er mit der Bewegung, da er die sexuellen Moralvorstellungen nicht billigen konnte und es auch ihm nicht gelungen war, Enfantin zu begegnen, was er ihm nie verzeihen sollte. Wie so viele andere näherte er sich hierauf Fourier und später Pierre Leroux an. 1834 dann begegnet

Pauline in ihm einem entmutigten, verbitterten und skeptischen Menschen. Sie selbst bietet ihm das Bild einer mittellosen, alleinstehenden und zudem noch schwangeren Frau, und das rührt ihn zutiefst. »Dafür, da ich nicht den saint-simonistischen Glauben teilen konnte, war ich glücklich, eine Frau zu lieben, zu unterstützen und zu verteidigen, die glaubte und sich mutig zu diesem Glauben bekannte«, wird er später in einem Bericht über sein Leben mit Pauline schreiben.

Pauline allerdings will davon nichts wissen. Sie will weder unterstützt noch verteidigt, sondern nur geliebt werden. Für Aicard mit seiner südfranzösischen Mentalität ist das nur schwer verständlich, doch wird er ihr auf bewegende Weise huldigen:

»Unter jenen wahrhaft fanatischen Frauen unterschied ich nur eine, die mir zunächst als das erschien, was sie nach wie vor ist und immer sein wird, nämlich jeder edlen Zuneigung und jeder Hochachtung würdig … Bewunderung erfüllte mich angesichts der Echtheit ihres Glaubens, der Tiefe ihrer Opferbereitschaft, des Stolzes in ihrem Herzen und der unerschrockenen Entschlossenheit ihres Wesens.«

Um ihr Tun, über dessen Unschicklichkeit sie sich trotz allem durchaus klar ist, zu rechtfertigen, wird Pauline seelenruhig dasselbe Interpretationsschema anwenden, das ihr schon bei Adolphe gedient hat. »Eine bedeutende Umwälzung hat sich in meinem Leben ereignet«, schreibt sie an jene, die sie beharrlich als ihre Vertraute ansehen will, obwohl gerade sie die am allerwenigsten geeignete Frau ist, um sie verstehen zu können. »Doch sie kam so plötzlich, daß ich lange überlegen mußte, um sie mir zu erklären. War es ein Fehler? War es ein Schritt weiter zu Gott hin? Ich wußte es nicht.« Sollte eine so plötzliche Umwälzung nicht die Bezeichnung

Liebe auf den ersten Blick verdient haben? Doch die alles verzehrende Leidenschaft ist bei Pauline nicht vorgesehen. Wenn sie sich hat hinreißen lassen, so nur deshalb, »weil Aicard ein edler und starker, aber auch ein ungläubiger und tiefbetrübter Mensch ist«, und weil sie ihn zu retten hofft, indem sie ihn glücklich macht.

Nun blieb nur noch Adolphe über die neue Sachlage zu unterrichten. Und eben jetzt hat sie einen Brief von ihm erhalten, mit dem er seine Heimkehr ankündigt. Kaum eingetroffen, begibt er sich zu Pauline, und sie haben eine dreistündige Unterredung, in deren Verlauf Adolphe sich als »edel und zutiefst religiös« erweist.

In jedem anderen Kontext eine wahrhaft possenhafte Situation! Doch bei diesen Gemütern der Romantik sind es Rührung und Tränen der Ergriffenheit, in denen sich die heikelsten Situationen lösen lassen.

»Er beweint meinen Verlust, doch er spürt auch die Größe und innere Kraft in mir. Indem er, vorläufig vielleicht, vielleicht aber auch für immer, aufhört, mein Geliebter zu sein, wird er zu meinem besten Freund. Er vergißt nicht, daß das Kind, das ich unter meinem Herzen trage, seinem Glück entsprungen ist … Er wird es lieben, aber auch wissen, daß er keinerlei Anspruch darauf erheben kann.«

Unverzüglich macht sie Aicard vorbeugend klar, daß es sich mit den Kindern, die sie von ihm bekommen könnte; nicht anders verhalten werde.

Einige Tage vergehen … in Paulines Herz spielen sich schwerwiegende Dinge ab. Sie wehrt sich noch gegen die Wahrheit, doch gegen ihren Willen bricht diese in einem Brief vom 16. Juli, drei Wochen nach ihrer Bekanntschaft mit Jean-François Aicard, durch: »Mein Glaube wächst von Tag zu Tag. Diese Art Haß, die Monsieur Aicard dem Vater entgegenbringt, steigert nur meine Liebe. Im übrigen vermeide ich jede Diskussion. Überhaupt muß ich in meiner Liebe alles vermeiden, was auf ihn wie ein Glaubensakt wirken könnte, in seiner Nähe scheine ich meinen Glauben zu vergessen. Doch, Mutter, Ihnen allein sei dies gesagt: Immer wenn mich die Skepsis des Mannes, den ich liebe, erstarren läßt, schließe ich kurz die Augen und rufe mir den Vater und Lambert ins Gedächtnis. Ohne sie wäre mir schon viele Male die Kraft verlorengegangen.«

Der Vater (und Lambert!) als Lenker von Paulines sinnlichen Genüssen und als Kraftspender für ihre Liebe ... zu einem Ungläubigen! Hat sich Enfantin jemals einen wunschgemäßeren Anhänger erträumen können?

Sie gebraucht weiterhin das Vokabular der Seelenrettung, aber sie ist die einzige, die sich noch davon täuschen läßt: »Je kräftiger der Ertrinkende ist«, meint sie steif und fest, »um so mehr Kraft kostet es den, der ihn retten will. Gleichviel: Ich halte ihn und werde ihn nicht mehr loslassen. Er ist es wert, daß man für ihn etwas riskiert.«

Pauline hat schon viel geliebt in ihrem Leben. Diesmal hat sie sich »verliebt«. Wie sonst könnte sie bei einem Mann bleiben, ohne mit ihm über ihren Glauben sprechen zu dürfen, gerade sie, deren ganzes Leben doch nur aus Predigten bestand?

Aicards Liebe hingegen wird sie noch bitter nötig haben, denn um sie herum wird es immer einsamer. Während von allen Saint-Simonistinnen doch gerade sie es ist, die die Lehre auf vorbildlichste Weise zur Anwendung gebracht hat, wenden sie sich fast alle von ihr ab, so als bemerkten sie plötzlich die Falle, auf die man sie zutreibt.

Aglaé wird sich als erste beeilen, dem Vater im Gefängnis zu schreiben: »Da hat sich also nun Pauline während Guéroults

Abwesenheit in einen seiner Freunde verliebt, obwohl ich nicht umhinkann, zu glauben, daß ersterer sie sitzengelassen hat, als er nach Marseille aufbrach. Und nun kommt er zurück, ohne Geld, obwohl sich die arme Pauline für ihn aufgerieben hat. Ich weiß nicht, wem sie gehören wird, denn sie wollen sich keineswegs in sie teilen. Allerdings ist ihnen sehr wohl klar, daß sie, tut sie sich mit einem von ihnen zusammen, rein zufällig noch einen Dritten errettet, dem es nur um ein flüchtiges Abenteuer geht.«

Aglaés Mißgunst Pauline gegenüber kann sich nun ungehindert austoben. Sie ist übrigens nur eine Facette jener grundlegenden Verachtung für die Frauen allgemein, die sie bisher in Gegenwart des Vaters immer verhehlte, um ihm nicht zu mißfallen.

Einzig und allein Guéroult und Lambert verteidigen Pauline. »Nur weil Sie manche Handlungsweisen nicht verstehen, muß man sie deswegen gleich leugnen oder schlecht finden?« schreibt letzterer an Marie Talon. »Wer sagt Ihnen, daß Ihre Zurückhaltung besser ist als Paulines Wagemut? Das ist eben nur, weil Sie es so empfinden. Und Pauline, glaubt sie nicht auch im Sinne der Religion zu handeln?«

Er schreibt auch an Irma, um einen Rechtfertigungsversuch für Pauline zu unternehmen, doch sie ist und bleibt entsetzt über den lasterhaften Lebenswandel ihrer Schwester, die sich in der Gesellschaft, in der fortan zu leben sie entschlossen ist, unmöglich gemacht hat.

Unerschütterlich verfolgt Pauline weiterhin ihren Traum von Erlösung durch die Liebe. »Mit jedem Tag verstehe ich besser, weshalb ich bei ihm bin, und mit jedem Tag schöpfe ich mehr Hoffnung, ihn zu retten.« Was Adolphe angeht, so meint sie, ihn bereits gerettet zu haben. »Es liegen Welten zwischen der augenblicklichen Einsamkeit, unter der er leidet, und der seelischen Kälte und Verzweiflung, in der ich ihn vorgefunden habe.«

Wäre der Vater frei gewesen, kein Zweifel, er hätte wieder Ordnung in die Gemüter gebracht. Doch er hat die Querelen seiner Schäfchen satt. Er hatte keine Glaubensmutter bestimmen wollen, bevor er ins Gefängnis ging, und als Aglaé Saint-Hilaire vorgab, diese Rolle innezuhaben, hatten sich Suzanne Voilquin und einige andere dem widersetzt. Da sie sich noch nicht für befreit vom Joch der Männlichkeit hielten, fühlten sie sich wenig geneigt, eine Hierarchie in den eigenen Reihen zu akzeptieren. Ein einziges Gefühl hält sie noch zusammen: die Liebe, die sie für den Vater empfinden. Erdrückende Arbeit und die Strapazen ihrer Schwangerschaft ersparen Pauline diese Vorrangfragen. Falls sie überhaupt je insgeheim für sich auf den Titel der Glaubensmutter spekuliert hat, so macht ihr das nun der Umstand ihrer tatsächlichen Mutterschaft für alle Zeit unmöglich. Sollte der weibliche Messias das Recht haben, ein Kind zur Welt zu bringen? Über diesen Punkt schwieg sich die Doktrin aus. Gewiß wirkte es ausgesprochen vermessen, ein zweites Mal die Unbefleckte Empfängnis in Anspruch zu nehmen!

Durch Aicard hat Pauline das Glück, die Bekanntschaft eines Mannes zu machen, der in ihrem Leben noch eine wichtige Rolle spielen wird. Pierre Leroux, ein Theoretiker des Sozialismus und, wie sie, ein naiver Idealist, der ihr bis zu ihrem Tod ein Freund sein wird. Sie schreibt für ihn Geschichts- und Geographieaufsätze, die in der *Encyclopédie nouvelle* erscheinen sollen, durch die er die in vielen Bereichen veraltete Enzyklopädie von Diderot und d'Alembert zu ersetzen plant.

Pierre Leroux ist an der Gründung der saint-simonistischen Zeitung *Le Globe* beteiligt gewesen, von der er sich anläßlich

Bazards Abspaltung getrennt hat. Auch wenn die *Encyclopédie* ihre Mitarbeiter nur schlecht bezahlt, ist Pauline doch glücklich, eine geregelte Arbeit zu haben und an einem pädagogisch wertvollen Werk mitwirken zu können. Dabei ist sie umgeben von den besten Fachleuten der jeweiligen Wissensgebiete: Geoffroy Saint-Hilaire, Dumont D'Urville wie auch Théodore Lacordaire. Und für die juristischen und literarischen Beiträge ist Aicard verantwortlich. In einer Atmosphäre allgemeiner Begeisterung arbeiten sie zusammen.

Es ist eine glückliche Zeit für Pauline.

Am 13. Januar 1835 bringt sie einen Jungen zur Welt, dessen Geburt durch Aicard und Leroux behördlich angemeldet wird.

Dieses Kind ist Guéroults Sohn, doch der Name, den er tragen wird, ist der seiner Mutter. Er ist nicht Aicards Sohn, doch es ist sein Vorname, den er tragen soll. Demzufolge wird er Jean-François Roland heißen.

In jeder Hinsicht ist er ein echtes Kind des Saint-Simonismus.

1835: das Jahr der Pest

Auch Pierre Leroux, der in Paulines Leben noch eine so große Rolle spielen sollte, war ein Utopist, denn er glaubte an die Vervollkommungsfähigkeit des Menschengeschlechts und den kontinuierlichen Fortschritt. Auch ihm waren Geld und Ehrenbezeigungen gleichgültig: Er hatte auf hohe Bezüge in der Bank verzichtet, weil er dieses Metier als unmoralisch empfand, und hatte sich als Maurer verdingt, bevor er dann Schriftsetzer wurde. Damals bereits darum besorgt, die stumpfe Mühsal der Setzer in den Druckereien humaner zu gestalten, hatte er die »Pianotyp« erfunden, eine geradezu revolutionäre Technik, die zu patentieren er aber Didot, dem Leiter der Druckerei, in der er arbeitete, verweigerte, da er das ganze Land davon profitieren lassen wollte. Die Folge war, daß ein anderer sich der Erfindung bemächtigte, sie der Akademie der Wissenschaften vorlegte und den gesamten Nutzen daraus zog.

Nachdem er die Zeitung *Le Globe* mitbegründet hatte, hatte er sie 1830 an Enfantin verkauft, um in saint-simonistischer Mission nach Belgien aufbrechen und dort in Begleitung von Hippolyte Carnot das Evangelium verkünden zu können. Danach predigte er in den Arbeiterlokalen von Lyon und Grenoble, wo er echte Erfolge zu verzeichnen hatte. Da er jedoch fest in der traditionellen Auffassung von Familie verwurzelt war, hatte er schließlich mit Enfantin gebrochen, wenngleich er weiterhin ein Bewunderer Saint-Simons blieb. Als Illusionist reinsten Wassers war er wie geschaffen dafür, Paulines Führer zu werden. Arm, gleichgültig in bezug auf seine Kleidung wie auf seine Lebensbedingungen, ewig struppig unter seiner enormen Lockenmähne und doch berückend durch seinen Edelmut und seine Ausstrahlung, bleibt sein Hauptverdienst der, daß er den Romantikern, von Sainte-Beuve bis Victor Hugo, den Sozialismus vermittelte und der geistige Vater der berühmtesten Schriftstellerin des neunzehnten Jahrhunderts, nämlich George Sand, war.

Eine merkwürdige Verbindung war das zwischen dieser Frau, die nicht viel für Doktrinen übrig hatte, aber aus ihrem Leben selbst eine Freiheitsdemonstration machte, und jenem Sonderling, der zahlreiche ihrer Romane inspirierte und ihr ganzes Leben hindurch ihr innig geliebter Guru und Schützling bleiben sollte. Ihre Freundschaft war unter sonderbaren Umständen entstanden. Da sie für einen ihrer Romane *(Mauprat)* Zugang zu den Thesen des Sozialismus suchte, hatte George Sand an Leroux geschrieben, um ihn zu sich, in ihre Wohnung am Quai Malaquais, zu bitten, damit er ihr »innerhalb von drei Stunden den republikanischen Katechismus erklären« möge.

Niemals war sie voll und ganz überzeugt von der Theorie, weil sie Leroux als einen »von seiner Tugendhaftigkeit getäuschten Menschen« ansah, doch von der Persönlichkeit Leroux' war sie gefesselt. Sie wollte ihm *Spiridion,* den Roman, der auf *Mauprat* folgte, widmen und verfaßte in enger philosophischer Zusammenarbeit mit ihm fünf oder sechs ihrer berühmtesten Werke, darunter *Consuelo, Le Meunier d'Angibault (Der Müller von Angibault), François le champie (Das Findelkind), La Mare au diable (Das Teu-*

felsmoor) wurde in Boussac in dem von Leroux gegründeten Phalanstère gedruckt, in dem Pauline Roland 1846 nach ihrem dramatischen Bruch mit Aicard Zuflucht suchen sollte.

Im Jahr 1840 haben George Sand und Leroux gemeinsam die Zeitschrift *La Revue indèpendante* gegründet, in der sie mit prophetischen Worten eine Analyse des Kommunismus geben: »Richtig als Empfindung, falsch als Doktrin.« In der Hoffnung, auf längere Sicht Leser für die Zeitschrift zu gewinnen, wird George Sand drei ihrer Romane darin als Fortsetzungsromane veröffentlichen, und auch Pauline Roland liefert regelmäßige Beiträge, wobei sie sich insbesondere darauf verlegt, die Arbeitsbedingungen der Frauen anzuprangern.

Ihre Freundin Flora Tristan hatte jüngst *Les Promenades dans Londres (Spaziergänge in London,* d. Übers.), veröffentlicht, worin sie mit unerträglichem Realismus das Schicksal der in den Kohlebergwerken beschäftigten Kinder beschrieb. Am Tag, als eine Schlagwetterexplosion zwölf Bergarbeiter tötet, zitiert Pauline das Ergebnis der polizeilichen Untersuchung: »Die Schuld an dem Unfall kann nur der ungeheuerlichen Fahrlässigkeit von Cooper, einem neunjährigen Kind, zugeschrieben werden, das, vermutlich um mit einem anderen Kind zu spielen, die Bewetterung unterbrochen haben soll.«

Sie schreibt einzig aus dem Anliegen heraus, die Ungerechtigkeit an die Öffentlichkeit zu bringen. Dabei publiziert sie auch Biographien wie die über Philpot Curran, der für die Befreiung Islands kämpfte, und eine *Histoire d'Angleterre à l'usage des enfants (Geschichte Englands für Kinder,* d. Übers.).

Die *Encyclopèdie nouvelle* war über den Buchstaben C nicht

hinausgekommen. Schuld daran waren Zwistigkeiten zwischen den beiden Gründern, Jean Raynaud, der von Aicard unterstützt wurde, da er der Skeptischere war, und Pierre Leroux, auf dessen Seite Pauline eher stand, weil er nach wie vor so unbeirrt auf eine strahlende Zukunft vertraute.
Mit gewohntem Eifer opferte Pauline der *Encyclopédie* ihre gesamte Zeit. Innerhalb von sechs Wochen füllte sie sechzig Spalten über historische Themen, die langwieriger Nachforschungen bedurften. Sie regte auch zu einigen Gesellschaftsthemen an, die Aicard zugefallen waren, insbesondere den Beitrag »Abtreibung«, in dem man entdeckt ... was man bereits wußte: daß die freie Liebe für Pauline keineswegs das Recht bedeutete, sich ihren Konsequenzen zu entziehen. Man möchte meinen, sie habe stets wie zwangsläufig dem Gesetz der höchsten Sühne gehorcht! In diesem Beitrag steht geschrieben: »Die Abtreibung ist ein Verbrechen und ein Akt der Gottlosigkeit. Möge die Zeit bald kommen, da die Frauen nicht mehr über ihre Mutterschaft vor Scham erröten müssen.«
Aicard hat später behauptet, daß Pauline sich anläßlich ihrer Annäherung an Leroux von ihren saint-simonistischen Freunden getrennt hätte. In Wirklichkeit hatte sie nur mit Aglaé gebrochen, da sie auf die Dauer den Mut verlor, ganz allein das Trugbild dieser Freundschaft aufrechterhalten zu müssen, die ihr so viel bedeutet und ihrem Leben die Richtung gewiesen hatte. Seit einem Jahr nun lebt sie mit Aicard zusammen, doch Aglaé hat ihr seither nicht wieder ihr Vertrauen geschenkt.
»Seit langem schon habe ich bei Ihnen eine Abkühlung Ihrer Gefühle bemerkt, die ich mir nicht zu erklären wußte. Ich habe Sie über die Maßen geliebt, das wissen Sie«, sagt sie ihr in dem Brief, der ihr letzter an sie werden sollte, »und es gibt

keine Frau, deren Freundschaft ich mir so innig gewünscht hätte wie die Ihre. Lange Zeit … habe ich in Ihnen meine Mutter und Freundin verstanden, und als ich eine Freundschaft dahinschwinden sah, die mir so lieb und teuer war, habe ich mich ernsthaft gefragt, womit ich das verdient hätte. Ich habe keine Antwort darauf gefunden. Ich wollte einen erneuten Versuch unternehmen, Sie zu sehen, aber mir fehlte der Mut zu einer Begegnung, wie ich sie schon einmal vor sechs Monaten mit Ihnen hatte.«

Folglich ist der Bruch vollzogen, vorbei ist es mit der liebsten Mutter. »Adieu, Madame, wie auch Ihre Antwort ausfallen mag, ich werde Ihre in der Vergangenheit erwiesenen Freundlichkeiten immer in dankbarer Erinnerung behalten.«

Dies aber ist kein Bruch mit dem Saint-Simonismus. Pauline gehört zu den wenigen Menschen, die ihre Ansichten oder religiösen Überzeugungen keinesfalls aus Eigennutz oder wegen einer Gefühlsangelegenheit ändern. Aicard wird das sehr viel später erkennen: »Ich kann mich nicht rühmen, sie auch nur eine Viertelstunde lang dazu gebracht zu haben, von einem einzigen ihrer Prinzipien absoluter weiblicher Unabhängigkeit abzuweichen.«

Wenn Pauline nur noch wenig Kontakt zu Saint-Simonisten pflegt, so deshalb, weil viele mit Enfantin in den Orient aufgebrochen sind, um sich auf die Suche nach einer mythenhaften Frau zu begeben, obwohl sie doch etliche bemerkenswerte Frauen zurückließen, von denen so manche eine Päpstin hätte werden können. Als er von einigen der Unglücklichen, die er ohne Richtlinien in Paris ihrem Schicksal überlassen hat, zu intervenieren aufgefordert wird, antwortet Enfantin kühl: »Ich will, daß sie mich einfach machen lassen. Das ist in meinem Verständnis die einzige Art und Weise, sie in diesen Tagen zu lieben.«

Gleich nach seiner Entlassung aus dem Gefängnis hatte sich der Vater mit großem Pomp in Marseille eingeschifft. Begleitet wurde er dabei von Lambert, Henri Fournel und Ollivier zum Klang eines neuen *Liedes zum Aufbruch,* das wieder Félicien David komponiert hatte:

Liebe Gefährten, eilt euch, eilt!
Das Volk muß leiden, und die Mutter in der Ferne weilt!

Vor etlichen Monaten bereits hatten sich die Gefährten der Frau, von Barrault angeführt, nach Ägypten eingeschifft, wo sie die Glaubensmutter zu finden und die Frauen des Orients wachzurütteln hofften.

»Grüßt in meinem Namen all diese Töchter des Orients. Entblößt euer Haupt vor ihnen allen«, hatte Enfantin seine Apostel ermahnt. »Doch daß eure Mütze sich ja nicht vor einem Manne senkt. Und ich füge hinzu: Zölibat, aber strenger denn je!«

»Im Namen Gottes und in dem Ihren, Vater«, antwortet ihm Barrault, »haben wir mit erhobener Stimme und entblößtem Haupt den Töchtern des Orients, ob arm oder reich, zu Fuß oder im Wagen und zur Verwunderung von Männern und Frauen, jedoch ohne Hindernis unsere Huldigung erwiesen. Unser Gewand, das echtes Aufsehen erregt hatte, und unser würdevolles Auftreten haben großen Eindruck gemacht.«

Nicht der Respekt war es, sondern die Verblüffung, die die Zuschauer lähmte. Es dauerte nicht lange, und diese komischen Vögel, die alle Frauen auf der Straße grüßten, galten bei den ägyptischen Behörden als gefährliche Individuen. Sie wurden für einige Tage eingekerkert und dann gewaltsam an Bord eines Kaik gebracht, dort in den Laderaum geworfen und nach Smyrna verschleppt!

Kaum aus dem Gefängnis entlassen, beginnt sich Enfantin Sorgen über diese Situation zu machen, und er schifft sich am 23. Oktober 1833 nach Alexandria ein, »um seine Apostel wieder ins normale Leben zurückzuführen«. Häufig war er weniger verrückt als diejenigen, die er verrückt machte.

Die Ankunft dieser neuen Kreuzritterfuhre, nach wie vor in Saint-Simonisten-Kluft, erregte allgemeines Aufsehen. Barrault und Félicien David, die bereits vor Ort waren und in Kairo einige Konzerte gegeben hatten, begrüßen sie mit viel Getöse. Der Sultan Muhammad-Ali, der über Ägypten herrscht, das zu jener Zeit dem Türkischen Reich eingegliedert ist, empfängt sie huldvoll. Soliman Pascha, ehemals Oberst Selves, ein dreiundfünfzigjähriger Franzose, der zum Islam konvertiert hat und Günstling des Sultans geworden ist, setzt sich für sie sie ein.

Clorinde Rogé und ihr Ehemann, Tajan-Rogé, ferner Cécile Fournel, die dem ihren nachgereist ist, und dann auch Suzanne Voilquin kommen nach Ägypten ebenso wie eine Reihe Mediziner, Ingenieure und andere Spezialisten. Mehr als sechzig Männer und Frauen sind es, die ihre Fähigkeiten kostenlos in den Dienst dieses Landes stellen wollen. »Wir sind keine Menschen, die wie die englischen Ingenieure Millionen brauchen«, sagt der Vater. »Wir leben wie jeder einfache Arbeiter.«

Ein industriell und kommerziell unterentwickeltes Land bot sich ihnen zur Anwendung der saint-simonistischen Theorien dar, und endlich entsprach ihre Aufgabe dem, was sie sich erträumt hatten. In dem Maße sogar, daß die messianische Suche neben der Dringlichkeit der Entwicklungsprojekte recht schnell ins Hintertreffen geriet. »Das gesamte System zur mechanischen Bewässerung steckt noch in den

Kinderschuhen«, bemerkte Enfantin, »und im ganzen Land gibt es keinen einzigen Bergbauingenieur!«
Einer früheren saint-simonistischen Idee folgend, begeistert er sich für den Gedanken des Suezkanalbaus, durch den das Mittelmeer mit dem Roten Meer verbunden werden soll. »Und später dann bauen wir den anderen, in Panama«, kündigt er an.
Fournel hat geologische Untersuchungen vorgenommen und hierzu die Unterstützung von Ferdinand de Lesseps, zu jener Zeit Vizekonsul in Kairo, erhalten. Inzwischen hat der Vater die Kairoer Hochschulen für Bauwesen und Bergbau neu gestaltet. Charles Lambert, Paulines Beichtvater, hat die Ingenieurhochschule von Bulaq gegründet und es verstanden, sich bei den Ägyptern als Gelehrter und Humanist einen Namen zu machen. Zum Direktor der Hochschule ernannt, wird er dort zwanzig Jahre lang bleiben. Da er ein ansehnliches Gehalt bezieht, ist er es auch, der mehr oder weniger für den Unterhalt der Familie aufkommt. Dr. Perron leitet die Hochschule für Medizin in Kairo, der Architekt Lamy baut Modellgestüte, Barrault unterrichtet Kunst und Literatur, und Suzanne Voilquin, deren Leidwesen es immer war, daß Frauen zum Medizinstudium nicht zugelassen wurden, ist Assistentin in einem Entbindungsheim und läßt sich zur Hebamme ausbilden. Andere wiederum, Ingenieure und einfache Arbeiter, arbeiten unentgeltlich und unter äußerst harten sanitären und moralischen Bedingungen in der Wüste.
Der Zölibat steht nicht mehr auf der Tagesordnung. Enfantin lebt einige Zeit mit Agarithe Caussidière, einer »Demoiselle des Kanals«, zusammen; Suzanne Voilquin hat eine kurze Romanze mit Lambert, von dem sie ein Kind bekommt, das aber noch im Säuglingsalter sterben wird;

Caroline Carbonnel erwartet ein Kind von Clorinde Rogés Ehemann, und diese wiederum lebt in Soliman Paschas Palast ... Ein moralischer Schlendrian, der der prüden Aglaé Sorgen bereitet. Fern vom träge machenden Klima Ägyptens, beurteilt sie die Situation mit Nüchternheit. »Das schwerwiegendste Problem bei diesem kleinen Volk, das sich so viel Mühe gibt, ist das der Kinder, und die regnet es leicht in rauhen Mengen.« Aglaés Wunsch wäre es, ihren Schwestern nach Ägypten nachzureisen, doch der Vater ist dagegen, und sie beugt sich seinem Willen, wie sie es ihr ganzes Leben hindurch tun wird. »In Ihnen ist die Zukunft der Welt«, schreibt sie ihm ohne Groll.

Begeistert von dem zu erfüllenden Werk, haben sich die Apostel im Endeffekt zu Entwicklungshelfern umgepolt. Die Suche nach der Glaubensmutter geht dabei ganz allmählich im Wüstensand unter und weicht einer sehr prosaischen Jagd auf die Frauen.

Dieses Problem der weiblichen Emanzipation, das sich im neunzehnten Jahrhundert als nicht lösbar erweist – und noch im zwanzigsten Jahrhundert so zufallsbedingt ist –, sollte den Saint-Simonismus bis in seine Grundfesten erschüttern. Die Männer werden sich davon wieder erholen. Die Frauen nur mit großer Mühe.

Manche, vor allem Frauen, glauben kaum noch an die wunderbare Entdeckung einer Mutter. Was insbesondere für diejenigen gilt, die sich als Heidinnen bezeichnen und sich vom religiösen Aspekt der Doktrin immer schon abgestoßen gefühlt haben. Diese Frauen fordern unverblümt ihre Freiheit, die sexuelle inbegriffen, und zeigen dies, indem sie ein klatschmohnfarbenes Band tragen, um sich von den einem einzigen Mann verschriebenen Frauen zu unterscheiden, die wiederum ein malvenfarbenes Band tragen.

Claire Démar war die radikalste unter den Heidinnen und Clorinde, die Ehefrau von Tajan-Rogé, der immer sehr an ihr hing, die schönste unter den Saint-Simonistinnen. Sie ließ sich nicht beeindrucken von Enfantin, den sie mit Kritik auch nicht verschonte: »Arme Frauen des Abendlandes! Immer noch werden wir wie Unmündige behandelt, und die Mütze, die nur vor den Frauen [in Ägypten] gezogen werden soll, bleibt nach wie vor auf dem Kopf, wenn man mit Frauen aus dem Abendland spricht!«

Das orientalische Unterfangen ist in ihren Augen nichts als eine nebulöse Phantasterei, aber sie sieht darin eine Gelegenheit, einen Nutzen für die Orientalinnen zu ziehen. Sie gründet einen »Ritterorden der Frau«, der es sich zur Aufgabe macht, einheimische Mädchenschulen zu eröffnen. Nachdem sie Soliman Paschas Favoritin geworden und fürstlich in dessen Palast untergebracht worden ist, wird sie häufig mit der ägyptischen Gesellschaft verkehren können, Zugang zu den Harems finden und schließlich auch feststellen müssen, wie naiv und voreilig doch die Hoffnung war, die Frauen womöglich aus ihrer Versklavung zu befreien.

Naiv auch die Hoffnung, die Industriewissenschaft in diesem Land ansiedeln zu können, wo die Armen eine träge und der Theorie vom universellen Fortschritt völlig unzugängliche Masse bildeten! Doch für Mutlosigkeit ist Enfantin unempfänglich. Muhammad-Ali will plötzlich keinen Suezkanal mehr, sondern einen Staudamm zur Regulierung der Hochwasserphasen des Nils? Na schön, dann baut man ihm eben einen Staudamm. Aber Fournel und seine Leute nehmen es nur schwer hin, nun gezwungen zu sein, eine Mauer zu bauen, wo ihnen doch Enfantin versprochen hatte, die Urheber einer Verbindung zweier Meere zu werden, die ihnen den Dank aller Nationen einbrächte.

Zudem ist es keine leichte Aufgabe. Kaum eingestellt, laufen ihnen die Einheimischen wieder davon, das Baumaterial trifft nicht ein, und es herrscht eine für Europäer quälende Hitze. Eine Katastrophe schließlich wird all der Mühsal den Gnadenstoß versetzen: Im Januar 1835 bricht in Kairo und Alexandria die Pest aus. Wie schon bei der Chloeraepidemie von 1832, in deren Folge Enfantins Mutter in Frankreich starb, werden die Saint-Simonisten nun mit mutigem und selbstlosem Beispiel vorangehen und die Pestkranken ungeachtet der Ansteckungsgefahr pflegen. Fünfzehn von ihnen wird es das Leben kosten, darunter auch Dr. Fourcade, der soeben zum Leiter des Kairoer Krankenhauses ernannt worden war, wie auch Hoart, der treue Freund aus den ersten Anfängen, und der junge Ollivier mit dem Beinamen »Freund der Frauen und des Volkes«. In Dankbarkeit verschaffte ihm Clorinde Rogé in Alexandria ein Begräbnis nach saint-simonistischem Brauch, indem sie über seinem Grab Kreuz und Mondsichel vereinte.

All diese Toten erscheinen Enfantin wie ein Zeichen des Schicksals. Gott wendet sich ab von ihm. Die Mißerfolge häufen sich, und die Saint-Simonisten-Schar hat aufgehört, den Sultan zu ergötzen. Muhammad-Ali interessiert sich nicht mehr für den Staudamm und will auch die Arbeiten dazu nicht mehr finanzieren. Die Jünger erwarten vom Vater ein Wunder, das zu liefern er nicht mehr imstande ist. Er ist nur mehr ein ganz gewöhnlicher Mensch, der sich erdrückt fühlt von der Abhängigkeit all seiner Söhne, die an seinen Worten hängen. Er beschließt, Kairo den Rücken zu kehren, wo die Pest weiterhin wütet und ein Teil der Stadtviertel unter Quarantäne steht, um nach Oberägypten zu gehen. »Allah Kerim! ... Schluß mit den Kalkulationen für eine Weile: Ich werde mich amüsieren, mir die Welt ansehen, hier mit der Berberin, dort mit der Beduinin, der Negerin oder Abessinierin tändeln ...«

»Die Familie ist tot«, schrieb Lambert, dessen Treue unerschütterlich blieb. »Der Vater wird verkannt. Man bewarf ihn mit Schimpf und Dreck. Viele haben ihn im Stich gelassen.«

Es schaudert einen bei dem Gedanken, daß sich zu jenem Zeitpunkt auch Pauline Roland normalerweise in Ägypten hätte befinden müssen! Sie hat weder die gesundheitliche Verfassung und den Sinn fürs Praktische einer Suzanne Voilquin noch die Unbekümmertheit und Waghalsigkeit einer Clorinde Rogé. Bei ihrer Opferbereitschaft, Hingabe und Unbesonnenheit hingegen hätte sie es gewiß nicht versäumt, sich während der Pestepidemie in die vorderste Reihe zu stellen. An der Pest zu sterben, wenn man doch für seine Überzeugungen sterben kann, welcher Verrat des Schicksals für eine Frau wie sie!

Für seine Überzeugungen zu leben ist allerdings auch nicht leicht. Sie hat ihre gütige Mutter verloren, Lambert ist weit, und es ist ihr nicht gelungen, Zutritt zum Kreis der Vertrauten um Enfantin zu finden, dem sie nur ein einziges Mal privat begegnet ist. Pierre Leroux ist es, der nunmehr für sie die Stelle des Vaters einnimmt, aber sie wird für ihn niemals die mystische Verehrung empfinden können, die Enfantin in ihr geweckt hatte. Für sie war er eben der Oberste Vater. Und was Aicard betrifft, so ist er immer noch ein Gegner der saint-simonistischen Ideen.

Aber auch hier sind es wie durch Ironie des Schicksals gerade Enfantins Thesen, die ihm widerstreben und doch bald sein und Paulines Leben erschüttern sollten.

Enfantin im Alkoven

Seit drei Jahren lebt Jean-François Aicard nun schon mit Pauline in Paris, in der Rue Jacob 10. Er hat seine Standhaftigkeit bewiesen, indem er völlig unempfänglich für ihre Predigten blieb. Zur Sicherheit hat er sogar den Kontakt mit seinem Jugendfreund André so gut wie abgebrochen. Dieser Kamerad aus seinen saint-simonistischen Zeiten in Toulon ist der Lehre treu geblieben, und er fürchtet dessen Einfluß auf Pauline. Zumal André mit seinen achtunddreißig Jahren erst kürzlich Victoire Isnard geheiratet hat, ein blutjunges Mädchen, das »ohne Religion und Moral erzogen worden ist«.

Das Paar Aicard-Pauline lebt in schwierigen Verhältnissen. Die *Encyclopédie* steckt in Schwierigkeiten, und die Oppositionsblätter, bei denen sie mitarbeiten, verfügen nur über bescheidene finanzielle Mittel. In Toulon schlagen sich auch Aicards Eltern mit Geldproblemen herum, aber es bleibt eine Hoffnung, die öffentliche Badeanstalt, die sie dort besitzen, wieder in Schwung zu bringen. Jean-François beschließt, einige Zeit in Toulon zu verbringen, um die Situation wieder zurechtzubiegen. Zwei Jahre wird er dort bleiben, Pläne entwerfen, Darlehen aufnehmen und die Arbeiten überwachen, die einen Teil der Badeanstalt zum Hotel umfunktionieren und somit der gesamten Familie zu einem annehmbaren Lebensstandard verhelfen sollen. Mit ihrem Sohn Jean und der kleinen neugeborenen Tochter Marie ist Pauline zu ihrer Schwester Irma gezogen, die nun in der Umgebung von Chartres lebt.

Über diese Zeitspanne ist wenig bekannt, da die Briefe, die Pauline täglich an Jean-François schrieb, verlorengegangen sind. Man verfügt lediglich über den kurzen Bericht, den Aicard Jahre später darüber abgeben sollte.

In Toulon hat er wieder enge Bande zu seinem Jugendfreund André geknüpft und eine besondere Schwäche für Victoire bei sich entdeckt. Eine Schwäche, gegen die er lange angekämpft hat, wie er später erklären wird. Doch genau hier sollte der Punkt sein, wo er der Enfantinschen Theorie ins Netz gehen sollte: Paulines Vorträgen hatte er zu widerstehen gewußt, denen von André, die freilich durch Victoires Jugend und Schönheit getragen wurden, sieht er sich wehrlos ausgeliefert.

André ist eine eigenartige Persönlichkeit. Mit dreißig noch sexuell unberührt, war er mit vierzig schon ein »vorzeitiger Greis«, so Aicard über ihn. Er bekennt sich zu sehr festgelegten Theorien über die Seelenwanderung und hat seiner schwangeren jungen Frau eingeredet, daß das Kind, das sie erwartet, die Reinkarnation seines Großvaters väterlicherseits sein werde. Übrigens hat er ein großartiges Grabmal errichten lassen, in dem die sterbliche Hülle jenes Großvaters ruht und darauf wartet, daß sich auch die seiner Nachkommen und Victoire selbst, im Falle, daß sie im Wochenbett sterben müßte, hinzugesellen ... Die gesamte Schwangerschaft der jungen Frau spielt sich in dieser morbiden Atmosphäre ab. Schließlich aber ist es das Kind, das kurz nach seiner Geburt stirbt. Victoire wird dadurch einen schweren seelischen Schock davontragen.

Um sie aus ihrer tiefen Niedergeschlagenheit herauszuholen, wendet sich André an seinen engsten Freund, Aicard, um Hilfe. Ganz nach den Prinzipien Enfantins, dessen Porträt im Alkoven über dem Bett der beiden Eheleute prangt, kennt André keine Eifersucht und glaubt an die erlösende Kraft der Liebe ... Vermutlich findet er auch ein teuflisches Vergnügen an gefährlichen Liebschaften. Jedenfalls zerbricht er sich den Kopf, wie er Zusammenkünfte arrangieren, Briefchen übermitteln und Aicard davon überzeugen könnte, daß er allein Victoire aus ihrem depressiven Zustand herausreißen kann.
Jean-François geht letzten Endes auf eines jener Arrangements mit der Tugend ein, deren Vorzüge ihm Pauline schließlich oft genug gepriesen hatte. Doch da er sich als eifersüchtigen Menschen kennt, stellt er seine Bedingungen: Während der »Behandlung« soll André nur noch wie ein Bruder für seine Ehefrau sein. In Gegenwart von Charles Ferrand, einem alten Freund und ebenfalls Saint-Simonist, wird der Handel abgeschlossen.
Nun blieb nur noch Pauline über dieses Arrangement zu informieren, von dem sich Aicard insgeheim erhoffte, daß es ihr genügend Pein bereiten würde, damit sie endlich von ihren Überzeugungen abließe.
Doch infolge einer kleinen Panne erübrigte sich das für ihn: Eines Nachts vergaßen Victoire und André sich und ihre Verpflichtungen! Enfantin, der in seinem Bilderrahmen über sie wachte, nahm daran keinen Anstoß. Jean-François aber fühlt sich betrogen. Auf der Stelle bricht er mit Victoire und schreibt Pauline, sie möge zu ihm nach Toulon kommen.
Durch einen seltsamen Zufall hatte sie soeben die Übersetzung von Miltons *Divorce Tracts (Abhandlung über die Scheidung;* d. Übers.) abgeschlossen, zu der Aicard das

Vorwort schreiben sollte, und bei dieser Gelegenheit waren ihre Auffassungen über individuelle Freiheit wieder einmal auseinandergegangen. Denn Pauline plädierte natürlich für das Recht auf Vielfalt in der Wahl des Partners, und Aicard paradoxerweise für Treue. Heute nun ging es darum, von der Theorie ... zur Praxis überzugehen!

Er begab sich also nach Marseille, um Pauline zu empfangen und ihr über sein Leben im Laufe des vergangenen Jahres zu berichten. Wider seinen Willen eben doch von der saint-simonistischen Haarspalterei angesteckt, stellte er sich vor, Pauline würde der jungen Victoire zu Hilfe eilen, um sie gegen Andrés Verderbtheit zu verteidigen, offiziell mit der Doktrin brechen, sich ihren Mann wiederholen und sich endlich bereit finden, ihre gemeinsame Tochter Marie nach katholischem Brauch taufen zu lassen.

Seine Hoffnungen wurden in jeder Hinsicht enttäuscht. Pauline wahrte ihre Hochachtung für André, der rein saint-simonistisch gehandelt hatte, ebenso wie ihren uneingeschränkten Glauben an die Doktrin, und zwang sich heldenhaft, ihren Schmerz und Groll hinunterzuschlucken. Trotzdem faßte sie eine gewisse Abneigung gegen Victoire, wobei sie ihre Eifersucht allerdings hinter ehrbaren Vorwänden verbarg: »Sie ist kaum zwölf Jahre alt, was ihren Charakter anbelangt«, und der Liebe unwürdig, die ihr Aicard entgegenbringt.

Wenn sie schon mit etwas oder jemandem brechen muß, so ist es nicht der Saint-Simonismus, dem sie abschwören wird, sondern Aicard, obwohl sie das viel Kraft kostet. Die beiden Paare wohnen im gleichen Haus, was die Situation ganz besonders kompliziert. Nach einigen Monaten hält Pauline es nicht mehr aus. Sie reißt sich von Jean-François los, um nach Chartres zu Irma zurückzukehren; doch er holt die

Postkutsche auf der Strecke nach Paris ein und überredet sie zurückzukommen, diesmal aber gemeinsam mit ihrem Sohn und ihrer kleinen Tochter Marie, denn er hofft, ihr Familienleben zu retten.

Das gemeinschaftliche Zusammenleben wird wiederaufgenommen, aber die Briefe an den in Ägypten gebliebenen Lambert zeigen deutlich, daß Pauline nicht glücklich ist, obwohl sie erneut schwanger ist und Jean-François das Verhältnis mit Victoire beendet hat. Ihre Schwester Irma ist vor kurzem gestorben, vermutlich an Tuberkulose und »mutterseelenallein unter Fremden«, ohne daß Pauline hatte zu ihr eilen können, um ihr beizustehen. Sie empfindet deswegen eine tiefe Schuld, da sie weiß, daß Irma sich nie von der saint-simonistischen Episode hatte erholen können und daß sie dadurch ihren Seelenfrieden verloren hatte. Und Pauline wird auch mit ansehen müssen, wie ihr die kleine Marie wegstirbt, für die sie, ihren Überzeugungen getreu, ein religiöses Begräbnis ablehnen wird. Aicard beugt sich ihrem Wunsch und trägt das Kind mit einigen nahen Verwandten, darunter auch André und Maître Audemar, ein gemeinsamer Freund, eigenhändig zu Grabe.

Als sie Lambert von diesen Todesfällen berichtet, zieht sie eine für sie nur allzu typische Zwischenbilanz ihres Lebens: »Ich glaube, mein Leben in frommer Weise geführt zu haben; ich glaube, mich auf einem Weg zu befinden, der uns weiterführt, und ich hoffe, ein kleines Stück der Wahrheit zu finden. Ich habe mich also nicht zu beklagen. In diesem Leben ist es nicht das Glück, das wir zu suchen haben, sondern das Gute und Wahre.«

Diese Trauerfälle haben Aicard Pauline – »dieses edle Wesen, das nur mich hat« – wieder nähergebracht. Ihre Schwester hat ihr eine kleine Erbschaft vermacht, und sie stellt sie zur

Verfügung, um damit die Schulden und Anleihen von Aicards Eltern abzutragen. Auf diese Weise könnten sie Toulon, »diese Stadt der Fossilien«, verlassen, um mit Jean, der noch keine fünf Jahre alt ist, und dem kleinen, erst kürzlich geborenen Moïse wieder nach Paris zurückzukehren.

Doch für Pauline wird dies nur eine vorübergehende Beruhigung bedeuten. Bei der Abreise hat Aicard einen neuerlichen Handel mit André abgeschlossen, der noch überraschender anmutet als der vorangegangene: »Sie wissen, daß Victoire mir gehört. Sie ist frei und hat sich mir aufgrund Ihres absonderlichen Zutuns hingegeben. Bisher habe ich Victoire Ihnen überlassen. Und ich vertraue sie Ihnen auch weiterhin an, doch verstehen Sie mich recht, nur Ihnen allein. Sorgen Sie dafür, daß sie mich auch fortan liebt, ich jedenfalls werde sie immer lieben.«

Ein unwahrscheinliches Abkommen? Zu Paulines Unglück sollten sich die Gefühle der beiden Liebenden trotz der räumlichen Trennung nicht ändern. Einer Trennung, die fünf Jahre dauerte!

Während dieser ganzen Zeit schrieb Victoire gelegentlich an Pauline, nie aber an Aicard, der André später beschuldigen sollte, ihre ihm wohl zu leidenschaftlich geratene Korrespondenz unterschlagen zu haben. Wieder wird der Familie Aicard ein kleines Mädchen geboren, das den Vornamen Irma erhält, doch die finanzielle Situation in Toulon spitzt sich erneut zu. Die Eltern sind nun definitiv bankrott, und ihr Sohn sieht sich gezwungen, nach Toulon zurückzukehren.

Er hofft aufrichtig (aufrichtig?), sich von Victoire fernhalten zu können, aber notgedrungen begegnet er jeden Tag André, der mit seiner Frau in dem großen Haus der Aicards wohnt, in das er viel Geld investiert hat. Da er, um den Ruin zu verhindern, mit seinem Freund Verhandlungen führen muß, ist es schier unvermeidlich, daß er Victoire eines Tages doch über den Weg läuft. Und da müssen sie sich den Tatsachen stellen: Ihre Leidenschaft ist nicht abgeklungen, und sie haben nicht mehr den Mut, darauf zu verzichten.

Pauline ist alles andere als eine Heidin. Sie verteidigt zwar das Recht auf Vielfalt in der Wahl des Partners, wendet es auf sich selbst aber nicht an. Sie ist ein leidenschaftlicher Mensch, der keine Kompromisse duldet. Und sie hat gemerkt, daß sie nicht zur »schmetterlingshaften Sorte von Frauen« gehört. Vielleicht erinnert sie sich auch der schmerzlichen Verpflichtung, die Enfantin in der Rue Monsigny aufgestellt hat: »Wenn einer von beiden zu gefallen aufhört, muß er dem andern seine Freiheit zurückgeben.« Zweifellos vermag sie es auch nicht zu ertragen, daß Jean-François das Beste von sich gerade derjenigen schenkt, die sie hartnäckig als »leichtsinnige Person« erachtet. Jedenfalls findet sie die Kraft, sich von dem Mann zu trennen, den sie künftig nur noch Monsieur Aicard nennen wird. Ganz allein wird sie sich in Paris wiederfinden, allein mit drei kleinen Kindern und im völligen Elend.

»Gott ist gut, gewiß, und Seine Vorsehung wird, so denke ich, eine Mutter und drei Kinder nicht sterben lassen. Allerdings muß ich gestehen, daß ich, wenn ich auch noch ein klein wenig Vertrauen in mich und Ihn, so doch gar keines mehr in die Menschen habe.« (Brief an Ismail Urbain, Ende 1845)*

Dennoch bleibt einer, der ihr das Vertrauen in sich selbst und in die Menschheit zurückgeben wird: Es ist Pierre

* Ein Anhänger des Saint-Simonismus, der zum Islam konvertiert hatte und sein Leben dem Kampf um die Unabhängigkeit Algeriens widmete.

Leroux. Zwei Jahre zuvor hat er in Boussac im Departement Creuse ein Phalanstère gegründet, und zwar mit Hilfe von George Sand, deren Ergebenheit und Bewunderung für den Meister nie nachgelassen haben. Nohant übrigens ist nur einige Wegstunden von Boussac entfernt, wo es ihm gelungen ist, eine Druckerei einzurichten. Wiederum über George Sand hat er den Auftrag erhalten, den *Éclaireur de l'Indre* zu drucken, was ihm ein sicheres Einkommen gewährleistet. Er hat seine Familie – er hat neun Kinder – um sich versammeln können, wie auch seinen Bruder Jules, der Schriftsetzer ist, und an die vierzig treue Jünger, die gekommen sind, um das Leben in der Gemeinschaft zu erproben. Ein System, in dem die Produktionsmittel dem Kollektiv gehören und alle manuell und intellektuell Arbeitenden gleichen Lohn erhalten.

Leroux findet endlich Gelegenheit, die Setzmaschine auszuprobieren, die er als Zwanzigjähriger erfunden hat, aber die Anfänge sind mühselig, obwohl George Sand all ihre Freunde mobilisiert hat, um ihn zu subventionieren. »Das Licht seiner Seele darf in diesem Kampf nicht erlöschen«, schreibt sie, »Furcht und Mutlosigkeit dürfen ihn nicht überwältigen, nur weil ihm einige Banknoten fehlen.«

Auch Pauline ist auf der Suche nach einigen Banknoten, mit deren Hilfe sie nach Boussac aufbrechen könnte, wo Leroux ihr eine Schule zu gründen vorschlägt. Vergeblich versucht sie, das Geld zurückzubekommen, das sie Aicard geliehen hat. »Es handelt sich nicht um eine finanzielle Unterstützung, um die ich in keinem Fall bitten würde. Von den fünfunddreißigtausend Franc, die ich, zusätzlich zu meiner Arbeit, in die Gemeinschaft eingebracht habe, bitte ich um ein Schuldanerkenntnis von siebzehntausendfünfhundert Franc, da ich in dieser Gemeinschaft ja auch nahezu

zwölf Jahre lang die Hälfte der Ausgaben und die Hälfte der Schulden auf mich genommen habe.«
Aicard ergeht sich hierauf in bewegten Worten: »Eine Frau wie Pauline gibt es wohl nur einmal ...« und in Versprechungen: »Du kannst mich immer um alles bitten, was ich habe, aber nicht, weil ich es Dir etwa schulde, sondern weil Du es bist und es meine Pflicht ist. Ich werde für meine Kinder schon sorgen.«
Sie wird von ihm nicht mehr als einen von Jean-François' Vater unterzeichneten Schuldschein über zweitausend Franc erhalten und bald gezwungen sein, alles zu verkaufen, was ihr an Möbeln blieb, und an Lambert einen verzweifelten Hilferuf zu richten: »Mit 500 Franc gehe ich fort von hier. Krank, wie ich in der Seele bin, steht es mir nicht frei, mich an meinen Tisch zu setzen und Artikel herunterzuschreiben, wie ich es früher tat. Und so muß ich mich ... hilfesuchend an meine Freunde wenden ... Wenn ich erst einmal in der Gemeinschaft bin, deren Oberhaupt Leroux bildet, werde ich natürlich für mich und meine Kinder alles frei haben. Ich frage bei Ihnen an, Lambert, ob Sie mir in diesem entscheidenden Fall nicht helfen könnten. Ich glaube, daß mein Heil und das meiner Kinder von meinem unverzüglichen Aufbruch abhängen. Und ich sage Ihnen: Helfen Sie mir, uns in Sicherheit zu bringen, wie ich Ihnen helfen würde, wenn ich Lambert wäre und Sie Pauline.«
Von Lambert kam keine Antwort. Allerdings muß gesagt sein, daß er der Familie bereits viel geholfen hatte! Ihr, die sie so ungern um etwas bittet, und sei es auch nur um das, was ihr zusteht, droht wegen Verschuldung unweigerlich das Gefängnis, und so ringt sie sich dazu durch, Lamberts Schwester Sophie um Hilfe anzugehen. Mit einem herzzerreißenden Hilferuf wendet sie sich an sie: »Nur ein Wort:

Können Sie? Oder können Sie nicht? Ich befinde mich in allerhöchster Sorge: Ich glaubte, noch Zeit bis Mittag zu haben. Doch nun sagt man mir, daß mir nur noch Zeit bis halb zehn bleibt!«

Sophie konnte nicht. Und das bringt sie ihr in demütigenden Worten bei: Wäre Pauline so vernünftig gewesen, sich heiraten zu lassen, wäre sie auch nicht an den Bettelstab gekommen. Ledige Mütter verdienen ihre Strafe.

Da sie nichts mehr zu verkaufen hat, riskiert Pauline, nun mit ihren drei Kindern aus der Wohnung geworfen zu werden. Ihr einziger Halt bei den Saint-Simonisten, Lambert, hat sie im Stich gelassen, und ihr Stolz verbietet ihr, bei Aglaé Hilfe zu suchen. Aglaé übrigens hat sich verehelicht. Indem sie Madame Thomas wurde, ist sie dem Vater zwar weiterhin in absoluter Treue verbunden geblieben, doch die Glaubensfamilie als solche bedeutet ihr nichts mehr. »Es gibt Augenblicke, da wäre ich gerne stumm und würde gerne meine Erinnerung verlieren, denn ich begreife nicht mehr, wie ich so leben konnte.«

In Ägypten ist das große Werk gescheitert und die apostolische Flamme erloschen. Die Franzosen sind in Ungnade gefallen. Ihr Förderer Soliman Pascha wurde nach Syrien ins Exil geschickt und die französischen Beamten abberufen.

Michel Chevalier, des Vaters Kronprinz, der sich geweigert hatte, ihm in den Orient zu folgen, zeigt unverhohlen seine Freude darüber, den Wirren entgangen zu sein, »in denen manche von uns beinahe ihren Verstand verloren hätten«. Die Zeit der Hirngespinste und himmelhochjauchzenden Freundschaften ist endgültig dahin.

Enfantin ist 1837 nach Frankreich zurückgekehrt. Ménilmontant wurde verkauft, doch der Erlös genügte nicht, um die Schulden zu tilgen. Der Bankier und Industrielle Arlès-

Dufour, der der Familie so viele Male schon unter die Arme gegriffen hat, bietet Enfantin eine Stellung in seinem Unternehmen der Seidenindustrie an. Doch der Papst kann ebensowenig »Kaninchenfellhändler wie Pair de France werden«! Einen Augenblick lang hoffte er auf die Protektion des Herzogs von Orléans, dem er endlose Abhandlungen über Industrie, Diplomatie und die Kolonien vorlegte. Der Prinz aber bot ihm lediglich eine Unterpräfektur an. »Warum nicht gleich Bibliothekar in Oran oder Straßenlaternenanzünder in Paris«, bemerkte Enfantin bitter.

Zwei Jahre lang sollte er von einer von seinen Freunden gezeichneten Zivilliste leben, sehr bescheiden allerdings, da er die Hälfte dieser Summe für seine bedürftigen Anhänger verwendet. Von Paulines Lage weiß er nichts. Als Prophet ohne Verwendung und Vater ohne Kinder ist er zum Mythos geworden. Seine Getreuen versammeln sich gelegentlich, doch der Vater erscheint nicht mehr. Und was die Frauen angeht, so sind sie einmal mehr verführt und wieder im Stich gelassen worden. Das ist ganz augenscheinlich ihr Schicksal. Pauline verkörpert dieses Schicksal voll und ganz und in jeder Hinsicht. Der einzige Unterschied zu einem wirklichen Opfer ist der, daß sie es weiß und in allem, was sie durchlebt, einen Sinn und Nutzen findet. Aber sie ist am Ende ihrer Kräfte, als sie mit Moïse und Irma endlich in Boussac eintrifft. Jean, ihr Ältester, ist im Internat, wo er sich als bemerkenswert guter Schüler hervortut. Sie hat dafür immer die vollen Kosten auf sich genommen, indem sie im vorhinein von ihren Einnahmen Geld abzweigte, um ihm in einem guten Gymnasium die bestmögliche Erziehung zu gewährleisten.

Ein neues Leben soll nun für sie beginnen, und nicht unter der Leitung eines Vaters, sondern eines Meisters, der vom

Gedanken an soziale Neuerung, aber auch moralische Vervollkommnung beseelt ist. Sie wird hier zu der religiösen Inbrunst zurückfinden, die sie zum Leben braucht. Und sie wird wieder eine Gesellschaftstheorie vorfinden, die ihr, wenn sie auch nicht das Format der Saint-Simonschen Theorie besitzt, zumindest die Angst ersparen wird, während sie ihr ein Betätigungsfeld bietet, das ihrer Begabung geradezu ideal entspricht.

Die schönsten Jahre ihres Lebens wird sie hier verbringen.

Boussac, das glückstrahlende Phalanstère

Pierre Leroux, von dem sich Victor Hugo zu seiner Romanfigur Enjolras in den *Elenden* inspirieren lassen sollte, war ein naiver, populistischer Philosoph, der, wie Michelet erklären wird, »den Himmel auf Erden schaffen« wollte. Doch für die praktischen Dinge dieser Welt war er leider völlig untauglich. Von Grund auf gegen Enfantin, dessen Moralvorstellungen er mißbilligte, bewunderte er allerdings Saint-Simon, und seine Analyse der Malaise der Gesellschaft erinnerte nicht von ungefähr an eine gewisse Parabel, die Saint-Simon berühmt gemacht hatte:

»Vor dreihundert Jahren warst du Leibeigener, warst du Sklave«, erklärt Leroux dem Industriearbeiter. »Ein Mann im Harnisch war es, der dich als Sklave hielt. Heute nun ist dieser Mann ein Kapitalist und unfähig, das Gewicht einer Rüstung zu tragen, doch darum wirst du nicht minder Sklave sein. Die Mehrheit der Franzosen hängt von den Entscheidungen von zweihunderttausend Kapitalisten ab.«

Leroux akzeptiert deswegen aber noch keineswegs den Kommunismus, für den das Individuum nicht zählt und nur zum Rädchen im Getriebe einer Staatsmaschinerie wird. Er predigt eine Art Gemeinschaftsdemokratie, die sich auf die

Solidarität, eine sozialistische Idee, gründen soll und nicht mehr auf die Barmherzigkeit, eine christliche Idee, die nur allzu oft persönlichem Ermessen, das heißt dem Egoismus eines jeden einzelnen überlassen wird.

Kaum daß sie sich in Boussac niedergelassen hat, wird Pauline die Leitung der Schule übertragen, wo sie ihr egalitäres Programm wird anwenden können. Sie arbeitet auch bei der Zeitschrift *Revue sociale* mit, anonym allerdings, denn sie will nicht, daß Aicard ihren Zufluchtsort kennt. Ihre Freunde, Béranger und Jean Raynaud, wissen, wo sie ist. Bald wird sie auch zum leitenden Komitee des *Éclaireur* gehören, einem politischen Wochenblatt, das Leroux soeben zurückgekauft hat.

Sie fühlt sich zu Hause in Boussac: Sonntags wird, genau wie früher in der Rue Monsigny, Liebe, Frieden und Solidarität gepredigt. Sie arbeitet fünfzehn Stunden am Tag, aber sie hat ihre Kinder bei sich, und sie hat ihr Auskommen. Dieses ganze Jahr 1847 verbringt sie wie in einer hermetisch abgeschlossenen Luftblase, in der die Macht des Geldes und allen Übels gebannt scheint.

»Ich bin glücklich, ganz und gar glücklich über die Wahl, die ich getroffen habe. Ich will in dieser Gemeinschaft, in der ich mich befinde, meine Tage beschließen ... zumindest hoffe ich das. Hier führt man sein Leben auf die beste Weise, wie sie Menschen mit Herz nur gegeben ist«, schreibt sie an Maître Audemar in Toulon, den Zeugen düsterer Tage, der ihr ein Freund geblieben ist.

Wer hätte nicht schon einmal in seinem Leben davon geträumt, in Gemeinschaft zu leben, sich der Last der Einsamkeit und der Angst vor dem Morgen zu entledigen?

Die Phalanstères haben in der Tat etwas vom Paradies auf Erden an sich: Ganz ohne Zweifel entsprechen sie dem ältesten verlorenen Wunschtraum der Menschheit. Vielen Utopisten lag übrigens daran, welche zu gründen, um daraus den Schaukasten, das lebendige Museum ihrer gesellschaftlichen Theorien zu machen.

»Die Spielwiesen des Glücks sind immer dünner gesät«, sollte André Breton ein Jahrhundert später in seiner *Ode à Charles Fourier (Ode an Charles Fourier)* schreiben. Gegen Mitte des neunzehnten Jahrhunderts erlebten jene Spielwiesen des Glücks hier und da eine wahre Blütezeit, da sie sich vom Projekt des genialsten Wegbereiters der Utopie, Charles Fourier, inspirieren ließen. Ein Projekt, das in erster Linie auf die von ihm erdachten neuen Gesellschaftsstrukturen abzielte, sich jedoch auch um Architektur und Umwelt, also für jene Zeit völlig neue Ideen, bemühte. Der Empfindlichkeit der Natur und der Bedeutung des Lebensraumes für das Wohlbefinden des Menschen überaus bewußt, hatte er alle Einzelheiten seiner Harmoniegesellschaft vorher bedacht, deren Dörfer beispielsweise nicht mehr als tausendeinhundertfünfzig Einwohner umfassen durften, eine Zahl, die er für eine Gemeinschaft als ideal befunden hatte! Für die Gebäude empfahl er eine Bauweise in Form eines Hufeisens, das sich auf bedeckte und geheizte Galerien hin öffnen sollte, um zu jeder Jahreszeit den Kontakt zwischen den Einwohnern zu fördern. Und auch einen mit Bäumen bepflanzten Hof sollte es geben, der das lebendige Herz der Lebensgemeinschaft darstellen würde.

Einige dieser Phalanstères haben lange genug überlebt, um einen Namen, ein Stückchen Sehnsucht in der Erinnerung der Menschen zu hinterlassen.

Das von Fourierschen Schülern gegründete Phalanstère Condé-sur-Vesgre enttäuschte leider die Erwartungen des Meisters. Von Medizinern und Intellektuellen betrieben, die sich auf die Aufzucht von Ziegen und die Herstellung von Holzschuhen umgestellt hatten (eine regressive Wahnvorstellung, so scheint es, die man aber bei den Enttäuschten vom Mai'68 wieder zutage treten sieht!), stand es bald vor dem Ruin. Trotz Fouriers verzweifelter Mahnungen brachten die Phalanstèremitglieder, ob nun aus Ungeschicklichkeit oder unglaublicher Naivität, das gesamte Vorhaben zum Scheitern.

Die von dem englischen Utopisten Robert Owen geschaffenen Gemeinschaften hingegen bewiesen, daß diese Art Experimente durchaus manchmal gelingen konnten, vorausgesetzt, sie wurden von einem wirtschaftlich denkenden Unternehmer und nicht von weltfremden Träumern geleitet. Sein Phalanstère im Staate Indiana sollte über drei Jahre funktionieren. Berühmter aber wurde seine Modelltextilfabrik von New Lanark in England, wo für alles gesorgt war: für die Unterkunft der Arbeiter, die Erziehung ihrer Kinder, wobei Jungen wie Mädchen gleich behandelt wurden, berufliche Ausbildung wie auch Gewinnaufteilung. Aus etlichen Ländern Europas kamen Abgesandte der ersten Arbeitervereine, um sich über dieses geglückte Experiment der Gewinnbeteiligung zu informieren, das leider zu seiner Zeit einzigartig blieb, da es zugleich Imagination und ein Bewußtsein der sozialen Ungerechtigkeit erforderte, was bei den Besitzenden nur wenig verbreitet war.

Die junge Stickerin Désirée Véret, eine Freundin von Pauline Roland, gehörte zu einer solchen Abordnung, die New Lanark besichtigen kam, und fühlte sich dort zutiefst beeindruckt durch die Entdeckung, daß Arbeit nicht notgedrungen gleichbedeutend mit Ausbeutung und Elend sein mußte. Ihrem ältesten Sohn sollte sie später den Vornamen Owen geben.

In Nauvoo, Texas, wird der »kommunistische« Utopist (das Wort existierte noch nicht) Etienne Cabet eine berühmte Gemeinschaft, Ikarien genannt, gründen, die trotz der Zwistigkeiten und der Feindseligkeit der Nachbarschaft dreißig Jahre überdauern sollte. Mitten in der Revolution von 1848 schifften sich die siebzig ersten ikarischen Siedler in Le Havre ein, um zum Klang eines jener Lieder, die im neunzehnten Jahrhundert für alle Ereignisse, ob patriotische oder private, die rhythmische Begleitung bildeten, in einem neuen Land eine ideale Gesellschaft zu gründen. Ein Lied, das die unerreichbare Hoffnung der Pilger deutlich widerspiegelte:

Die Stunde des Erwachens schlägt!
Wenn erst der Strand Amerikas das Banner
Der heiligen Gemeinschaft trägt,
Kein Leid, kein Laster kann mehr dauern,
Kein Schmerz, kein Frevel, der verletzt;
Nun, Proletarier, laß das Trauern,
Erhabne Gleichheit waltet jetzt!

Auch das »Familistère« von Godin (dem Erfinder des berühmten Godinschen Ofens, der Generationen von Franzosen wärmte) sollte erwähnt werden, das er 1846 in Guise, im Departement Aisne, zusammen mit seinen eintausendzweihundert Arbeitsgenossen entstehen ließ und das mehr als fünfzig Jahre funktionierte.
Ganz im Gegensatz zu den trostlosen Stadtrandzonen, den Einwanderergettos und den Schlafstädten hatten die Phalanstères den Ehrgeiz, nicht nur dem »Übel aller ein Ende zu setzen, sondern auch das Glück eines jeden zu gewährleisten«, wie Cabet es im Sinn hatte. Ihnen gebührt der Ruhm, den *Cités radieuses* von Le Corbusier, den sie inspirierten,

und auch den Niemeyerschen Baukomplexen in Brasilia um ein Jahrhundert voraus gewesen zu sein.

Derselbe Traum vom Glück war es, wie ihn die Hippies mit den Lebensgemeinschaften der sechziger Jahre wiederaufleben ließen, von denen die bekannteste Big Sur in Kalifornien war. Sie trug den utopischen Namen »Togetherness«, »Zusammensein«, und ihr Gründer bezeichnete sich als Fourierist, obwohl er sich gleichzeitig dazu bekannte, ihn nie gelesen zu haben. Die Architektur übrigens entsprach Fouriers Vorstellungen: Bauweise im Halbrund mit einbezogenem Terrain für das Gemeinschaftsleben, private Appartements für die Paare und Gemeinschaftsräume, die, ein wenig nach dem Vorbild der Kibbuzim, auch den Besuchern offenstanden.

Leider sind alle *Cités radieuses,* all die Ikarien und andere Phalanstères, die so viele Idealisten und Enttäuschte anzogen, an denselben Hindernissen gescheitert: Ursprüngliche Unschuld, Rousseaus guter Wilder und die Nächstenliebe sind nur Lockmittel, und der gute Wille wie auch verbissene Arbeit einiger weniger genügen nicht, um die Trägheit, Inkompetenz und den Egoismus der anderen aufzuwiegen. Doch die Mißerfolge werden nichts daran ändern. Der Traum von einer idealen Gemeinschaft ist tief verankert in unseren hartnäckigsten Illusionen: »Eine Weltkarte, die kein Utopia aufweist, ist nicht einmal einen Blick wert, denn sie vergißt von allen Landstrichen gerade denjenigen, nach dem die Menschheit immerzu hinstrebt« (Oscar Wilde).

Wie alle Theoretiker ist Pierre Leroux ein miserabler Geschäftsmann. Er will billige Bücher verlegen und gleichzeitig allen Anhängern und vom Leben Mißhandelten, die in Boussac Zuflucht gesucht haben, zu ihrem Auskommen verhelfen. George Sand verläßt manchmal der Mut, ihm immer wieder unter die Arme zu greifen: »Und auch ich habe dreißig Personen zu ernähren und viel mehr sogar … Aber kann ich denn seine Bürde tragen *und* die meine? Ich habe keine zwei Leben, sonst hätte ich ihm eines davon gegeben, das wissen Sie«, schreibt sie an einen Freund.

Die Landwirtschaft in Boussac erweist sich als noch schlimmeres Verlustgeschäft als vorhergesehen, und die Druckerei, die sie eigentlich hatte finanzieren sollen, steht auf wackligen Beinen. Im Januar 1948 ist Leroux gezwungen, nach Paris zu reisen, um finanzielle Unterstützung für sein Unternehmen zu finden, das heißt, einige von ebenjenen zweihunderttausend Kapitalisten um Hilfe anzugehen, die er verurteilte.

Es ist ein Paris, das nach dem schrecklichen Winter 1847/1848 unruhige Zeiten durchlebt. In ganz Europa sind die Ernten katastrophal ausgefallen, eine rätselhafte Krankheit hat die Kartoffeln verfaulen lassen, über eine Million Iren mußten den Hungertod sterben, und in den Industriestädten zertrümmern die Arbeiter, von denen die Hälfte arbeitslos ist, die »Maschinen«.

Guizot, seit acht Jahren faktisch an der Spitze der Regierung, beginnt sich über die Unzufriedenheit der Arbeiter Sorgen zu machen. Sechs Millionen sind es inzwischen, und Blanqui und Barbès, die Anführer der revolutionären Republikanerbewegung, stützen die ersten Arbeitervereine, die als rechtswidrig gelten, da das Gesetz sie als Verschwörungen gegen den Staat ansieht.

In *Les Classes ouvrières en France pendant l'année 1848 (Die Arbeiterklassen in Frankreich während des Jahres 1848;* d. Übers.) gibt Adolphe Blanqui eine erschreckende Schilderung der Not des Proletariats: Die Bauern, die in Massen vom Land in die Städte geströmt waren, um in den Fabriken zu arbeiten, wissen nicht, wovon sie leben sollen, da die Löhne um ein Viertel gesenkt worden sind. In Lille verdient ein Kardierer 2 Franc am Tag, eine Spitzenklöpplerin 11 bis 15 Centimes. Das Pfund Brot allerdings kostet 10 Centimes. Man muß betteln oder sich prostituieren, um sich satt essen zu können. Der einzige soziale Fortschritt war im Jahre 1841 das Gesetz gewesen, das die Arbeit für Kinder unter acht Jahren verbot, doch es wurde, mangels Kontrollen, nicht befolgt. Viele hatten darin übrigens nur eine gefährliche Konsequenz des Saint-Simonismus gesehen: »Ein Fabrikant ist ein unabhängiger Mensch«, erinnerte ein Parlamentsabgeordneter die Zuhörertribüne. »Er ist Souverän in seinem Unternehmen. Wer wird für seine Verluste einstehen, wenn er, infolge Ihrer Maßnahmen, solche erleidet? Alles muß meiner Ansicht nach seinem freien Urteil überlassen bleiben. Sie wollen mir etwas über die gesundheitliche Zuträglichkeit der Werksanlagen erzählen? Dagegen können Sie nichts tun. Und kümmert man sich denn um die Hygiene in den Wohnhäusern?«

Alles scheint bereit für eine explosive Reaktion des Volkes, die unter der Einwirkung von Republikanern und Sozialisten zu einer Revolution gegen die Gesellschaft der Besitzenden werden wird.

In ganz Frankreich setzt sich die »Bankettkampagne« für eine Reform des Wahlrechts ein. Im Dezember 1847 wird Pierre Leroux der Vorsitz des Banketts von Limoges angeboten, doch dieser lehnt ab, um sich keiner politischen Partei anschließen zu müssen. Seine Lehre ist eine Gesellschaftslehre und nicht das Programm der einen oder anderen Partei.

Im Februar '48 gehen die Arbeiter auf die Straße und beginnen Barrikaden zu errichten. Die an der Porte Saint-Denis wurde von dreitausend Mann verteidigt. Ihnen gegen-

über standen dreißigtausend Soldaten mit dem Befehl, die Ordnung aufrechtzuerhalten.
Angesichts der bedrohlichen Lage trennte sich König Louis-Philippe von seinem beim Volk allzu unbeliebten Minister Guizot und berief den Grafen Molé wieder ins Amt, der die Reform versprach. Ruhe schien wieder eingekehrt, als ein unvorhergesehener Vorfall das Pulverfaß zur Explosion brachte: Auf einen Soldaten wurde ein Schuß abgegeben, die Nationalgarde erwiderte das Feuer, und binnen weniger Minuten zählte man sechsunddreißig Tote. Durch ganz Paris wurden die Leichname von der wutentbrannten Menge getragen, und am darauffolgenden Tag bestand die Hauptstadt aus einem Wald von Barrikaden.
Hierauf entließ Louis-Philippe wieder den Grafen Molé und setzte Thiers ein, aber es war zu spät. Die Aufständischen forderten die Republik und besetzten bereits die Tuilerien. Zwei Regimenter schlugen sich auf die Seite der Arbeiter. Der König flüchtete nach England und dankte zugunsten seines Enkels, des Grafen von Paris, ab. Doch ohne lange Zeit zu verlieren, hatten die Aufständischen eine provisorische Regierung ernannt, bestehend aus Lamartine, Arago, Ledru-Rollin, dem Sozialisten Louis Blanc und dem Arbeiter Albert, deren erste Sorge es war, die Republik auszurufen.
»Gemeinsam werden wir das erhabenste aller Werke der Dichtkunst schaffen!« rief Lamartine aus, als er vor dem am Rathaus versammelten Volk eine Ansprache hielt, und scheute sich nicht, sich dabei jenes hochtrabenden Stils zu bedienen, der auch der der Utopisten und Romantiker aller Gesinnungsrichtungen war.
Innerhalb weniger Tage werden nun große Entscheidungen getroffen: Die Todesstrafe wird abgeschafft, ebenso wie auf Schoelchers Vorschlag hin die Sklaverei in den Kolonien; die

Presse- und Versammlungsfreiheit wird wiederhergestellt, das Wahlrecht auf alle Franzosen ausgedehnt. 1789 waren es nur zweihundertvierzigtausend, die wählen durften, 1848 werden es mit einem Federstrich plötzlich neun Millionen sein!

Die Kunde von der Revolution hatte das Tor zu unermeßlichen Hoffnungen geöffnet. »Wir sind alle Brüder, wir müssen alle gemeinsam glücklich werden«, verkündete Pierre Leroux. »Das Volk von Paris ist groß und für alle Zeiten bewundernswert. Innerhalb von drei Tagen hat es der Menschheit eine neue Ära eröffnet.« Der Ausrufer von Boussac verkündet die Bildung der provisorischen Regierung; der Bürgermeister, Monsieur Narbonne, legt sein Amt nieder, und man schreitet am 27. Februar zu neuen Kommunalwahlen. Pauline Roland hat sich an Leroux' Seite im Rathaus um eine Wählerinnenkarte bemüht. Der Gemeinderat von Boussac befindet darüber am 19. April 1848 und erklärt einstimmig, er könne Madame Marie Désirée Pauline Rolands Einschreibung in den Wählerlisten nicht vornehmen. Man ist nämlich der Meinung, »daß, wiewohl die Frau von den Akten der Gesellschaft, deren Mitglied und Schmuck sie ist, in moralischer Hinsicht keineswegs ausgeschlossen bleibt, sie an den verschiedenen Wahlen indessen nur in Herz und Geist Anteil nehmen kann«. Pauline fordert eine gebührenpflichtige Verwarnung wegen dieser Ablehnung, um ihr Symbolwert zu verleihen. Wieder einmal war die Revolution nicht für die Frauen gedacht! In der Tat hat die Regierung beschlossen, am Code Napoléon nichts zu ändern: Die Frauen werden also weiterhin mit Straffälligen, Minderjährigen und Geistesgestörten gleichgesetzt und genießen nicht mehr Rechte als ebenjene.

Pierre Leroux hingegen wird gewählt und läßt am 5. März

einen Baum der Freiheit vor seinem Bürgermeisteramt pflanzen. Auch in die Constituante wird er am 8. Juni 1848 gewählt, und zwar mit 90 000 Stimmen, vor Victor Hugo, Louis-Napoléon Bonaparte und Proudhon. Man erkennt auf diese Weise, durch welche Mechanismen die weiblichen Bestrebungen, ob große oder kleine, auf nationaler Ebene wie auf bescheidenster Gemeindeebene, im Keim erstickt werden durch die schlichte Unmöglichkeit, den Status der Staatsbürgerin zu erlangen. Man versteht nun manche Exzesse, manche abwegigen Stellungnahmen besser, die den Frauen vorgeworfen werden, die aber nur der Reflex ihrer Ohnmacht und ihrer Frustrationen sind.

Auch George Sand hat bei der Meldung der Ereignisse Nohant verlassen, um sich nach Paris zu begeben. »Ich habe gesehen, wie sich die letzten Barrikaden vor meinen Füßen öffneten ... Ich habe das große, erhabene, naive, edeldenkende Volk, das Volk der Franzosen gesehen ... das bewundernswürdigste Volk der Welt!«

In Boussac festgehalten, war es Pauline nicht möglich, sich an den von Jeanne Deroin, Eugénie Niboyet und Désirée Gay (ehemals Désirée Véret) unternommenen Aktionen zu beteiligen, doch sie bereitete mit Feuereifer in ihrer Zeitung *L'Éclaireur* die Wahlkampagne vor. »Um erstarken zu können, bedarf die Republik der Landbevölkerung, die sich erheben muß, um sie vor der Bourgeoisie zu schützen«, schreibt sie in einem Leitartikel. »Sucht Eure Kandidaten für die Nationalversammlung auf keinen Fall in den Reihen der Bourgeoisie, sondern sucht sie in Euren eigenen: Nominiert Bauern, Arme und Arbeiter!«

Anfangs war alles eitel Einigkeit. Die Priester segneten die Bäume der Freiheit, und alle politischen Gesinnungen, von den Liberalen bis hin zu den Sozialisten, konnten sich frei

zum Ausdruck bringen. Die von Lamartine versprochene Poesie hatte sich eingestellt, gewiß, doch vor dem Hintergrund von Hungersnot und Finanzkrise. Die Börse ist zusammengebrochen, weil die monarchistische Bourgeoisie ihr Geld von den Banken abgehoben hat. Und diesen bleibt bald nichts anderes übrig, als ihre Schalter zu schließen und der provisorischen Regierung damit das Würgeeisen anzulegen. Der Finanzminister Garnier-Pagès sieht sich gezwungen, die Steuern um fünfundvierzig Prozent zu erhöhen! Die Landbevölkerung wird sich nun gegen diese Republik wenden, die ihre Bauern und Arbeiter aushungert, von denen ohnehin schon jeder zweite arbeitslos ist, und die ihr Recht auf Arbeit und Nationalwerkstätten zur Arbeitslosenversorgung fordern.
Die Wahlen, es sind die ersten, bei denen allgemeines Wahlrecht gilt, finden in diesem wirren Kontext statt. Die Konservativen haben die Angst vor neuen Unruhen ausgespielt: Überall, außer in den Industriestädten, ist es den Notabeln und den Geistlichen gelungen, die Gemäßigten wiederwählen zu lassen. Sie tragen einen überragenden Wahlsieg über die Sozialisten davon, die nur hundert von achthundertachtzig Sitzen erhalten. Die bürgerlichen Parteien hatten auf legalem Wege die Macht wieder an sich gezogen, und die Arbeiter werden sich bald darüber klar, daß sie manipuliert worden sind. Die Krawalle setzen jetzt erneut und um so heftiger ein. Die kaum gewählte Nationalversammlung wird im Namen des Volkes, das eine Gegenregierung ausruft, aufgelöst. Eine neuerliche Kraftprobe ist unvermeidlich. Und diesmal ist die Stunde der Poesie endgültig vorüber. Lamartine persönlich ist es, der hoch zu Roß die republikanische Garde um sich versammelt und gemeinsam mit Ledru-Rollin die schreckliche Entscheidung fällt, die Polizei

auf die Aufrührer loszulassen. Cavaignac, der zum Kriegsminister ernannt wurde, läßt Blanqui, Barbès und den Arbeiter Albert verhaften und stellt seine Truppen in Schlachtordnung vor den vierhundert Barrikaden auf, die in den Pariser Arbeitervierteln errichtet worden sind.

Am 23. Juni findet im Faubourg Saint-Antoine der Angriff statt. Mehrere Generale finden dabei den Tod, doch es ist ein zu ungleicher Kampf. Am 26. werden die Aufrührer zerschlagen und niedergeworfen. Man zählte elfhundertsiebenundvierzig Tote, fünfzehntausend Personen werden festgenommen und viertausend von ihnen nach Algerien deportiert.

Das Volk ist entmutigt. Die Arbeiter können eine Republik, die sie zum Schweigen gezwungen hat, nicht mehr anerkennen. Sie sind bereit, widerstandslos zu akzeptieren, daß die Demokratie personalisierter Macht geopfert wird. »Die Gewehre des Generals Cavaignac hatten nicht nur die Träume der utopischen Sozialisten zerstört, sondern auch die eines Lamartine und Ledru-Rollin.«*

Am 10. Dezember desselben Jahres erhielt Prinz Louis-Napoléon 5 400 000 von 7 500 000 Stimmen, und der Neffe von Kaiser Napoléon wurde Präsident der Zweiten Republik.

Unmittelbar danach wurde der Zehnstundentag (diese »Faulheitsprämie«, wie ein konservativer Abgeordneter bemerkte) abgeschafft, man kehrte zum Zwölfstundentag zurück. Und durch das Gesetz vom Mai 1850, demzufolge man, um wählen zu dürfen, drei Jahre lang in derselben Gemeinde wohnhaft gewesen sein mußte, wurden drei Mil-

* *Histoire de France* (*Geschichte Frankreichs*, d. Übers.) von Pierre Miquel, Fayard, 1976.

lionen gefährliche Wähler von den Urnen abgedrängt. Die Industriearbeiter, die häufig Arbeitsplatz und Wohnsitz wechselten, wurden somit mundtot gemacht, während die konservativen ländlichen Gemeinden die volle Wählerschaft bildeten. Auf diese Weise entledigte man sich des Pöbels, ohne das Prinzip des allgemeinen Wahlrechts antasten zu müssen.

Um jeden neuerlichen Volksaufstand zu unterbinden, wurde der Belagerungszustand aufrechterhalten, private Versammlungen wurden untersagt, Geheimbünde aufgelöst und die Pressefreiheit durch ein Gesetz nach Maß, das »Gesetz Rouher«, aufgehoben. Es erhöhte beträchtlich die obligatorische Kaution, die jede Zeitung zu leisten hatte, wie auch die Publikationsgebühren und verurteilte auf diese Weise die mittellosen Zeitungen, das heißt die Oppositionspresse, die ohnehin schon nur dank unentgeltlich arbeitenden Mitarbeitern zu überleben vermochte, zum Tode.

Und als letzter Streich dieser Restauration sei das »Gesetz Falloux« zum Schulwesen genannt, das die Wiedereinführung der Religion in der Erziehung anstrebte. »Es mußte«, so trat Montalembert für die Sache ein, »dem Pfarrer geholfen werden, die Ordnung gegen den Schullehrer zu verteidigen, der nur davon träumte, sie durch Verbreitung sozialistischer Lehren zu stören.«

Im Laufe des Jahres der großen Hoffnung, 1848, hatte der ehemalige Saint-Simonist Hippolyte Carnot, der zum Erziehungs- und Kultusminister ernannt worden war, das weltliche und bis zum vierzehnten Lebensjahr obligatorische Bildungssystem eingeführt. Noch bevor es überhaupt zur Anwendung gelangte, wurde dieses Projekt durch das des Grafen Falloux abgelöst. Binnen kurzer Zeit wurden sechshundert Lehrer aus dem Dienst entfernt, und Hunderte von religiösen Schulen öffneten ihre Tore. Durch einen geschickten Kunstgriff stellte man das »Gesetz Falloux« als ein Gesetz für freies Unterrichtswesen hin, während es doch gerade das Recht auf freie Meinungsäußerung ablehnte! Zynisch wie immer, gab sich Thiers nicht einmal die Mühe, seine Absichten zu verschleiern:

»Die Lehrer sind fünfunddreißigtausend Sozialisten und Kommunisten. Dagegen gibt es nur ein Mittel: Das gesamte Grundschulwesen muß ausschließlich und bedingungslos der Kirche anvertraut werden. Ich verlasse mich ganz auf die Geistlichkeit, daß sie diese gute Philosophie schon gebührend propagieren wird, die da dem Menschen beibringt, daß er hier ist, um zu leiden.«

Guizot, der den Arbeitern zu Ergebenheit rät, Pius VI., der den Frauen Opfergeist und Stillschweigen nahelegt, und Thiers, der die Unterwerfung der Menschen, der armen zumindest, ihrem Schicksal gegenüber wünscht – drei Gesichter ein und derselben politischen Philosophie, die im Gegensatz zur Lehre der Hoffnung steht, die der utopische Sozialismus der Welt gegeben hatte.

Durch diese Rückkehr zur alten Ordnung fühlte sich Pauline doppelt getroffen. Zunächst einmal wurde die Produktion des *Éclaireur* eingestellt, da die Redakteure die Kaution nicht mehr zahlen konnten. »Man zwingt die Armen zu schweigen«, schrieb Pauline und zitierte damit Lamartines empörte Protesterklärung. Dann, infolge des finanziellen Zusammenbruchs der Gemeinde, Pierre Leroux' Abwesenheit und des Mißkredits, der die weltlichen Schulen belastete, sah sich auch noch die Schule von Boussac gezwungen zu schließen.

Einen Augenblick lang erwog Pauline, auf die Landstraßen hinauszuziehen, um wie Flora Tristan überall den Zusammenschluß und die Befreiung der Arbeiter aus ihrer Bevormundung zu predigen. Doch sie hat Geschmack gefunden am Gemeinschaftsleben, und die Einsamkeit schreckt sie. Sie hat ihre Ideale nicht aufgegeben, aber ihre Mißerfolge haben sie, insbesondere in moralischer Hinsicht, in der sie unter des Meisters Einfluß geraten ist, vorsichtiger gemacht. Ein Meister übrigens, den die eigene moralische Strenge zuweilen auf recht abwegige Ideen bringt ... So hat er im Januar '49, anläßlich des das passive Wahlrecht einschränkenden Gesetzes, nicht gezögert, zu verlangen, daß der Liste der Nichtwählbaren auch ehebrecherische Ehemänner hinzugefügt werden sollten! Das überraschendste daran ist, daß Pierre Leroux bekam, was er wollte, und der Zusatzartikel angenommen wurde, worüber sich die satirische Presse offen lustig machte, indem sie aus Mangel an treuen Ehemännern unbesetzte Wahlausschüsse abbildete!

Ein klägliches Detail, das einmal mehr vor Augen führt, daß die meisten Revolutionen Sache von Puritanern waren, angefangen bei Robespierre bis hin zu Lenin, was ein Licht lebensfroher Sinnlichkeit auf die Experimente eines Fourier oder Enfantin wirft, wie auch immer die Konsequenzen daraus für manch einen aussahen. Es liegt auf der Hand, daß individuelle Freiheit in jedem politischen System einen Anlaß zu Unruhe darstellt. Vor allem die der Frauen, denn sie bedroht die bisherige Grundfeste einer jeden Gesellschaft selbst: die patriarchalische Ordnung.

In sittlicher Hinsicht und trotz den Irrungen ihrer Jugend war übrigens auch Pauline eine Puritanerin, da sie von dem Augenblick, da man über seinen Glauben entschieden hat, an die Treue glaubte. Das beweist ihre lange Liaison mit Aicard. Doch sie hat immer die Freiheit des anderen respektiert, selbst wenn sie das mehr als das Leben kosten sollte.

Nunmehr Leroux' strahlender Protektion beraubt, muß sie sich mit ihren vierzig Jahren als mehrfache ledige Mutter, alleinstehende und arbeitslose Frau und hartnäckig umstürzlerische Journalistin allein zurechtfinden. Und dies in einer Gesellschaft, die die Angst erbarmungslos gemacht hat und für die sie sämtliche Exzesse einer Romantik und eines Sozialismus verkörpert, die fortan alles andere als gefragt sind.

Eine erbarmungslose Welt

Da sie gezwungen war, Boussac zu verlassen, hat Pauline sich damit abgefunden, »mit verzweifeltem Mut, aber auch unsäglicher Traurigkeit …«, ihr Leben in der Öffentlichkeit wiederaufzunehmen. Bereits im Dezember 1848 begab sie sich nach Paris, nachdem man sie eingeladen hatte, sich beim demokratischen Bankett des 3. Arrondissements für ein Thema, das ihr sehr am Herzen lag, einzusetzen: die Gleichheit im Unterrichtswesen für Kinder beiderlei Geschlechts und aller Gesellschaftsschichten. Diese Frage ist es, in der sie die neuartigsten Ideen bekundet, denn sie ist überzeugt davon, daß es fruchtlos ist, nach einem besseren Schicksal für die Armen und irgendeiner Art von Emanzipation für die Frauen zu streben, wenn man nicht allen, und zwar von Kindheit an, wenigstens ein minimales Rüstzeug mitgibt: Lesen, Schreiben, Rechnen.

Das Unterrichtswesen ist ein Thema, das damals wie heute Unfrieden schafft. Im Jahr 1848 herrschte eine spannungsgeladene Atmosphäre. Der Schulbesuch war weder Pflicht noch kostenlos, der Unterricht wurde mangels geeigneter Räumlichkeiten oft in Ställen abgehalten, und die Lehrer bezogen nur ein kümmerliches Gehalt.

Pauline Guizot, die Frau des Ministers für staatliches Schulwesen, hatte siebzehn Jahre gebraucht, um bei ihrem Mann endlich zu erreichen, daß die Schule auch für die Mädchen Pflicht wurde, denn nur jede zehnte kann lesen, während jeder dritte Junge eine schulische Bildung genossen hat. Doch da es keine Ausbildungsstätten für Lehrerinnen gibt, zögern die Familien, sich an Lehrkräfte ohne allgemeingültige Ausbildung zu wenden.

Pauline Roland hätte gewünscht, daß das Schulwesen dem Staat und nicht der Kirche überantwortet worden wäre, um den Menschen wirklich frei zu machen, das heißt zu befähigen, sogar gegen die Erziehung, die man ihm angedeihen ließ, anzukämpfen! »Die Erziehung muß so ausgerichtet sein, daß in einem jeden eine gewisse, das menschliche Individuum ausmachende Universalität entwickelt wird und zugleich jeder einzelne in die Lage gesetzt wird, einen oder mehrere künstlerische oder wissenschaftliche Berufe auszuüben. Das sozialistische Schulwesen sollte ein Kind seiner Eignung und nicht seiner familiären Herkunft nach anleiten.«

Eine große Neuheit in diesem Projekt war die allgemeine Einführung von Kinderkrippen, die bis dahin einzig als Asyl für Kinder armer Leute gedient hatten. Pauline weist darauf hin, daß ein Kind so oder so von seinen Eltern getrennt lebt, da die Kinder des Mittelstands außer Haus in Pflege gegeben und die der Oberschicht von Domestiken großgezogen werden. Die Kinderkrippe, die acht Stunden am Tag betrieben würde, hätte den Vorteil, die arbeitenden Frauen zu entlasten und überdies schon im frühesten Alter mit der Erziehung zu beginnen.

Für diese Aufgabe sei es zweckmäßig, auf die amtlich bestellten Pflegemütter zu vertrauen, denn sie zumindest würden die nötige Berufung und Ausbildung haben, während die Mütter sie nicht immer hätten. Auch hier bekennt sich Pauline zu fortschrittlichen und für ihre Zeit inakzeptablen Ideen, die im übrigen noch heute viel Feindseligkeit wecken.*

Die Weigerung, die natürliche Bestimmung der Frau in der Mutterschaft zu sehen, erscheint immer noch wie ein Sakrileg.

»Die Mutterschaft ist eine der Aufgaben einer Frau, eine heilige, ja sogar unwiderlegbare Aufgabe; doch zu keiner Zeit könnte sie als ihre einzige Aufgabe angesehen werden«, schreibt sie kühn.

Zehn Jahre später sollte die französische Sektion der Internationalen in London folgende Erklärung abgeben: »Der Platz der Frau ist am häuslichen Herd, die Natur hat sie zur Amme und Hausfrau bestimmt«; was beweist, in welchem Maße sich der Kommunismus im Verhältnis zum utopischen Sozialismus rückschrittlich verhielt und, nicht ohne Erleichterung, zu beruhigenden Stereotypen der Weiblichkeit zurückkehrte.

»Man muß darauf bedacht sein, die Frau in ihrer Rolle als Muttertier nicht voll und ganz in Anspruch zu nehmen«, drängte Pauline hartnäckig, »die mütterliche Aufgabe ist nicht ihre einzige.«

Die Verantwortlichen für das früheste Kindesalter sollten mit größter Aufmerksamkeit ausgewählt werden, da jede Erziehungsetappe gleichermaßen von Bedeutung sei. Sie hat Enfantins Grundsätze nicht vergessen und empfiehlt daher, keine züchtigen Nonnen für diese Aufgabe zu wählen, sondern Frauen, bei denen sich Körper wie Geist frei entfalten konnten. »Es ist von größerer Bedeutung, als man oft meint, unverheiratete Pflegemütter zu meiden, da die Ehe-

* Siehe z.B. *L'Amour en plus* (Die Mutterliebe) von Elisabeth Badinter, Flammarion 1980.

losigkeit unerbittliche Strenge oder düstere Leidenschaftlichkeit im Herzen weckt.«

Eine besondere Bedeutung wird dem Kindergarten für Kinder zwischen drei und sechs Jahren beigemessen. Hier soll das sokratische Ideal Anwendung finden: im Kind die Lust zum Lernen zu wecken, statt sein Gedächtnis zu überlasten. Im Alter von sechs Jahren etwa müsse dann auf Gleichheit im Unterrichtswesen geachtet werden, damit die Kinder der Armen nicht von vornherein auf die Schinderei an den Maschinen verwiesen würden, »so als käme es für das Wohl aller darauf an, daß der Mensch völlig hinter dem Arbeiter verschwindet«. Gleichheit auch für beide Geschlechter: »Wir wollen, daß die Frau, genau wie der Mann, als freies, vernunftbegabtes Wesen erzogen wird, das sich selbst gehört und durch seine Arbeit, seine Liebe, sein Denken und seinen Charakter unabhängig ist und nicht als das Anhängsel des Mannes auf immer zu verhängnisvoller Abhängigkeit verdammt bleibt«.

Mit ihrem aufreibenden Optimismus ist sie der Ansicht, daß dank »der gemeinsamen Erziehung für die Kinder beiderlei Geschlechts die Unterdrückung der Frau durch den Mann unmöglich wird.« Dieses Problem also wäre dann wohl gelöst!

Was schließlich die Schulbildung der Jugendlichen betrifft, so sollte diese, abgesehen von den Grundfächern, Fremdsprachen und eine abwechslungsreiche Kunst- und Leibeserziehung umfassen, damit das Kind zu entscheiden vermag, wo seine Stärken und wo seine Neigungen liegen.

Trotz einiger Naivität hier und da war dies eine sehr moderne Vorstellung von Erziehung, die aber unglücklicherweise der großen Rückkehr zum Klerikalismus, die sich 1850 gerade anbahnte, zuwiderlief.

Und sie lief auch der feindseligen Einstellung zur Schulbildung für Mädchen zuwider, die nicht nur im neunzehnten, sondern auch weit bis ins zwanzigste Jahrhundert hinein ein gleichbleibender Faktor bleibt. Von Alexandre Dumas an, der selbst Sekretär gewesen war und sich darüber entrüstete, daß ein junges Mädchen diese Art von Arbeit anstreben konnte, denn er war der Meinung, »daß es jegliche Weiblichkeit verlieren würde, sobald es den Fuß in ein Büro setzte«, bis hin zur Pädagogischen Hochschule für junge Mädchen, die noch vor dem letzten Weltkrieg ein weniger vollständiges und gründliches Studium bot als ihr männliches Gegenstück. Dieselbe Diskriminierung war auch im Ausland zu beobachten: »Das ›Vasar Female College‹ in den Vereinigten Staaten durfte nicht dasselbe Niveau erreichen wie das der anspruchsvollen Universitäten von Rang und Namen für Männer.

In Boussac hatte Pauline nicht genügend Zeit, um sich über die Ergebnisse ihrer Methoden ein Urteil bilden zu können, und das betrübt sie sehr. Wieder zurück in Paris, wird sie sich einem Unterrichtsprogramm für sozialistische Lehrer und Lehrerinnen widmen. Es ist ein Gemeinschaftswerk verschiedener Autoren, in dem man aber in jeder Zeile ihren Einfluß erkennt. Da sie sich nichts von der Staatsgewalt verspricht, setzt sie ihre Hoffnungen in eine Bewußtseinsbildung der Schulmeister. Und um diese Aktion zu fördern, wird sie sich mit der Weißnäherin Jeanne Deroin zusammentun, die soeben eine Zeitung, *La Voix des Femmes* (Die Stimme der Frauen), gegründet hat.

Jeanne Deroin, die eher politisch als romantisch dachte, erkannte klar und deutlich, daß die Arbeiter sich nur durch ihren Zusammenschluß eine bessere Zukunft sichern konnten, eine Idee, die von den Unternehmern als gefährlich angesehen wurde. »Die Bürgerin Deroin ist nicht hübsch, sie ist auch nicht mehr jung, und ihr Gebaren ist das eines Mannweibs«, las man in der bourgeoisiefreundlichen Presse. Nicht mehr jung, nicht hübsch, welcher Verstoß gegen die gesellschaftlichen Umgangsformen für eine Frau!

In der Tat war sie eine kleine, schwächliche Person von kränklichem Aussehen, doch es steckte eine unglaubliche Energie in ihr. Mit zwanzig hatte sie ganz allein lesen und schreiben gelernt, indem sie Bücher abschrieb. Man ließ sie übrigens durchfallen bei ihrer ersten Prüfung, und zwar »wegen regelwidriger Schrift«. Sie schrieb in Blockschrift, da sie nur die Druckbuchstaben kannte! Ihr Glaubensbekenntnis zeigt, in welchem Maße sie sich in ihrer Kindheit »eingeschnürt« gefühlt hatte, weil sie nichts lernen durfte, und ihr Leben lang unter der »inneren Pein der Unwissenheit« gelitten hat. Auch Suzanne Voilquin, ebenfalls Proletarierin, hätte gern eine wissenschaftliche Laufbahn eingeschlagen und »weinte in den Museen über ihre Unwissenheit«. Beide befinden sich nach den Enttäuschungen durch das Scheitern der Juli-Revolution und die Rückkehr der Monarchie am Rande der Verzweiflung, als sie dem Saint-Simonismus begegnen:

»Alles ist Unruhe und Unordnung, ein jeder tappt ungewiß umher ... Was ist unser Ziel? Inmitten der Trümmer, tief aus dem Dunkel dringt ein Lichtstrahl: und in Erscheinung tritt der Saint-Simonismus!« (J. Deroin)

Er sollte ihnen, trotz der Enttäuschungen, in allem den Mut machen, dessen sie so sehr bedurften.

Jeanne Deroin hatte ihre Umgebung bereits schockiert durch ihre rein standesamtliche Heirat mit Desroches, einem Nationalökonomen, dessen Namen zu tragen sie sich, obwohl sie von ihm drei Kinder bekam, immer geweigert hat,

um ihn durch ihre Aktivitäten möglichst nicht zu kompromittieren.
Enttäuscht von den Versprechungen der Saint-Simonisten, die die *Frau* zwar in den Himmel hoben, für die *Frauen* jedoch nichts taten, hatte sie sich dem zugewandt, was sich später einmal Gewerkschaftsarbeit nennen sollte. Und mit Pauline sollte sie nicht nur die erhebenden Stunden der Gründung von Arbeitervereinigungen teilen, sondern auch die Monate im Gefängnis, die ihnen diese von den Verfechtern der absoluten Macht der Arbeitgeber in Grund und Boden verurteilte Aktion einbrachte.
Als Befürworterin weiblicher Kandidaturen für die Parlamentswahlen des Jahres 1848 hatte sie George Sand und Pauline Roland dazu zu bewegen versucht. Doch erstere hütete sich argwöhnisch vor den »armseligen Feministinnen«, und letztere vor der Politik im allgemeinen. »Ja, bürgerliche Gleichheit, Gleichheit in der Ehe, Gleichheit in der Familie, das ist es, was ihr fordern könnt und fordern müßt«, riet George geradezu väterlich. »Doch was euch angeht, ihr Frauen, die ihr euch einbildet, die politischen Rechte von nun an ausüben zu können, erlaubt mir zu sagen, daß ihr eure Zeit mit einer Kinderei vertut.«
Jeanne Deroin, die einzige Kandidatin geblieben war, erntete während ihrer Wahlkampagne nur Beschimpfungen, Hohn und organisierte Krawalle, wobei sie häufig nicht einmal die Genehmigung erhielt, in der Öffentlichkeit das Wort zu ergreifen. Doch es war immerhin die erste offizielle Etappe eines langen Marsches zur Eroberung des aktiven und passiven Wahlrechts, der hundert Jahre dauern sollte. Und etwas sehr Wesentliches werden die Frauen dabei gelernt haben, nämlich von sich und ihren Forderungen reden zu machen.

Jeanne Deroins Mißerfolg steht für den aller Feministinnen, die geglaubt haben, ihre Interessen mit denen der Arbeiterklasse verknüpfen zu können, und dabei zwischen der Bourgeoisie zu ihrer Rechten und dem Sozialismus zu ihrer Linken in eine Falle gingen. Nach Olympe de Gouges, zwanzig Jahre vor Louise Michel und den Brandstifterinnen der Pariser Kommune und auch vor den amerikanischen Frauenstimmrechtlerinnen, die sich in ihrem Kampf dem der Schwarzen anschlossen, hatten die Feministinnen ihre Schlacht verloren. Die Arbeiter waren Staatsbürger geworden, die Schwarzen hatten das Wahlrecht erlangt, und die Frauen waren auf der Strecke geblieben. Für sie wiederholte sich die Geschichte, und die Zweite Republik sollte sie mit noch leereren Händen zurücklassen, als sie es unter Louis-Philippes Herrschaft schon waren. Ob Revolutionäre oder Konservative, Monarchisten oder Republikaner, alle waren sie sich darin einig, daß die Frau bevormundet werden müsse.

1848 schien der Kampf so weit von vornherein verloren, daß keine berühmte Frau der Epoche noch den Mut aufbrachte, ihn weiter zu unterstützen, selbst die nicht, die sich rühmten, emanzipiert zu sein.

»Haben Sie Beziehungen zu den saint-simonistischen oder sozialistisch denkenden Frauen dieser Zeit aufrechterhalten?« fragte Marie d'Agoult* Hortense Allart**. »Kennen Sie wohl die Damen Jeanne Deroin, Pauline Roland und Eugénie Niboyet? Ich jedenfalls mißbillige die Klubs, Kandidaturen und Bankette.«

* die unter dem Namen Daniel Stern erfolgreiche Bücher schrieb.

** eine Freundin von Chateaubriand und Sainte Beuve. Sie schrieb mittelmäßige Romane, wußte jedoch als Frau ein freies Leben zu führen.

Anaïs Ségalas, die mit siebzehn ihre ersten Verse veröffentlicht hatte und durch ein Buch über *La Femme* (Die Frau) berühmt geworden war, wehrte sich gegen jede Gleichsetzung mit diesen Xanthippen. »Eine aufständische Sklavin schildern, wie sie einen Spartakus- oder Saint-Simonisten-Schrei ausstößt? Gott bewahre mich vor diesen Revolutionärinnen!«

Die Forderungen zur Verbesserung der Arbeitsbedingungen für die Frauen schienen – zur Not – akzeptabel. Doch diejenigen, die sich auf die politischen Rechte bezogen, waren geeignet, sowohl die öffentliche Meinung als auch die Gesetzgeber in Harnisch zu bringen. Ein jeder spürt, daß hier die eigentliche Macht angetastet wird.

Was George angeht, so setzt sie ihr hohes Ansehen nur dafür ein, um am Nutzen des Kampfes der Frauen zu zweifeln: »Die Frauen haben noch nichts zu sagen, so scheint mir. Was sollten sie durch den Aufstand bewirken? Wenn die Welt der Männer erst einmal bekehrt ist, wird die Frau es sein, ohne daß man sich darum zu kümmern brauchte.« Eine Illusion, die Simone de Beauvoir in jungen Jahren teilen sollte, doch sie zumindest besaß genügend Scharfblick, um ihren Standpunkt noch zu ändern.

Jeanne Deroin, »die schlechterzogene kleine Näherin«, wie *Le Figaro* sie nennt, sieht die Dinge klarer und folgt darin den Ideen, die Flora Tristan schon 1840 in einem Buch über *La Légitimité de la propriéte des bras* (Die Rechtmäßigkeit des Besitzanspruchs auf die eigenen Arme) im Gegensatz zum Besitzanspruch auf Vermögenswerte verteidigt hatte. Trotz ihrer finanziellen Not hatte Pauline Roland zu den Subskribenten dieses Werkes gehört. Flora und sie waren wie geschaffen dafür, einander zu verstehen: Es verband sie derselbe unbeugsame Wille, derselbe Stolz und die kompromißlose Weigerung, Ungerechtigkeit und das Leid anderer zu dulden. Pauline ist es übrigens, der Flora ihre Tochter anvertrauen wird, kurz vor ihrem Tod im Laufe jener Tour de France, die sie unternommen hatte, um die Arbeiter davon zu überzeugen, daß sie ihrem Elend nur durch ihren Zusammenschluß entrinnen könnten. Redegewandt und mitreißend, erlebte sie oft freundliche Aufnahme, und in Bordeaux, wo sie mit vierzig Jahren an Erschöpfung starb, folgten Hunderte von dankbaren Arbeitern ihrem Sarg.

Doch Flora hatte ihre Predigten zu früh gehalten. Die 48er Revolution erst wandelte die Gesinnung der Menschen. Jeanne Deroin, auf die man eher hört, gelingt es, gemeinsam mit Pauline Roland, Madame Bigh, Pérot und Gustave Lefrançais, die Vereinigung sozialistischer Lehrer und Lehrerinnen zu gründen. Da sie ihre Aktion auf alle Beschäftigungszweige ausdehnen will, ruft sie im August desselben Jahres eine Union ins Leben, die dreiundachtzig Arbeiterverbände in sich vereinigt. Durch die Verbandsvertreter in die Hauptkommission der Union gewählt, macht sie es sich nun mit Pauline zur Aufgabe, dieser Union solide Grundlagen zu schaffen.

Das Projekt war bar jeder Romantik und ließ keine Einzelheit unbeachtet. Beispielsweise sah es eine Hygienekommission vor, die über die Zuteilung einer ausgeglichenen Ernährung wachen und »gutbürgerliche Gewänder« verteilen sollte, damit sich diese Gesellschaftsgruppe, die man verächtlich als »Kittelträger« bezeichnete, wie alle anderen kleiden konnte. Es wurde betont, daß im Unterricht alle Kinder gleich angezogen sein sollten, damit sich die soziale Ungleichheit nicht auf den Schulbänken plötzlich wieder breitmachen könne.

Eine der ersten Forderungen dieser Vereinigungen betrifft

die Ungleichheit der Löhne, die jetzt, seitdem sich die Männer auch in Frauenberufe wie die Textilwirtschaft oder die Bekleidungsindustrie gedrängt haben, dramatische Ausmaße erreicht hat. In den Webereien, für die sich Jeanne Deroins Union einsetzt, werden die Arbeiterinnen mit einem Franc fünfzig pro Tag bezahlt, die Verkäuferinnen und die Geschäftsleiterin mit zwei Franc und der Laufbursche, ein Bengel ohne jede Berufserfahrung, mit drei Franc! Es schien durchaus normal, einem Mann für ein und dieselbe Arbeit doppelt soviel zu zahlen wie einer Frau.
Diese Vereinigungen, die malerische Namen tragen wie »Die katholischen und republikanischen Schmuckhändler«, »Die vereinigten Nähameisen« oder »Der arbeitsame Verein der Schuster und Stiefelflicker«, gründen Gemeinschaftsgaststätten und verteilen, dank den Lohnabzügen bei den Mitgliedern, Hilfsmittel an Witwen und Opfer von Arbeitsunfällen. Wie schon Pauline betont hatte: »Es gibt Untugenden im Proletariat, die sich durch ein klein wenig bessere Lebensverhältnisse ausmerzen ließen.«
Diese Hilfsvereine, die im Verdacht standen, als Aktionszentren im Kampf gegen die Unterdrückung durch die Arbeitgeber zu dienen, waren unter Louis-Philippe verfolgt worden, schienen jedoch seit 1848 toleriert zu werden. Pauline und Jeanne übrigens waren absolute Anhängerinnen der Gewaltlosigkeit, und ihre erste Sorge bestand darin, die Gesetze nicht zu verletzen. Es ging also nicht um Politik in diesen Vereinigungen, zumindest nicht offiziell, sondern einzig um punktuelle Verbesserungen. Trotzdem werden diese Versammlungen von der Polizei überwacht, selbst dann, wenn sie in Jeanne Deroins Wohnung stattfinden.
Am 29. Mai 1850 dringen, angeführt von Kommissar Bellanger, achtzig Polizisten in den Versammlungsraum ein und

nehmen an die dreißig Personen, darunter auch Jeanne Deroin, fest. Pauline war bei dieser Sitzung nicht zugegen, doch man nahm bei ihr eine Hausdurchsuchung vor und beschlagnahmte all ihre Papiere.

Mit viel Humor berichtet sie von ihren ersten Zusammenstößen mit der Polizei: »Vier Mann, stark, stämmig und geradezu ideal geeignet, um Weinreben zu stutzen, Korn zu mahlen, Bäume auszuschneiden und sich mit den diversen Arbeiten zu befassen, die der Ackerboden im Frühjahr erfordert, verbringen einen vollen Vormittag damit, eine arme Lehrerin zu quälen und sie daran zu hindern, zum Unterricht zu gehen, den die kleinen Kinder erwarten und durch den sie ihnen ein wenig Moral beizubringen hofft!«

Bei einer der Verhafteten namens Nicaud fand man ein Bild, das man für das Porträt von Robespierre hielt, das aber in Wirklichkeit niemand anderen als Eugène Sue darstellte! Und bei einem weiteren Verdächtigen waren es sozialistische Lieder.

Sämtliche Angeklagten stehen unter dem Verdacht, auf dem Wege über die Union der Vereinigungen den Umsturz der bürgerlichen Ordnung vorzubereiten. Infolgedessen wird Pauline als Vertreterin der Lehrerinnen gemeinsam mit Louise Nicaud, der Vertreterin der Wäscherinnen, und Jeanne Deroin, der Vertreterin der Weißnäherinnen, vor Gericht gestellt, ebenso wie mehrere andere Gründer verbotener Bewegungen.

Der Gerichtspräsident hebt gleich zu Anfang den Umstand hervor, daß sich Frau Desroches (Jeanne Deroin), um gegen das Ehegesetz zu protestieren, dazu entschlossen habe, ihren Mädchennamen zu tragen. Sie erwidert, daß sie sich als Frau weigere, sich Gesetzen zu unterwerfen, die ohne Beteiligung

von Frauen erlassen worden seien. Sonderbarerweise spricht der Präsident Pauline als Madame Roland an.
»Weshalb diese unterschiedliche Behandlung?« fragt sie. »Ihren gesellschaftlichen Gepflogenheiten nach bin ich hier das Fräulein Roland, da ich nicht verheiratet bin. Nennen Sie mich also ruhig so, ich werde mich deshalb nicht gedemütigt fühlen.«
»Wie denken Sie über die Legitimität der Kinder und die Ehe?« will der Vertreter des Generalstaatsanwalts von ihr wissen und hofft, damit den Fall der Angeklagten zu verschlimmern. (Er wird nicht enttäuscht werden.)
»Ich protestiere gegen die Ehe, weil sie, so wie sie eingerichtet ist, die Minderwertigkeit der Frau dem Mann gegenüber konstatiert.«
»Sie protestieren gegen die Gesetze Ihres Landes?« hakt der Anwalt nach.
»Absolut«, antwortet Pauline unerschütterlich.
»Ich darf Sie darauf hinweisen, daß die Ehe ein Sakrament ist.«
»Ein Sakrament ist keine zivilrechtliche Bindung.«
»Was Sie nicht wollten, ist eine Ehe, die ihre Kinder legitimiert hätte, und Sie berauben sie auf diese Weise ihres väterlichen Erbes?«
»Gewiß.«
»Wir sind hier wegen Gründung einer geheimen Vereinigung angeklagt, und Sie kommen uns mit Dingen, die ganz und gar sachfremd sind!« beschwert sich der Rechtsanwalt Maître Laissac.
Doch in der Tat ist es sehr wohl das Leben, mehr noch als die Aktivitäten der Angeklagten, das einen Angriff auf die herrschende Ordnung darstellt. Denn auch Jeanne Deroin führt Reden, die einfach nicht zu tolerieren sind: »Ich erkläre

hiermit, daß ich gegen die Ehe protestiere. Sie ist ein Zustand der Leibeigenschaft für die Frau. Ich hingegen will absolute Gleichheit zwischen beiden Geschlechtern. Man hat behauptet, ich träumte von Promiskuität! Gütiger Himmel! Ich träume vom Gegenteil, ich ersehne die Verwirklichung eines Sozialstaates, in dem die Ehe geläutert, moralisiert und egalisiert wird ... Was ich will, ist ein Wandel in der Institution der Ehe, die so viele Unvollkommenheiten aufweist.«

»Es ist mir unmöglich, Sie in dieser Weise fortfahren zu lassen«, unterbricht sie der Gerichtspräsident. »Sie greifen hier eine der ehrwürdigsten Institutionen an ...«

Aber Jeanne läßt nicht locker. Dem Vertreter des Generalstaatsanwalts, der ihr die Mutterschaft als eine der schönsten Formen weiblicher Freiheit vorhält, antwortet sie, die drei Kinder hat (darunter einen Sohn mit Wasserkopf), daß die Mutterschaft gar keine Freiheit darstellen könne, da »es der Frau nicht freisteht, *nicht* Mutter zu werden«.

Darüber hinaus wird man ihr ihren Ehrgeiz, die Welt verändern zu wollen, vorwerfen, sowie ihre »verhängnisvolle organisatorische Begabung«! Dies sind keine Eigenschaften, die sich für eine dieses Namens würdige Frau geziemen.

Und was die dritte Beschuldigte angeht, so ist sie kaum besser als die beiden anderen. Sie ist völlige Analphabetin, vertritt aber gleichwohl bestimmte Ideen: Sie protestiert gegen die Ehe durch eine dreifache Mutterschaft ohne Ehemann!

Alle drei beenden ihre Verteidigung mit der Forderung nach staatsbürgerlicher Gleichheit mit den Männern. Wie um sie zu widerlegen, verurteilen die Richter Billot zu vier Jahren Gefängnis, Delbroucke zu fünfzehn Monaten, Jeanne Deroin, Louise Nicaud und Pauline Roland aber nur zu sechs

Monaten, obwohl sie doch wegen desselben Tatbestands abgeurteilt werden. Es stimmt allerdings, daß Billot und Delbroucke sie inständig gebeten hatten, ihre Rollen zu verharmlosen, mit dem Argument, daß die gesamte Union an Seriosität verlieren könnte, wenn Frauen an der Spitze mancher Vereinigungen stünden. Obgleich zutiefst gekränkt, hatte Jeanne sich dem gebeugt.

Am 2. Januar 1851 wird Pauline Roland mit Deroin und Nicaud in Saint-Lazare neben Diebinnen, Prostituierten und Frauen, die abgetrieben haben, inhaftiert.

Pauline hatte um eine Frist gebeten, um eine Arbeit abschließen zu können, die während dieser sechs Monate den finanziellen Unterhalt ihrer Kinder gesichert hätte. Ihr Gesuch wurde abgelehnt. Jean war als Interner im Saint-Barbe-Internat; Irma befand sich bei ihrer Freundin, Madame Bachellery, die ein Pensionat leitete, und Moïse bei einer ihrer anderen Freundinnen, Madame Greppo, der Frau eines ehemaligen Lyoner Seidenarbeiters und nun Abgeordneten des Rhône-Departements. Diese letztere sowie die Mutter ihres »Anhängers« Gustave Lefrançais sind es, die sich an den freien Tagen um die Kinder kümmern werden.

Sie bat um das Recht, sie gelegentlich in ihrer Zelle sehen zu dürfen und nicht nur sonntags im Sprechzimmer und enggedrängten Nebeneinander mit den Kriminellen und Prostituierten, die bei ihnen schlimme Eindrücke hinterließen. Aber auch dieses Recht wurde ihr verwehrt.

Durch ihre Briefe an den jungen Gustave Lefrançais weiß man, wie diese sechs Monate, die Pauline und Jeanne einander noch näher brachten, verliefen. Die ersten Tage waren furchtbar für Pauline, da sie erst einmal zur Zielscheibe für die Spötteleien und Obszönitäten der Dirnen wurde. Doch sehr bald gewinnen ihr Edelmut und ihre Opferbereitschaft alle Herzen für sich. »Ich kann Ihnen kaum sagen«, schreibt sie an Gustave, »wie gern ich diese beklagenswerten Schwestern, die mich um mein politisches Verbrechen wie um einen Glorienschein beneiden, aus ihrer Scham erlösen würde und, so glaube ich, wohl auch könnte. Wenn ich ihnen doch nur meine Überzeugung geben könnte, daß sie nicht mehr Schuld tragen als ich!« Im Gegensatz zu Flora Tristan, die niemals für die »Abgründe des Lasters« Verständnis aufbrachte, hat sich Pauline jenen Opfern des Gesetzes der Männer und der Sitten, für die sie nicht verantwortlich waren, immer verbunden gefühlt.

Die Strafvollzugsordnung für die politischen Häftlinge läßt ihnen relativ viel Freiheit. Pauline und Jeanne haben eine Zelle für sich allein. Tagsüber machen sie Stickereiarbeiten für die Nonnen, und abends lesen sie sich Platon oder die Evangelien laut vor. Denen, die nicht schreiben können, dient Pauline als öffentliche Schreiberin. Durch die Vermittlung des Text- und Lieddichters Béranger, der großen Einfluß genießt, könnte sie eine bevorzugte Behandlung und häufigere Besuche bekommen, doch sie zieht es vor, eine Inhaftierte wie jede andere zu sein. Sie versteht sich nicht schlecht mit den Wärterinnen, deren vorgeschriebene Keuschheit und Engstirnigkeit sie allerdings beklagt. »Die Oberin ist eine bemerkenswerte Frau«, schreibt sie an Gustave Lefrançais, »doch durch die katholische Geisteshaltung mit Blindheit geschlagen.«

Von ihrem Gefängnis aus setzen alle beide ihre kämpferische Arbeit fort. Jeanne legt Protest ein bei der Nationalversammlung, die den Frauen das Petitionsrecht versagen will, ein Vorhaben, für das sich Quentin Bauchard einsetzt, und zwar mit Argumenten, die Gold wert sind:

»Sie merken doch wohl, daß dies hier eine Frage öffentlichen

Anstands und parlamentarischer Würde ist«, erinnert er seine Kollegen. »Ich bitte Sie! Es könnte dann ja wohl Petitionen geben, die im einen Sinne vom Ehemann und im anderen von der Ehefrau unterzeichnet sind?«

»Und in einem dritten von den Kindern!« wirft ein besonders Geistreicher ein.

»Welche Autorität und welches Geschlecht sollten hier also dominieren?« fährt Quentin Bauchard fort.

»Da wir ja galant sind, wäre es die holde Weiblichkeit«, schloß einer der Angeordneten.

Die Sache war entschieden. Einzig Schoelcher, der für die Schwarzen eintrat, und Crémieux, der sich für die Juden einsetzte, weigerten sich, für den Änderungsantrag zu stimmen. Die französische Galanterie blieb eindeutig der beste Förderer des weiblichen Sklaventums!

Sogar aus dem Gefängnis gelingte es Pauline, einige Artikel anzubringen und Versuche zur Rettung ihrer Vereinigung zu machen, die mangels Beitragszahlungen finanziell auf wackligen Beinen steht. Sie läßt ihre *Lettres d'une prisonnière* (Briefe einer Gefangenen) veröffentlichen und polemisiert mit den großen Frauenhassern der Zeit, Proudhon, natürlich, aber auch mit Émile de Girardin, der in seiner Zeitung das ewigmännliche Credo wiederholt: »Die erste und höchste Funktion der Frau ist, gesunde Kinder in die Welt zu setzen ... sie zu ernähren und großzuziehen. Es ist also Aufgabe des Mannes zu arbeiten, und die der Frau, ihren Haushalt zu führen. Sie darf nichts tun, was sie nicht tun könnte, ohne das väterliche Dach zu verlassen, solange sie ein junges Mädchen ist, das eheliche Dach, sobald sie eine Frau ist, und die Wiege der Kinder, wenn sie Mutter ist.« Der alte Traum von Gynäkeion und klösterlicher Zurückgezogenheit ersteht immer wieder auf.

Ohne »das Dach« des Saint-Lazare-Gefängnisses zu verlassen, empört sich Pauline darüber: »Würden Sie die Güte haben, einer Frau einigen Aufschluß zu geben, die sich im Gefängnis befindet, weil sie glaubte, daß jedes menschliche Wesen ein Recht auf Arbeit hat und daß die Frau genau wie der Mann ein menschliches Wesen, ihm ebenbürtig, ist und in etwa dieselben Rechte und dieselben Pflichten hat ... Hat die Frau nun ein eigenes Leben, oder ist sie nur ein Anhängsel im Leben des Mannes? Ist sie ein ebenbürtiges, freies Wesen, das, unabhängig von den Funktionen, die ihr zugewiesen sind, als Mitglied der Menschheit existieren darf? Und hat sie als Mensch das Recht, ebensosehr für sich selbst wie im Interesse ihrer Familie ..., die volle physische, moralische und geistige Entfaltung zu erlangen, zu der sie fähig ist?«

Worte, die man wohl schon hundertmal gehört hatte, und gewiß hoffnungslos eintönig. Doch was tun, angesichts der uneinnehmbaren Bastion patriarchalischer Reden? Zumal es gerade die Worte einer Pauline, Jeanne, Flora und George sind, die als anmaßend, ja sogar hysterisch gelten, und nicht die Ungeheuerlichkeiten, die beispielsweise der meistbeachtete »sozialistische« Denker Proudhon von sich gibt. Daß er, wie Évelyne Sullerot* feststellt, »ein krankhafter und narzißtischer Antifeminist« war, wird als belanglose Nebensächlichkeit angesehen. Sein berüchtigter Ausspruch, »die Frau kann nur Hausfrau oder aber Kurtisane sein«, wird für einen liebenswürdigen Scherz gehalten. Und sein sie betreffendes Programm: keine Schulbildung, keine Beschäftigung, die einen Beruf darstellen und zu einem Einkommen berech-

* In *Histoire et sociologie du travail feminin* (Geschichte und Soziologie der Frauenarbeit), Editions Gonthier

tigen könnte, keine Sinnenlust für die Hausfrau und weder Würde noch Mutterschaft für die Kurtisane, und schließlich das Recht des Ehemannes, über Leben und Tod seiner Frau entscheiden zu dürfen, selbst im Falle von »Ungehorsam oder schlechtem Charakter« – dieses Programm ruft weder Empörung noch Mitleid für die gestörte Geisteshaltung hervor, die es doch ganz offensichtlich voraussetzt. Die Hauptsache ist schließlich, daß Proudhon verkündet, eine Arbeiterin sei nichts als eine Diebin, da sie einem Mann die Arbeit wegnimmt. In jener Zeit der Not und Arbeitslosigkeit findet solche Rede ein offenes Ohr bei den Arbeitern und trägt dazu bei, daß sich eine Idee einbürgern kann, die bis in unsere Tage hinein erhalten geblieben ist: Die Frauen, die geringere Löhne akzeptieren, dienen ungewollt den Interessen der Arbeitgeber und zögern somit jegliche Verbesserung im Los des Proletariats hinaus. Schlechter bezahlt und auch noch schuld daran!

Man ist weit entfernt vom Gleichheitsstreben der Utopisten, deren eigene Exzesse und Naivität sie in den Augen der Öffentlichkeit unmöglich gemacht haben, während die Gegner der Frauenemanzipation die öffentliche Meinung in Sicherheit wiegen.

Doch plötzlich scheint Pauline das Glück zu lächeln: Sie erfährt, daß ihr ein Onkel soeben zwölftausend Franc, das sind ungefähr fünfzigtausend heutige Franc, hinterlassen hat. Und sie beschließt, wenn erst einmal ihre Schulden bezahlt sind, die verbleibende Summe sozialistischen Lehrerinnen zu überlassen, um damit eine Mädchenschule zu gründen. »Wenn es unser gutes, altes Boussac noch gäbe … hätte ich das gesamte Geld dafür zur Verfügung gestellt!«

Und dann schreibt sie einen langen Brief an ihren ältesten Sohn, Jean-François Roland, der Jean genannt wird und gerade sechzehn Jahre alt geworden ist. Die Art dieses Schreibens beweist, wie ernst sie ihre Mutterpflichten nahm. »Du hast mir niemals ›nein‹ gesagt, und ich habe Dir niemals ›Ich befehle Dir!‹ gesagt.« Sie will ihn in erster Linie gegen die Versuchungen der Jugend wappnen und ihn auf das vorbereiten, »was das Schönste auf Erden ist, nämlich ein Mann und eine Frau, die im Namen der Freiheit, Gleichheit und Brüderlichkeit für das ganze Leben in einer einzigen großen Liebe vereint sind«.

Sie selbst hat dieses Ideal für sich zu erreichen gesucht, und aufgrund ihres Scheiterns und ihres nach wie vor unverbrüchlichen Glaubens fühlt sie sich berechtigt, in dieser Weise darüber zu sprechen.

Jean-François kommt hervorragend voran in Sainte-Barbe. Doch Pauline macht eine Phase der Unsicherheit durch. Sie fühlt sich ihrem Ältesten gegenüber als Lügnerin. Wäre der Augenblick nicht gekommen, ihm endlich zu eröffnen, wer sein Vater ist? Sie hat bereits an Guéroult geschrieben, um ihn um Rat zu fragen, doch der hat nicht geantwortet. »Die Verfehlungen der Jugend ziehen eine schwere Sühne im reifen Alter nach sich«, stellt sie melancholisch fest.

Nach einer langen Zeit völligen Desinteresses kündigt Aicard, begleitet von seiner Frau und seinem ehelichen Sohn, seine Ankunft in Paris an. Jean wird also erfahren, daß er nicht denselben Vater hat wie Irma und Moïse. Béranger, dessen Sympathie für Pauline nie abflauen wird, erreicht bei Aicard, daß er vor einer Begegnung mit Jean erst einmal Paulines Entlassung aus dem Gefängnis abwartet. Der nur dreiundzwanzig Jahre alte Gustave Lefrançais ist es, dem sie all ihre Ängste anvertraut. Immer schon in ihrem Leben hat sie einen Vertrauten gebraucht. Nach Aglaé war dies lange Zeit Lambert. Gustave, den sie ein wenig als ihren eigenen Sohn ansieht, bringt ihr zärtliche Gefühle und Bewunderung entgegen. Als Lehrer in der Nähe von Paris war er durch den Dorfpfarrer von seiner Stelle vertrieben worden und bald darauf wegen Verstoßes gegen die Moral im Gefängnis gelandet, als er das Erziehungsprogramm der Lehrervereinigung redigiert hatte. Zu diesem Zeitpunkt beginnt Pauline ihm zu schreiben und führt ihn in die Studien ein, die sie selbst betrieben hat, um sich die aufgezwungene freie Zeit im Gefängnis zu verkürzen.

»Ich liebe Sie aus tiefster Seele ... Sie sind hier in meinem Herzen dicht neben meinen leiblichen Kindern, und was ich um sie leide und für sie erstrebe, das leide und erstrebe ich auch für Sie.«

Sie hat sich nicht geändert im mystischen Ausdruck ihrer Gefühle, aber ihre naive Gewißheit, richtig gehandelt zu haben, als sie der saint-simonistischen Lehre so konsequent folgte, ist heute erschüttert.

»Finden Sie es nicht merkwürdig ..., daß ich mich heute, nachdem ich vor zwanzig Jahren unter dem Einfluß jener falschen Theorie, daß einzig die Mutter die Familie sei, aufgebrochen bin und meinen Irrtum dann eingesehen habe, dazu verurteilt sehe, genau dieses Leben zu leben ... und gezwungen, es in all seiner Härte durchzustehen ... Ich weiß die Konsequenzen meiner Fehler zu tragen, aber, das muß ich gestehen, ich begreife nicht, wie ich so völlig allein gelassen werden konnte von zwei so guten, edelmütigen, intelligenten und von mir so zärtlich geliebten Männern, die, das fühle ich beide auch mich geliebt haben und wohl immer noch lieben.«

Ja, gewiß, sie haben sie geliebt und lieben sie sicherlich immer noch. Doch mit ihrer absoluten Unfähigkeit, jemandem etwas nachzutragen, und sogar dem Mangel an kritischem Verstand, der in diesem Maße zu einer gravierenden Unzulänglichkeit wird, vermag sich Pauline eine ganz offensichtliche Tatsache nicht klarzumachen: Diesen Männern des neunzehnten Jahrhunderts, auch wenn sie Sozialisten und Romantiker sind, sträubt sich innerlich alles bei der Vorstellung, daß eine Frau sich als ihresgleichen darstellen und behandelt sehen will. Unbewußt Guéroult und weitaus zynischer Aicard, haben beide Männer sie beim Wort genommen und sie ihre Gleichheit mit dem denkbar härtesten Preis bezahlen lassen. Daß die drei Kinder ebenfalls zu Opfern dieser Abrechnung wurden, braucht nicht zu erstaunen. Noch heute dienen sie nur allzuoft als Geiseln in diesem heimlichen und von den Frauen noch immer nicht zu Ende geführten Kampf gegen diejenigen, die die Freiheit ihrer Lebensgefährtinnen als eine Verletzung ihrer eigenen empfinden, die bestraft werden muß. Pauline hat sich ein Jahrhundert zu früh verhalten, wie es erst heutzutage manchen Frauen gelingt. Hie und da jedenfalls.

Am 2. Juli 1851 verläßt Pauline Roland das Gefängnis. Aus unklaren juristischen Gründen verfügt sie immer noch nicht über die angekündigte Erbschaft. Sie hat tausend Franc Schulden, kein einziges Möbelstück mehr bei sich zu Hause und keine Kleidung für ihre Kinder.

»Weit davon entfernt, in mir jene wilde Freude zu verspüren, die die meisten Häftlinge empfinden, wenn sie die Freiheit wiedererlangen, fühle ich lediglich eine Art Grauen bei dem Gedanken, nicht mehr durch diese hohen Mauern vor der Welt geschützt zu sein.«

Nachdem sie das Gemeinschaftsleben in Boussac so genossen hatte, sind ihr das Zusammengepferchtsein und das streng reglementierte Leben im Gefängnis nicht allzu schwer gefallen, doch jetzt gilt es, sich durchzukämpfen, um der Not zu entkommen. Ihre Freunde allerdings sind genauso arm wie sie, und die sozialistenfeindliche Reaktion hat sich verschärft. In *Le Coup du 2 décembre* (Der Staatsstreich vom 2. Dezember, d. Übers.) hat Henri Guillemin jene »Angst vor den Roten« deutlich geschildert, die sich für lange Zeit in der öffentlichen Meinung Frankreichs festgesetzt hatte, ebenso Wallon in *Les Partageux* (Die Sozialisten, d. Übers.).

»Ein Roter ist kein Mensch, er ist eben ein Roter. Und das ist kein normales, intelligentes und freies menschliches Wesen wie Sie und ich ... sondern ein Heruntergekommener, Entehrter.«

Angst führt sehr schnell zu Haß, und daraus wird sich auch die Brutalität der Unterdrückungsmaßnahmen nach dem Staatsstreich erklären lassen, ebenso wie die allgemeine Gleichgültigkeit gegenüber dem Los der besiegten oder verbannten »Roten«.

Was die Nationalversammlung angeht, so ist diese in unzählige umstürzlerische Parteien gespalten: Legitimisten, Orleanisten, Anhänger des Prinzen Louis-Napoléon ... Die Armee und die Polizei aber bleiben unter der Befehlsgewalt von Maupas der Regierung treu.

Angesichts dieser Spaltungen und einer nunmehr niedergeschlagenen Linken tritt Louis-Napoléon für eine starke Exekutive und eine Einschränkung der Vollmachten dieses Parlaments ein, dem es nicht gelingt, einen Kandidaten für die nächsten Präsidentschaftswahlen aufzustellen, da die Legitimisten für Henry V., den Thronerben von Karl X., stimmen und die Orleanisten für den Prinzen von Joinville. »Frankreich«, so wiederholt er immer wieder im Laufe seiner zahlreichen Wahlpropagandareisen, »Frankreich will weder die Rückkehr zum Ancien régime ... noch den Versuch verhängnisvoller und undurchführbarer Utopien. Und es hat ebendeshalb sein Vertrauen in mich gesetzt, weil ich ein Gegner des einen wie des anderen bin.«

1850, bei der Truppenparade von Satory, hatte die Truppe spontan »Es lebe der Kaiser!« gerufen. Aufgebracht versucht General Changarnier zu reagieren, doch zur Genugtuung der Offiziere enthebt ihn der Prinz-Präsident augenblicklich seines Amtes. »Es ist so gut wie etabliert, das Kaiserreich!« meint Thiers dazu, der nur darauf wartet, daß auch seine Stunde schlägt.

Um sich beim Volk beliebt zu machen, schlägt Louis-Napoléon nun die Wiedereinführung des allgemeinen Wahlrechts vor, doch die konservative Mehrheit weigert sich, aus Angst, den Arbeitern dadurch zu Macht zu verhelfen. Die Nationalversammlung gerät mehr und mehr in Mißkredit. Alles ist bereit für einen neuerlichen Gewaltstreich, den die unmittelbare Umgebung des Prinzen, nämlich sein Halbbruder Morny, der Polizeipräfekt Maupas und General Saint-Arnaud, im geheimen vorbereitet. Der Zeitpunkt dafür ist auf den 2. Dezember, den Jahrestag der Dreikaiserschlacht, festgelegt, und diesmal wird die Operation bewundernswert gut vorbereitet.

Am 1. Dezember werden dreißigtausend Soldaten in Paris um die strategischen Punkte herum aufgestellt. Thiers, Cavaignac und Changarnier werden verhaftet. Der Prinz läßt in ganz Frankreich eine Proklamation aushängen: Der Belagerungszustand ist ausgerufen, das allgemeine Wahlrecht wiedereingeführt, und zweihundertfünfzig Parlamentarier sind verhaftet.

Am 3. Dezember rebellieren an die hundert Republikaner, darunter Schoelcher, Carnot und Arago, gegen diesen

Staatsstreich. Victor Hugo läßt einen Aufruf an den Mauern aushängen: »An das Volk! Louis-Bonaparte wird für vogelfrei erklärt. Das allgemeine Wahlrecht ist wiedereingeführt. Es lebe die Republik! Auf zu den Waffen!«

Einige Barrikaden werden errichtet, doch nach dem Fiasko vom Juni 1848 ist man nicht mehr so recht mit dem Herzen dabei. Das Militär hat Befehl, auf die Menge zu schießen. Mehrere hundert Aufständische werden niedergeschossen, und über zweiunddreißig Departements wird der Belagerungszustand verhängt. Bereits am 5. Dezember ist klar, daß die Republikaner besiegt sind. Beim Volksentscheid am 22. Dezember bestätigen sieben Millionen Jastimmen Louis-Napoléons Staatsstreich gegen wenig mehr als sechshunderttausend Neinstimmen. Die Arbeiter und Bauern hatten für den Prinzen gestimmt. Im sicheren Bewußtsein, vom Volk gestützt zu sein, glaubte er sich berechtigt, die republikanischen Anführer, die summa summarum soeben desavouiert worden waren, verhaften zu lassen. Sechsundzwanzigtausend Regimegegner wurden ins Gefängnis geschickt und zehntausend nach Algerien oder Cayenne deportiert. Victor Hugo, einer der fünf letzten protestierenden Abgeordneten, mußte nach Belgien und schließlich nach England fliehen und sich mit einem Leben im Exil abfinden. Neunzehn Jahre sollte er dort bleiben müssen.

Pauline, die die Auswüchse der Gewalttätigkeit fürchtet, hat sich nicht auf die Barrikaden begeben, dafür aber einigen fliehenden Aufständischen Unterschlupf gewährt. Sie ist aufs höchste bestürzt über die Wendung, die die Ereignisse genommen haben. »Diese letzten Tage hindurch glaubte ich sterben zu müssen. Ich glaube seither nicht einmal gelächelt zu haben ... Ich weiß nicht, ob ich mich je über ein so großes Verbrechen hinwegtrösten kann«, schreibt sie an Gustave, der in Dijon unter Hausarrest steht. Es sei erwähnt, daß es den beiden nie gelingen sollte, einmal zu gleicher Zeit auf freiem Fuß zu sein!

Die Unterdrückungsmaßnahmen prasseln auf sämtliche Verdächtigen nieder. »Die eine Hälfte Frankreichs denunziert die andere«, klagt George Sand. Paulines engste Freunde werden verhaftet, darunter Madame Greppo, die Frau eines Abgeordneten, und Luc Desagnes, Leroux' Schwiegersohn. Die übrigen gehen ins Exil nach Belgien oder England. Pierre Leroux hat sich einige Tage bei der Gräfin d'Agoult, einer Freundin George Sands, versteckt gehalten und ist dann nach London geflüchtet. Doch dort findet er schlechte Aufnahme bei dem von ihm so bewunderten Philosophen Stuart Mill. Ohne Geld und überdies enttäuscht von der Gemeinde der Exilfranzosen, die sich untereinander nur bekriegt, gelingt es ihm, nach Jersey zu gelangen, und nach wie vor begleitet von seiner zahlreichen Familie, seinen beiden Brüdern, drei Schwiegersöhnen und all deren Kindern, läßt er sich dort unweit von Victor Hugo in Samarez nieder.

»Die großen Seelen, die Größen des Volkes emigrierten«, wird Victor Hugo in jener großartigen Reportage über den Staatsstreich schreiben, der er den Titel *Histoire d'un crime* (Geschichte eines Verbrechens) gab und die er erst fünfundzwanzig Jahre später veröffentlichen sollte. Und diese Emigration faßt er in einem typisch Hugoschen Satz zusammen: »Man sah dies düstere Phänomen: das aus Frankreich vertriebene Frankreich!«

Pauline versteckt sich weder, noch flieht sie. Sie versucht ihren inhaftierten Freunden zu helfen und grübelt über die Gründe einer so totalen Niederlage nach: »Ich glaube«, erkennt sie sehr richtig, »daß wir mehr durch unsere Fehler

als durch die Geschicklichkeit des Feindes untergegangen sind.«
Die Behörden gehen davon aus, daß sie, wie alle anderen, geflüchtet ist. Doch sie haben einen Haftbefehl gegen sie erlassen, da sie beschuldigt wird, am Aufstand nach dem 2. Dezember teilgenommen zu haben, geheimen Vereinen anzugehören und bei der Veröffentlichung von Anschlagzetteln geholfen zu haben, die dazu bestimmt waren, das Volk zum Widerstand aufzurufen.

Nach all ihren Freveln ließ der Retter
Von Recht und Kirche die Pauline Roland*
Gefangennehmen. Leise lächelt sie,
Der Essigschwamm gefällt den reinen Lippen.

Mit seiner geradezu seherischen Intuition hatte Victor Hugo das Wesen dieser Frau, der er in *Les Châtiments* zu huldigen gedachte, klar erkannt.
Am 6. Februar steht die Polizei vor ihrer Tür in der Rue du Bac 106. Sie ist zu Hause. Man nimmt sie fest, bringt sie zunächst in die Arrestzelle und dann nach Saint-Lazare, das sie ja schon gut kennt.
Sie sollte ihre Kinder nie wiedersehen.

* Napoleon III.

Die Verbannung

Den Satz, der sie das Leben kosten sollte, wird Pauline schon in ihrem ersten Verhör und schon bei ihrer zweiten Antwort aussprechen.

»Pauline Roland, sie werden beschuldigt, aktiv am Aufstand des 3. und 4.Dezember vergangenen Jahres teilgenommen zu haben.«

»Aktiv habe ich keineswegs an dem Aufstand teilgenommen, doch in meinem Herzen war ich voll und ganz dabei.«

»Man hat gesagt«, wird sie an Gustave Lefrançais schreiben, »meine erste Antwort dem Untersuchungsrichter gegenüber habe über mein Schicksal entschieden. Ich persönlich aber glaube, daß man meine Ansichten, meine Freundschaften und auch ein wenig von diesem beklagenswerten Namen, dem man schon in der anderen Revolution begegnet ist, verurteilt hat.«

Wenn Pauline nicht auf den Barrikaden war, so nur deshalb, weil sie jede Form von Gewaltanwendung strikt ablehnt. Ihre Antworten auf die Fragen des Richters Petit beweisen ihre tatsächliche Unschuld:

»Sind sie etwa nicht auf dem Karree Saint-Martin oder in der dortigen Umgebung erschienen, um die Aufständischen anzufeuern, als die Barrikaden errichtet wurden?«

»Ich weiß nicht, inwieweit dem Wort einer Republikanerin

geglaubt werden kann, aber ich erkläre, daß ich gewiß nicht zum Karree Saint-Martin gegangen bin.«

»Haben Sie nicht bei der Herstellung und Veröffentlichung von Proklamationen und Protesterklärungen gegen die Handlungen des Präsidenten mitgewirkt?«

»Meine Antwort ist nein, ganz entschieden nein.«

»Womit haben Sie am 3. und 4. Dezember Ihre Zeit verbracht?«

»Ich bin zu meinen Freunden gegangen, um mich zu erkundigen, ob ihnen auch nichts Schlimmes zugestoßen sei. Ich habe die Frauen all jener aufgesucht, von denen es hieß, sie seien verhaftet worden. Und ich bin durch die Straßen gelaufen , um zu sehen, was sich abspielte, aber ich habe am Aufstand keineswegs aktiv teilgenommen, das möchte ich wiederholen. Am Donnerstag habe ich dann meine drei Kinder besucht.«

»Während dieser zwei Tage haben Sie nicht etwa die Frauen Moignot, Greppo und Huet aufgesucht?«

»Ich war bei Madame Greppo, die meine beste Freundin ist. Die anderen Personen kenne ich nicht.«

»Haben Sie 1848 nicht die Klubs frequentiert, und waren Sie darin nicht aktives Mitglied?«

(Es sei darauf hingewiesen, daß kraft eines durch die republikanische Regierung Lamartine erlassenen Gesetzes Frauen und Minderjährige keine Mitglieder eines Klubs sein und nicht einmal an den Sitzungen teilnehmen durften.)

»Ich habe 1848 einigen Klubsitzungen im Departement Creuse beigewohnt. Damals hielt ich mich fern von Paris auf, wohin ich erst Anfang Dezember kam, und einen Klub der Hauptstadt habe ich nie betreten.«

»Wurden Sie nicht einmal wegen Mitgliedschaft in einem geheimen Verein verurteilt?« bohrt Richter Petit weiter.

»Ich wurde zu einer Gefängnisstrafe von sechs Monaten verurteilt, wegen Mitgliedschaft in der Hauptkommission der Union der Vereinigungen, die als geheimer Verein angesehen wurde.«
»Gehören Sie noch irgendeiner anderen Vereinigung an?«
»Ich gehöre der Brüderlichen Lehrer- und Lehrerinnenvereinigung an.«
Auf die Frage nach ihrer Propagandaarbeit für den Sozialismus antwortet sie: »Ich glaube keine Gefahr zu sein für all jene, die das Gute wollen. Und was meine Propagandaarbeit angeht, so habe und werde ich immer das propagieren, was ich für die Wahrheit halte.«
Mit ihrer Entschlossenheit und jener Mischung aus unbesorgter Unschuld und Provokation reiht Pauline sich ein in die Tradition berühmter Heldinnen wie Jeanne d'Arc, die der Hexerei bezichtigt wurde, oder Charlotte Corday, die sich für die Ermordung Marats zu verantworten hatte, und die alle einem Gericht gegenüberstanden, das von vornherein dazu entschlossen war, sie zu verurteilen. Ebenso Louise Michel, die sich nach der Pariser Kommune vor den Versailler Richtern des Kriegsgerichts mit Worten verteidigt, die denen Paulines erstaunlich ähneln: »Ich gehöre mit Leib und Seele der sozialen Revolution an, und ich erkläre hiermit, daß ich die Verantwortung für all meine Handlungen übernehme. Was ich von Ihnen erbitte, ist das Feld von Satory, wo schon meine Brüder den Tod gefunden haben. Wenn Sie keine Feiglinge sind, dann töten Sie mich.«
Von allen Anschuldigungen, die gegen Pauline erhoben wurden, hielten die Richter drei Hauptanklagepunkte aufrecht: 1. Die Teilnahme an Wohltätigkeitslotterien zugunsten der Familien von Inhaftierten (was falsch ist, da sie sich zu jenem Zeitpunkt selbst in Haft befand); 2. die Mit-

gliedschaft in Frauenklubs, was sie immer abgestritten hat; 3. Pauline Roland gilt als gefährliche sozialistische Propagandistin.

Aus all diesen Entscheidungsgründen, die nichts als Vermutungen waren, verurteilt sie der Gerichtshof zur Deportation nach Algerien. Sechs weitere Frauen werden zu Algerien Plus verurteilt, das heißt zu Zuchthaus in der Strafkolonie, eine zur Verbannung nach Cayenne und elf zu Algerien Minus, was soviel heißt wie Hausarrest.

Den Frauen, deren Verurteilung der Regierung immerhin doch peinlich ist, wird angeboten, ein Gnadengesuch zu unterzeichnen. Fünf von ihnen sollten sich weigern, darunter wieder einmal Pauline, was niemand verwundern wird. Sie schreibt an ihre Freundin Anne Greppo, deren Strafverfahren zum Glück eingestellt worden war, so daß sie sich nach England flüchten konnte, und erklärt ihr ihre Lage. Man läßt durchblicken, daß der Minister Maupas bereit wäre, alle Verurteilten zu begnadigen, und über die Weigerung einiger weniger sehr ungehalten sei. Doch Pauline will keine Gnade für Frauen. Vielleicht sagt sie sich auch, daß sie es diesmal bekommt, jenes Martyrium, das sie in ihrer Jugend ersehnte, und daß dies zweifellos das letzte Mittel ist, das ihr bleibt, um öffentlich ihren Glauben zu demonstrieren. »Ich fürchte ihn nicht«, sagt sie über Maupas. »Dieser Unselige vermag nur den Körper zu töten … Wir sind im Besitz der Wahrheit, was immer sie auch gegen uns unternehmen werden.«

Wenn man gehofft hat, sie durch dieses Urteil zum Schweigen zu bringen, so täuscht man sich. »Sagt mir«, bittet sie ihre Freunde im Londoner Exil, darunter auch Jeanne Deroin, die ihre Briefe in ihrem soeben gegründeten *Almanach des femmes* (Almanach der Frauen, d. Übers.) veröffentlichen wird, »sagt mir, ob Ihr etwas Wichtiges seht, das man dort unten tun könnte, um die soziale Idee voranzutreiben und dort im kleinen die Gemeinschaft der Zukunft zu verwirklichen? ... Wenn man mich nach Algerien bringt, werde ich dort das Evangelium predigen.«

Was sie zur Verzweiflung bringt, ist der Gedanke, ihre Kinder zurücklassen zu müssen. Der kleine Moïse ist krank. Er ist ein sehr zartes Kind und wenig begabt fürs Studieren. Wer wird sich um ihn kümmern? Irma ist nach wie vor im Pensionat bei Madame Bachellery, doch vor allen macht ihr Jean Sorgen. Erst kürzlich hat er in Sainte-Barbe den Preis für den Klassenbesten erhalten, was ihn ins Rampenlicht allgemeiner Aufmerksamkeit gezogen hat. Genau das läßt ihr keine Ruhe: Sie fürchtet nicht, daß er im Leben womöglich keinen Erfolg haben könnte, sondern daß er eben zuviel Erfolg haben könnte!

»Dieses gute Kind, bei dem mir noch nichts anderes als edle Gefühle begegnet sind, wird es sich auch dieses offene Herz bewahren können, und wird man es nicht zwingen, ›seinen Weg zu machen‹, wie man zu sagen pflegt? Wird man ihm nicht zu verstehen geben, daß es seiner verbannten Mutter gegenüber für ihn geradezu Sohnespflicht ist, im Leben zu siegen?«

Eindeutig unterscheidet sich Pauline von anderen Frauen und mehr noch von anderen Müttern, was das erstaunlichere ist. »Was den anderen Eltern zu Neid gereicht, ist mir eine Sorge: In dieser Welt, in der man sich immer nur auf Kosten anderer einen Platz erkämpft, ist es meine oberste Pflicht, dafür zu sorgen, daß meine Kinder darin keinen Platz haben und arm bleiben«, schreibt sie an Anne Greppo.

Das Übermaß an Unglück, das ihr widerfährt, verwirrt sie zweifellos. Doch sollte man sich daran erinnern, daß die

Tugend der Armut eines der Prinzipien war, die Leroux so am Herzen lagen. Und auch, daß sie, eingesperrt und in Erwartung einer furchtbaren Strafe, mit ihren Nerven am Ende ist und daß ihr die Wirklichkeit des Alltags nicht mehr sehr deutlich vor Augen steht.

Ihr jedenfalls ist es gelungen, sich keinen Platz zu erkämpfen, weder in der Partnerschaft mit Aicard noch im Berufsleben, wo sie nur unscheinbare Positionen angenommen hat, noch auch in der politischen Arena, aus der sie mangels bürgerlicher Ehrenrechte, aber auch aufgrund ihrer Bescheidenheit und ihrer Skepsis Politikern gegenüber verdrängt worden ist. Ebenso ist es ihr gelungen, arm zu bleiben, vielleicht über ihre Erwartungen hinaus.

Weder hat sie jemals Gewalt angewendet oder eine Barrikade errichtet, noch wie Flora öffentlich gepredigt oder wie Jeanne durch militantes Auftreten im Kampf um das Wahlrecht skandalöses Aufsehen erregt. Und trotzdem wird sie die Höchststrafe erhalten, als wäre das ihr Schicksal und der geheime Wunsch ihres Herzens.

In Algerien, wo man in nichts auf den Aufenthalt von Frauen eingestellt ist, fragt sich die Verwaltungsbehörde, was sie mit diesen aus dem Rahmen des Alltäglichen fallenden Häftlingen anfangen soll. Es sind zwölf an der Zahl, darunter ein achtzehnjähriges Mädchen. Dank der Fürsprache eines Erzbischofs erklärt sich schließlich die Oberin des Klosters du Bon Pasteur, eine deutsche Baronin namens Frau von Strausky, die als überaus energische Frau gilt, bereit, diese Rebellinnen bei sich aufzunehmen. Ihr Kloster hat sie 1842 zur moralischen Besserung von Prostituierten gegründet, doch sie verfügt über eine abgetrennte Räumlichkeit, um diese politischen Häftlinge, die für die unschuldsvollen Freudenmädchen eine Gefahr darstellen, isoliert zu halten.

Doch der Aufbruch verzögert sich, da das Gerücht umgeht, der Prinz-Präsident habe seinem Onkel Jérôme, dem Bruder Kaiser Napoleons, versprochen, die Frauen nicht deportieren zu lassen. Man redet gar von einer Generalamnestie zum 15. August …

Mit dieser Verlängerung ihres Aufenthalts in Saint-Lazare schöpft Pauline neue Hoffnung, sie schreibt an ihre Freunde, an Lefrançais, an Barbès, der auf der Insel Belle-île inhaftiert ist, an Leroux in London und an Guéroult, den sie bittet, sie doch zu besuchen. Aber es tut nicht gut, sich mit einer »Politischen« zu kompromittieren. Er ist ein alles andere als unbekannter Mann und leitet eine Zeitung, er wird nicht kommen.

Sie hat beim Kriegsminister um die Erlaubnis gebeten, ihre Kinder mitnehmen zu dürfen, doch die Informationen über den sanitären Zustand des Landes sind beunruhigend. »Nur Moïse will ich hierlassen, und natürlich auch nur vorläufig. Jean ist wundervoll inmitten von alldem«, fügt sie hinzu. »Ruhig, entschlossen und bereits jetzt ein pflichtbewußter Bürger und Mann. Die Mimi [ihre Tochter Irma] ist immer traurig, sanft und liebevoll, wie Sie ja wissen. Und der ebenfalls sanfte und liebenswerte Moïse befindet sich in sehr guter gesundheitlicher Verfassung … Jeden Sonntag sehe ich sie zwei Stunden lang. Jean und François [Dr. Ferdinand, ein Freund] haben meine Akte eingesehen: Deportation zweiten Grades, das heißt Kolonisierung. Zehn Jahre, glaube ich. Mehrere Frauen wurden in dieser Weise verurteilt. Sollte man mich überraschend plötzlich fortschaffen, werde ich meine Kinder später, wenn ich erst mal Fuß gefaßt habe, nachholen. Bis dahin werden sich meine Freunde und die Vorsehung ihrer annehmen.«

Tatsächlich bringt man sie ohne Vorankündigung weg. Am

22. Juni, mitten in der Nacht, holen zwei Nonnen sie unvermutet aus ihrer Zelle.

»Geht es fort nach Algerien?«

»Leider Gottes, ja, arme Frau!«

Der Gefängnisdirektor von Saint-Lazare, der seine Gemütsbewegung nicht verbirgt, geht von Zelle zu Zelle, um die Nachricht zu überbringen. Die Mehrzahl der weiblichen Häftlinge war lediglich mit Strafen wie Ausweisung aus dem Lande oder Hausarrest innerhalb Frankreichs belegt worden. Deportiert werden einzig diejenigen aus Paris und den Departements Loiret, Niève und Hérault, wo der Widerstand gegen den Staatsstreich am massivsten gewesen war. Die Deportierten waren in zwei Kategorien eingeteilt: Algerien Plus bedeutete die Inhaftierung in einer Festung oder einem Gefangenenlager, Algerien Minus ließ einem die Freiheit, seinen Aufenthaltsort selbst zu wählen. Doch was tun mit alleinstehenden Frauen, die man, um die Anfangsschwierigkeiten zu beseitigen, schließlich nicht einfach so in einem Dorf unterbringen konnte? Das Kloster schien die Lösung zu bieten.

Den Verbannten werden einige Lebensmittel und ein Leinensack für ihre Habseligkeiten ausgehändigt. »Die Klosterschwestern, allen voran die Oberin, kommen, um einigen von uns kleine Beträge auszuzahlen für die Arbeit, die sie im Gefängnis geleistet haben. Die Arbeiten werden so peinlich genau kontrolliert, daß man den mittellos dastehenden Frauen die Löhne ungefähr um die Hälfte kürzt! Um diesen Heiligen vor Gott Gerechtigkeit widerfahren zu lassen, müssen wir im übrigen sagen, daß ihnen nicht ein Wort des Trostes und der Sympathie über die Lippen kam angesichts dieser beklagenswerten Aufgeopferten, die da durch tausend Gefahren hindurch ins Exil aufbrechen sollen.«

Die weiblichen Häftlinge werden zusammen mit zweihundertzehn weiteren politischen Gefangenen aus Bicêtre in zwei Waggons gepfercht. Insgesamt waren es etwa zehntausend Algerien-Deportierte, die meisten davon, aus »reiner Sicherheitsmaßnahme«, ohne gerichtliches Urteil. Sie sollten eine erste Stammgruppe von »Kolonisatoren« bilden.
In ihrem Bericht über den Abtransport wird sich Pauline wie immer alle Mühe geben, ihr eigenes Unglück mit Humor darzustellen: »Nachdem wir durch die Pforte für die Gepäckverladung auf den Landesteg gelangt sind, blinken uns im ersten Dämmerlicht des Morgengrauens drei Bajonettreihen entgegen ... Das sind die Repräsentanten des alten Rittertums, die Stützen der französischen Ehre, die nun über die Verschiffung von zehn Frauen wachen, nach deren Abfahrt Frankreich endlich wieder ruhig schlafen kann.«
Auf der *Magell an,* die Le Havre Ende Juni verläßt, werden diese Gefangenen, die wenig gemein haben mit den sonst für gewöhnlich transportierten Prostituierten, von den Offizieren mit Respekt aufgenommen. Man bietet Pauline sogar eine Kabine an, doch sie lehnt diese Vorzugsbehandlung, die ihren Leidensgefährtinnen nicht ebenfalls zugute kommen kann, ab.
Am 9. Juni wird die Herde in Oran ausgeladen und im Fort Saint-Grégoire in einen Stall gesperrt, wo man drei Wochen lang nur Wasser und Schwarzbrot an sie austeilt. Sie gelangen schließlich nach El Biar, nahe Algier, und werden in einem Gemeinschaftsraum zusammengepfercht, wo sich vor einem winzigen Innenhof ohne jeden Baum zwölf Strohsäkke aneinanderreihen. Die Klosterschwestern bereiten diesen Politischen, die man ihnen als gefährliche, glaubens- und gesetzlose Megären vorgestellt hat, von denen etliche auf den Barrikaden mit der Waffe in der Hand gefaßt worden

seien, einen sehr frostigen Empfang. Fünf Republikanerinnen aus südfranzösischen Städten befinden sich dort bereits in Klausur. Auf Anordnung der Präfekten waren sie ohne richterliche Entscheidung zur Abschreckung vor jeglichem weiteren Widerstand gegen den Staatsstreich deportiert worden.

Und was die Prostituierten betraf, so waren dies bedauernswerte, harmlose Geschöpfe, allesamt Analphabeten, die aus dem Arbeitermilieu stammten und von denen viele unter dem Druck ihrer Wärterinnen konvertiert hatten.

Die Nonnen glaubten diesen unseligen Republikanerinnen und Opfern der roten Propaganda den wahren Glauben predigen zu können. Da war Madame Guillermet, eine Modewarenhändlerin aus Clamecy, ferner Claudine Hybruit, eine Freundin von Pauline, Armandine Huet, die Kreolin Constance Freyli, Augustine Péan, die auf den Barrikaden verwundet worden war, Eugénie Clouard, eine Schusterfrau, Rosalie Bergeoin, die Frau eines Arztes, die schöne Héléna Gaussin, ihres Zeichens Künstlerin an der Comédie Française, und schließlich Louise Allemand, ein achtzehnjähriges Mädchen, das verurteilt wurde, weil sie einem Aufständischen und »der vielzitierten Pauline Roland« Zuflucht gewährt hatte.

Da die Konversionen und Reuebezeigungen mit bedingter Freilassung verbunden waren, erzielten die Schwestern einige Erfolge. In Pauline aber sollten sie eine noch weitaus hartnäckigere Moralpredigerin kennenlernen, als sie selbst es waren!

»Die Materie ist göttlich wie der Geist«, wagt sie diesen züchtigen Damen zu sagen. »Glauben Sie etwa, daß Gott sich für Ihre nichtssagenden Gebete interessiert, für Ihre Kasteiungen, Ihre Frisuren und Gewänder und für den Fisch, den sie an gewissen Tagen im Jahr essen? Wir rehabilitieren das Fleischliche, wir haben eine Religion der Tat: Gott sieht es lieber, wenn wir den wirtschaftlichen, sozialen und geistigen Stand der Welt verbessern.«* Auf die Gotteslästerungen dieser Frau, die Mutter Marie von Sainte Philomène als »Madame Roland, Professorin der Beredsamkeit in Paris« bezeichnet, reagieren die Schwestern bald nur noch mit dem Kreuzeszeichen. Am Ende ihrer Geduld, schreibt die Oberin nach eineinhalb Monaten an den Gouverneur von Algerien und fleht ihn an, sie doch von dieser unbezähmbaren Madame Roland zu erlösen. Ein Offizier begibt sich nach El Biar, um der Gefangenen ihre Überstellung mitzuteilen: »In Anbetracht der Tatsache, daß Sie eine überaus gefährliche Person sind, die in sich die Anziehungskraft der ersten Madame Roland wie auch die Unbezähmbarkeit einer Théroigne de Méricourt vereint, schicken wir Sie nach Sétif, einem gottverlassenen Nest, wo es Ihnen unmöglich sein wird, auch nur irgend etwas aus- oder anzurichten.«

Pauline will wissen, wie sie dann ihr Leben und das ihrer drei Kinder verdienen soll.

»Dafür wird die Regierung aufkommen«, erwidert der Offizier.

Die Wege nach Sétif sind nicht befahrbar, und so muß man per Schiff bis Bejaïa reisen. Dort wird Pauline das Glück widerfahren, Freunde zu treffen, die sie einige Tage bei sich aufnehmen. Zum erstenmal seit Monaten schläft sie in einem richtigen Bett, sie nimmt ein richtiges Bad und bekommt warmes Essen vorgesetzt. Doch als Vergeltungsmaß-

* *Pauline Roland et les déportés d'Afrique* (Pauline Roland und die Verbannten in Afrika, d. Übers.), Marcel Emerit, Algier, 1975 und *Les Bagnes d'Afrique* (Die Bagnos in Afrika, d. Übers.), Charles Ribeyrolles, London, 1853.

nahme für ihr Verhalten im Kloster ist ihr ja Sétif als Aufenthaltsort zugewiesen worden, und so muß sie die Reise fortsetzen, diesmal auf einem Maultierrücken.
Mit ihrem gewohnten Optimismus erzählt sie Gustave Lefrançais von diesem dreitägigen Leidensweg: »Auf Maultieren muß man einen Teil der Kabylei durchqueren und sich dabei von einer starken Eskorte begleiten lassen, da man Gefahr läuft, von den Kabylen entführt oder von Löwen gefressen zu werden: Diese Perspektive gefällt mir, und ich werde mich sehr zusammennehmen müssen, um eine so schöne Gelegenheit nicht beim Schopfe zu packen.«
Doch für eine Frau, die gerade monatelang in einer Zelle gesessen hat, erweist sich die Reise als qualvolle Kraftprobe. Bei einer Hitze von über vierzig Grad sieben bis acht Stunden auf dem Rücken eines Maultieres und in einem Packsattel, der sie von der ersten Stunde an wund gerieben hat, ohne Hut, um sich vor der mörderischen Sonne zu schützen, und ohne Zelt, in dem sie nachts hätte Schutz suchen können. »Schon am zweiten Tag waren mir Gesicht und Hände geschwollen, ich hatte dicke Wasserblasen auf der Haut, und dank dem Maultier konnte ich acht Tage lang nicht mehr sitzen!«
Trotzdem vergißt sie deswegen nicht, alles um sich her zu beobachten – die Frau, die wie ein Pferd arbeiten muß, oder auch die Odaliske aus dem Harem der Reichen –, und fühlt sich in der Gewißheit bestärkt, daß »die Zukunft der Welt darin liegt, den Frauen eine Erziehung angedeihen zu lassen …«
In Sétif ist sie frei, doch die Regierung billigt ihr nur einen Franc pro Tag zu, während man eigentlich drei braucht, um nicht Hungers zu sterben. Sie weist dieses Almosen zurück und verdingt sich als Bedienstete in einem Gasthaus des

Ortes. Aber der Wirt zieht ihr alles, was sie verdient, für Unterkunft und Verpflegung wieder ab. Im übrigen ist sie ohne Nachricht von ihren Haftgefährtinnen und vor allem von ihren Kindern, da die Post nur unregelmäßig eintrifft. Sie lebt in vollkommener Einsamkeit. Erst fünfundvierzig Jahre ist sie alt, doch ihre Haare sind bereits weiß. Außerdem hat sie sich während der Reise »das Fieber« geholt und fühlt sich nun ständig erschöpft.

Mit fünfundvierzig ist Pauline eine alte Frau geworden.

Eine grauenvolle Wüste

Im Jahr 1852 machte das soeben erst von den Franzosen eroberte Algerien den Eindruck eines grausamen, unmenschlichen Landes. So beschrieb es zumindest Victor Hugo in *Les Châtiments:*

... Afrika, der Strand des Grauens,
Sandwüsten, die ein Himmel bleiern ausdörrt,
Nackte Gebirge ohne Quell und Leben,
Der Schreckensort für die Entschlossensten ...

Pauline gehört zu den Entschlossensten, gewiß, doch die Zeit des Nachdenkens ist angebrochen, und es plagen sie Gewissensbisse: Hat sie sich nicht Schuld aufgeladen, indem sie sich »ins öffentliche Leben stürzte, ohne sich zu fragen, ob ihre Mutterpflichten ebenso erfüllt seien«? Sie bezeichnet sich als »gebrochen, doch weder niedergeschlagen noch entmutigt«. Sie hat Nachricht aus Frankreich bekommen und weiß nun, daß sie dort nicht vergessen ist. Einige Frauen haben zusammengelegt, um ihr hundert Franc zu schicken. Sie besteht darauf, das Geld mit ihren Leidensgefährtinnen zu teilen. Georg Sand hat sich für ihre Freilassung eingesetzt, und auch der treue Béranger, der einige Jahre zuvor wegen einer Liedersammlung ebenfalls mit dem Gefängnis Bekanntschaft hatte machen müssen. Doch es ist ihr Sohn Jean, der schließlich und endlich ihre Rückkehr erreicht.

Jean Roland hat im jährlichen Leistungswettbewerb der besten Gymnasiasten Frankreichs den ersten Preis für lateinische Sprache bekommen, und dieser Erfolg hat die allgemeine Aufmerksamkeit auf Paulines Haft gelenkt. Die Behörden fürchten gar, daß Jean am Tag der feierlichen Preisverleihung die Zeremonie unterbrechen könnte, um eine Regierung anzuklagen, die eine Frau, seine Mutter, ihrer Ansichten wegen deportiert und quält. Ein ähnlicher Skandal hat sich schon einmal zugetragen. Darum auch wurde ihre Begnadigung beantragt, doch Pauline fühlt sich innerlich zerrissen. Was soll sie noch in Frankreich? Vorläufig steht sie dort auf verlorenem Posten. Sie könnte zu Jeanne Deroin nach England gehen, wo diese mit ihrem Mann und ihren Kindern Zuflucht gesucht hatte, aber die Verbannten schlagen sich ohnehin nur recht und schlecht durchs Leben. Und schließlich wird ihr auch klar, daß sie Frankreich einfach zu sehr liebt: »Alles in diesem geliebten Land, Elend, Unglück, Gefängnis, ja sogar der Tod ist mir lieber als das Exil.«

Auf jeden Fall gibt man ihr zu verstehen, daß sie nur freigelassen werden kann, wenn sie Louis-Napoléon ausdrücklich um Gnade ersucht, ihre Fehler bereut und verspricht, sich künftig unterzuordnen. Wer sich das erhoffen konnte, kannte sie schlecht. »Meine Inhaftierung und Deportation sind keine schlichten Zufälle, sie sind die Konsequenz meines ganzen Lebens«, muß sie erkennen. »Zurück in Frankreich, würde ich schon am ersten Tag und ohne etwas verbrochen zu haben, wieder verhaftet werden, wenn es gerade zweckmäßig erscheint, und diesmal würde ich eben nach Cayenne kommen.«

Auf sie ist Verlaß, in der Tat. Pauline Rolands Eigensinn bringt die Verwaltungsbehörden derart in Harnisch, daß man ihr, die zu Algerien Minus verurteilt war, nun Algerien Plus auferlegt. »Ich weiß nicht, ob es das ist, worauf Monsieur Guizot hinauswollte, als er im Stile eines Doktrinärs die Inhaftierung in der Verbannung forderte, aber eines ist sicher, ein solcher Aufenthalt ist unerträglich, die reinste Hölle.«

Man bringt sie nach Constantine, und dann in die gefürchtete Kasbah von Annaba, wo sechshundert politische Häftlinge langsam am Fieber dahinsterben. Paulines Mut und Stärke beginnen nichtsdestoweniger aufzufallen: In Constantine treten die Deportierten für sie ein, und ihre Wärter behandeln sie voller Hochachtung. Die Häftlinge werden in einem Schuppen zusammengepfercht, doch sie ist eine der wenigen Frauen, und man richtet ihr eine kleine Kammer her, da sie am Ende ihrer Kräfte ist. Ende Oktober »zieht man sie in den Schmutz«, wie sie es ausdrücken wird, indem man ihr endlich die Begnadigung gewährt, um die zu bitten sie sich strikt geweigert hatte. Sie möchte lediglich durch eine Generalamnestie nach Frankreich zurückkehren dürfen. Die aber wird nicht erteilt. Die Wochen vergehen, andere Deportierte wurden in die Heimat entlassen, Pauline aber vegetiert immer noch im Gefängnis dahin, und ihr Gesundheitszustand verschlechtert sich. Victor Hugo interpretiert die Folge der Geschichte auf seine Weise:

Und der Mann des Dezember kürzte ihr Exil:
Denn wenn sie stirbt, dann stört sie nicht sehr viel!

Damit schrieb er zwar Napoléon III. einen Zynismus zu, der seinem Charakter nicht zugrunde lag. Aber Hugo irrte sich trotzdem nicht, sie kam tatsächlich nur zum Sterben zurück.

Ende November wird sie nach Philippeville (dem späteren Skikda) überstellt. Sie kommt dort »schiffbrüchig, oder zumindest hat nicht viel dazu gefehlt, halb tot, schreib- und nahezu denkunfähig« an. Am darauffolgenden Tag wird sie völlig entkräftet an Bord eines Schiffes nach Marseille gebracht. Sie besitzt nicht das nötige Geld für eine Kabine, und schließlich hat sie sich ja immer für fähig gehalten, selbst das Schlimmste durchzustehen. Diesmal aber hat sie ihre Kräfte überschätzt. Sie bleibt oben auf der Brücke, lediglich bekleidet mit einem Leinenkleid und Drillichsandalen. Es ist Ende November, das Mittelmeer ist stürmisch, und das Schiff braucht sechs Tage bis Marseille. Sechs lange Tage, während denen die Brecher pausenlos die Brücke überspülen.

»Mein Leben lang wird es mich durchschauern bei dem Gedanken daran, was ich auf dieser Schiffsbrücke durchzustehen hatte, wo ich, seekrank wie noch nie, vierundzwanzig Stunden mitten im Wasser lag, ohne daß mir auch nur eine Menschenseele Hilfe anbot«, schreibt sie aus Marseille in dem Brief, der ihr letzter sein sollte.

In der Angst, nicht mehr lange zu leben, und dem sehnlichsten Wunsch, ihre Kinder noch einmal sehen zu dürfen, lehnt sie es ab, sich auszuruhen, und setzt ihre Reise unverzüglich nach Paris fort. In Lyon jedoch bricht sie zusammen. Man bringt sie in ein Sanatorium und benachrichtigt ihren Freund Dr. Ferdinand François, der sich um ihre Kinder kümmert, und ihren Sohn Jean. Doch als diese eintreffen, liegt sie bereits in den letzten Zügen und ist ohne Bewußtsein. Sie stirbt am 16. Dezember 1852, ohne daß ihr noch einmal das Glück zuteil geworden wäre, ihren Sohn am

Sterbebett zu erkennen, und Jean sollte nicht den Trost finden, ihre letzten Worte noch in sich aufzunehmen.

Sie war gestorben unterm Druck der Leiden,
Gestorben, ohne Frankreich zu erkennen,
Den milden Heimathimmel, der sie wärmte –
Im Fieberwahn noch schrie sie: Meine Kinder!
Man wagte nicht einmal, am Grab zu weinen.
Sie schläft beerdigt. Auf jetzt, Bischöfe,
Die Mitra in der Stirn, im finstren Tempel,
Speit eure Tedeums Gott ins Angesicht!

Sie wurde in Lyon begraben. Ihrem Sarg folgten fünf Personen.

Gedenkworte

»Pauline Roland ist tot! Sie starb nach all den Schrecken ihrer Deportation nach Afrika. Das Martyrium dieser wundervollen und edlen Frau ist eine Schande mehr für unsere Gegner. Es ist ein Fleuron, der in der Krone des neuen Kaisers der Franzosen noch fehlte. Sie starb, als sie den Boden Frankreichs berührte ... Sie mußte dahingehen, noch bevor sie von ihren geliebten Kindern ein letztes Mal umarmt werden konnte.

Pauline, dein Leben in Edelmut wird nicht umsonst gewesen sein ... Wir fühlen dich in uns, du inspirierst uns, du gibst uns Kraft. Adieu deiner sterblichen Hülle, doch deinem Andenken niemals!«

JEANNE DEROIN,
Almanach des femmes, veröffentlicht in London

»Madame Roland! Warum ich diese Verstorbene so nenne? Alle, die von ihr sprechen, nennen sie schließlich Pauline Roland ...

Gewiß, es ist unmöglich, einander in tieferer Freundschaft verbunden zu sein, als wir es waren. Niemals hatten wir Geheimnisse voreinander. Allein die Liebe vermag engere Bande noch zu knüpfen. Und doch kann ich selbst in dieser

Stunde nicht umhin, sie, wie ich es immer getan habe, Madame Roland zu nennen.
Ich möchte behaupten, daß ich nie eine mannhaftere Frau gesehen habe. Ob sie ein Mannweib war? O nein! Sie war durch und durch eine Frau, mit einem weichen, ja sogar schwachen Herzen; und in ihrer Jugend besaß sie ebensoviel Anmut wie Schönheit. Was aber im Sprachgebrauch der Galanterie als die Reize einer Frau bezeichnet wird, trat hinter ihrem Charakter zurück. Sie war eine unerschrockene, stolze Seele.
Bis zu einem gewissen Punkt hat sie, wenigstens was die Ehre betrifft, ihr Ziel erreicht.
Auch sie ist nun tot. Ich werde sie nie wiedersehen, sie wird mir nie mehr Mut machen, sie fehlt mir. Sie fehlt überhaupt allen.«

PIERRE LEROUX,
Le Grève de Samarez, Jersey

»Sie war eine erhabene und mutige Seele, jedoch irregeleitet durch den Saint-Simonismus.«

BÉRANGER

Sie kannte nicht den Hochmut noch den Haß.
Sie liebte. Sie war heiter, schlicht und arm.
Das Brot, das fehlte, kürzte oft ihr Mahl.
Den Trotzigsten gewann ihr offnes Wort …
Das Übel brach sie, doch die Seele wuchs.
Sie sagte oft und ernsthaft: Es ist gut,
Wenn eine Frau, wo Fron und Feigheit herrscht,
Für die Gerechtigkeit und Freiheit stirbt.

VICTOR HUGO,
Les Châtiments

»Sie ist tot, Pauline ist tot, die edle Frau, die wir alle so sehr liebten. Für die Leibeigenen der Felder und Werkstätten ist sie gestorben.«

TREMBLAY,
Druckereiarbeiter

»Pauline Roland, diese begeisterungsfähige, großdenkende Persönlichkeit, die die Illusionen eines Kindes und die Charakterstärke eines Helden hatte! Diese Verrückte, diese Märtyrerin, diese Heilige …«

GEORGE SAND

»Daß Frauen eine solche Aufgabe übernehmen, das grenzt ans Lächerliche. Arme Närrinnen waren es, die Klubs gründeten, statt die Socken ihrer Kinder zu stopfen, und das Scheidungsrecht forderten, so als ob die Initiative nicht zu Recht ihren Ehemännern vorbehalten wäre!«

ALPHONSE KARR,
Chefredakteur der Zeitung *La Liberté*

»Diese Frauen mit ihrer abscheulichen Heldenhaftigkeit … wissen sie, was sie tun? Begreifen sie überhaupt, weshalb sie sterben müssen?«

CATULLE MENDÈS,
Dichter des Parnasse

»Wir haben die weibliche Autorin erlebt, die Philanthropin, die systematische Predigerin der Liebe, die republikanische, fourieristische oder saint-simonistische Dichterin; und unsere in alles Schöne verliebten Augen konnten sich niemals an all die gespreizten Häßlichkeiten, all die gottlosen Niederträchtigkeiten und Versündigungen gewöhnen, die nichts als Nachahmung des männlichen Geistes sind.«

CHARLES BAUDELAIRE

»Die freie Frau ist tot! Der Hund ist tot, und dennoch beißt er weiter.«

ERNEST LEGOUVÉ,
Professor für Moralgeschichte der Frau
am Collège de France

Und schließlich folgende Verse eines großen Dichters aus einem bereits zitierten Gedicht, das einer anderen politischen Gefangenen, nämlich Louise Michel, gewidmet ist:

Madame Roland, Pauline Roland,
Lucile, Théroigne und Charlotte,
Beinah Jeanne d'Arc, ihr Sterne an
Der Stirn der töricht dumpfen Rotte,
Ihr Himmelsnamen, Herzen Gottes,
Euch schickt ein Garnichts ins Exil,
Bourgeoises Frankreich, sorglos flottes ...
Louise Michel bedeutet viel.

PAUL VERLAINE

Zu guter Letzt und als Gegengewicht sollte noch der Vater zitiert werden, ohne den es diese Geschichte immerhin nicht gäbe. Zum 16. Dezember 1852 schreibt er nur vier Worte in sein Tagebuch: »Tod von Pauline Roland.«
Man würde gern glauben, daß er sich unter den fünf Personen befand, die ihrem Sarg das Geleit gaben. Doch nichts gibt Anlaß zu einer solchen Behauptung. Und doch hatte er durch einen sonderbaren Zufall gerade zwei Tage

vor dem Tod seiner Tochter in Saint-Simon in Lyon seine Amtsräume als Verwalter der französischen Eisenbahn in eben dieser Stadt bezogen.

Und Paulines Kinder? Sie wurden von ihren Freunden aufgenommen, wie es schon so oft geschehen war.

Jean Roland litt ungemein unter dem Tod seiner Mutter. Doch sein Vater gab kein Lebenszeichen von sich, da er es vorzog, sich an eine Attitüde bürgerlicher Umsicht zu halten: Er war verheiratet.

»All meine Erinnerungen sind zurückgekehrt«, schrieb Guéroult dennoch, »und der Gedanke an die arme Pauline hat sich mir mit solcher Macht und Klarheit aufgedrängt, daß ich irgendwie unbestimmt zu fühlen begann, was zu tun war … sie mit ihrem Sohn ins reine zu bringen.«

Adolphe Guéroult wird es bei diesen unbestimmten Gefühlen belassen … Erst zwei Jahre später wird er seinen Sohn kennenlernen, als er nämlich erfährt, daß Jean in seinem seelischen Dilemma mit dem Gedanken spielt, in einen Orden einzutreten. Doch nach einer religiösen Krise hat sich der junge Mann wieder den sozialistischen Anschauungen seiner Mutter zugewendet. Er schreibt für linksorientierte Zeitungen, wird Lehrer und unterrichtet Französisch und Latein im Elsaß.

Eine von Paulines einstigen Leidensgenossinnen im Gefängnis, Madame Garreau, hat Moïse bei sich aufgenommen. Doch er ist ein sehr zartes und bereits krankes Kind, das auch bald darauf sterben wird. An seinem Begräbnis nahm eine große Menschenmenge teil, zum Gedenken an Pauline.

Wenige Jahre später, nach dem Attentat von Orsini, wurde Madame Garreau mit zahlreichen anderen, die sich 1848 durch ihre sozialistischen oder republikanischen Ansichten

hervorgetan hatten, verhaftet und ihrerseits nach Algerien deportiert. Pauline hatte ganz entschieden ziemlich schlechten Umgang gepflegt.
Sie hatte auch großzügige Freunde. Die Brüder Pereire, Madame Lemonnier und Béranger kümmerten sich um die Erziehung der drei Waisen, deren Vormund Jean Raynaud und Dr. Ferdinand François waren.
Irma ergriff wie ihr Bruder den Lehrerberuf und unterrichtete in London, wo sie 1923 ihr Leben beschließen sollte. Sie war mit ihrem Halbbruder, dem Dichter Jean Aicard und Sohn von Jean-François und Victoire, in Verbindung geblieben. Um der Wahrheit gerecht zu werden, sei gesagt, daß Jean-François aus der Ferne über Paulines Kinder wachte und daß auch Victoire sie nach seinem Tod nicht im Stich ließ. Die Saint-Simonisten mochten feige, nachlässig und egoistisch sein, doch selten waren sie engherzig und gehässig. Doch es ist der andere Jean, Jean-François' ehelicher Sohn, der zum Modeschriftsteller und Mitglied der Académie française werden und als Autor von *Maurin des Maures* (Maurin der Mauren) unvergeßlich bleiben sollte.
Pauline konnte sich freuen, ihr Wunsch sollte in Erfüllung gehen: Keines ihrer Kinder besetzte je einen bedeutenden Platz in der Gesellschaft.

»*Was ist aus meinen Freunden geworden?*«

Barbès, Raspail, Edgar Quinet, Bineau, Pereire ... Boulevards.
Auguste Blanqui, Ledru-Rollin, Carnot ... Avenues.
Félicien David, Laffitte und Victor Considérant ... Straßen.
Louis Blanc, Arago und wieder Raspail ... Metrostationen.
Alle sind sie da, die romantischen Sozialisten und die revolutionären Republikaner. Ihre Namen stehen auf unseren Straßenschildern, Namen, die täglich von Tausenden von Passanten ausgesprochen werden und die Teil unseres kollektiven Gedächtnisses geworden sind. Zu verdanken haben sie es Auguste Comte! Denn es geschah unter dem Einfluß des Positivismus, daß die Stadtverwaltung der Dritten Republik zahlreiche Straßen im Geiste der Wiedergutmachung an den Besiegten der Revolution von 1830 und 1848 neu benannte.
Der schöne Barbès, den George Sand als den »Bayard der Demokratie« bezeichnete: Er verbrachte fünfzehn Jahre in diversen Gefängnissen, darunter auch die schreckenerregenden Verliese des Mont-Saint-Michel. Danach im holländischen Exil.
Blanqui, der Schöpfer des Begriffes »Freidenker«: vierund-

dreißig Jahre Gefängnis. Die Arbeiter bereiteten ihm 1881 ein gewaltiges Volksbegräbnis.

Louis Blanc, Begründer der sozialistischen Partei Frankreichs, nach dem Staatsstreich von 1851 im Londoner Exil.

Ledru-Rollin, Minister der provisorischen Regierung unter Lamartine, nach dem Juni-Aufstand im Exil.

Raspail, der sein halbes Leben im Gefängnis verbrachte und dann nach Belgien verbannt wurde: nach der Wiederkehr der Republik zum Parlamentsabgeordneten gewählt.

Die Saint-Simonisten schließlich, die nicht unbedingt als Republikaner und noch weniger als Revolutionäre gelten können, da sie immer jegliche Gewaltaktion ablehnten, haben, nachdem sie ins reife Alter vorgerückt sind, überall ihre Hand mit im Spiel und bedecken sich mit Ruhmesblättern. Sie verleugnen keinesfalls ihre Ansichten, da sie ja immer zum Ausdruck gebracht hatten, daß es ihr Ziel sei, ihre Prinzipien zu verwirklichen und nicht das eine oder andere politische Regime aufzustellen. Jede Regierung erscheint ihnen gut und richtig, wenn sie nur darauf eingeht, ihre gesellschaftlichen oder industriellen Pläne in die Tat umzusetzen. Ihre Sachkenntnisse und im Hinblick auf das öffentliche Wohl haben ihnen auf allen Gebieten den Weg zu Führungspositionen geebnet. Sie, die man für Utopisten hielt, sind durchaus auch fähig zu unerwartetem Realismus. Hippolyte Carnot, der Enfantin so viel von seiner Zeit und seinem Geld geschenkt hatte, wird Minister für staatliches Unterrichtswesen und umgibt sich mit Saint-Simonisten. Er wurde der Begründer der École d'Administration, des Vorläufers der ENA.*

* ENA = École nationale d'administration
(Nationale Verwaltungshochschule; Anm. d. Übers.)

Bineau, der in Ménilmontant für die Wäsche verantwortlich war, ist unter Napoleon III. Finanzminister geworden.
Michel Chevalier, der mit Enfantin zusammen im Gefängnis saß, wird der Unterzeichner des Freihandelsabkommens mit England sein und zum Senator ernannt werden. Dem Kaiser wird er ein sehr geschätzter Berater bleiben.
Adolphe Guéroult setzt sich in seiner Zeitung *L'Opinion publiqe* (Die öffentliche Meinung) für die Ansichten Napoleons III. über Europa ein, wobei er hervorzuheben pflegt, wieviel sie der prophetischen Denkweise Saint-Simons zu verdanken haben.
Isaac Pereire, der in der Rue Monsigny das Rechnungsbuch der Familie verwaltete, hat gemeinsam mit seinem Bruder das Bankinstitut Crédit mobilier eröffnet und weiht 1837 die Eisenbahnlinie Paris – Saint-Germain nach Saint-Simons Plänen und gegen die Auffassung der politischen Parteien ein, von denen *keine* an die Zukunft der Eisenbahn glaubt!
Charles Lambert ist mit dem Titel eines Bey aus Ägypten zurückgekehrt. Er hat all seine ehrfurchtsvolle Bewunderung für den Vater beibehalten.
Laurent, Abgeordneter der Ardèche und Zeughausverwalter, wird die Sammlung Enfantin anlegen, aus der sämtliche Historiker des Sozialismus schöpfen werden.
Der Bankier und Berater für die Weltausstellung von 1862 Arlès-Dufour übernimmt die Veröffentlichung der Saint-Simonschen Werke in siebenundvierzig Bänden.
Und schließlich Henri Fournel, Generalinspekteur der staatlichen Bergbehörde; Avril, Direktor der Tiefbauverwaltung; Husson, Direktor der Sozialfürsorge; der ehemalige »Poet Gottes«, Charles Duveyrier, Dramaturg und häufiger Gast am kaiserlichen Hof; Duchez, Präsident der Constituante, und viele dergleichen mehr …

Eine Anekdote, die Maxime Du Camp in seinen *Souvenirs littéraires* (Literarische Erinnerungen, d. Übers.) widergibt, veranschaulicht recht schön das Überleben des Saint-Simonismus im Zweiten Kaiserreich. Eines Abends, als sich ein Gast in den Tuilerien über die Gleichheit der Frauen lustig machte, warf Napoleon III. dreien seiner Minister und einem Senator einen verschmitzten Blick zu: »Nehmen Sie sich in acht, es könnten Saint-Simonisten unter uns sein!« sagte er. Und tatsächlich erhob sich einer der Fürsten und erklärte: »Ich bin ein Sohn Talabots, Sohn Lamberts, Sohn Enfantins, Sohn Olinde Rodrigues' und Sohn Saint-Simons!« Was jenen Priester angeht, der der Guru dieser Plejade bemerkenswerter Persöhnlichkeiten gewesen war, nämlich Vater Enfantin, so ist er sich selbst und den Seinen treu geblieben …

Nach seiner Rückkehr von der ägyptischen Expedition durchlebte er Jahre der Demütigung, indem er Louis-Philippe »Ratschläge« zusandte, die dieser nie befolgen sollte, und seinen geistigen Nachlaß, *La Science de l'homme* (Die Lehre vom Menschen, d. Übers.), veröffentlichte, die jedoch kaum Leser fand.

Wenigstens fühlte er sich nie allein gelassen. Michel Chevalier hatte die alte Freundschaft zu ihm wieder erneuert. Und Pierre Leroux, der auf Jersey in äußerster Armut lebte – er ernährte sich von Strandschnecken, und drei seiner Enkelkinder mußten auf Jersey binnen zwei Tagen Hungers sterben –, er nannte ihn weiterhin Vater und erhielt übrigens von ihm mehrfach finanzielle Unterstützung. Duveyrier blieb ihm ein Freund und vor allem Lambert, der »zutraulich wie ein Kind« an seiner Seite lebte und ihn ebenfalls, trotz seinem ergrauten Bart, weiter Vater nannte.

Sein Sohn Arthur verehrt ihn, und seine Freunde drängen

ihn, doch endlich dessen Mutter Adèle zu heiraten. Doch er lehnt es ab, »wie ein reumütiger Bourgeois« zu handeln. Das hieße ja den Sinn seines Lebens selbst zu verleugnen. In diesem Schiffbruch seiner Hoffnungen will er zumindest intakt halten, was von ihm selbst abhängt: seine Moral.

Seine größte Enttäuschung wurde es, mit ansehen zu müssen, wie Ferdinand de Lesseps sich sein Suezkanal-Projekt aneignete, während er doch 1846 die internationale Kanalgesellschaft gegründet hatte, in der er mit Arlès-Dufour die Interessen Frankreichs vertrat. Doch der brillante junge Diplomat Ferdinand de Lesseps hatte am kaiserlichen Hof weit mächtigere Stützen als die alternden Freunde des Vaters. Saint-Simons Name sollte mit dem Kanal nicht verbunden bleiben dürfen, wie er es sich erträumt und auch verdient hatte.

»Ich war ein alter Narr, mich darüber zu grämen«, wird Enfantin mit gewohnter Seelengröße später sagen. »Es ist eben Lesseps, der die beiden Meere miteinander vereinen wird. Es ist von geringer Bedeutung, daß der alte Prosper Enfantin eine Enttäuschung durchgemacht hat, was jedoch zählt, ist, daß der Kanal überhaupt durchstochen wird, und das wird er.«

Immerhin hatte Enfantin den Trost, zum Mitglied der Wissenschaftskommission für Algerien nominiert zu werden, wo er zwei Jahre verbrachte und ein Programm zur Kooperation zwischen Frankreich und Algerien entwickelte. Der Traum vom Orient erstand aus der Asche wieder auf. Etliche Jünger schlossen sich dem Vater in Afrika erneut an: Henri Fournel wurde mit der Bestandsaufnahme der algerischen Bodenschätze betraut; Henri Duveyrier, der Sohn Charles Duveyriers, dessen Aufruf an die Frauen bei Pauline so viel Anstoß erregt hatte, erkundet die Sahara.

Barrault wird Algerienabgeordneter in der Legislative, und Thomas Urbain, ein Freund Paulines, konvertiert zum Islam, nimmt den Namen Ismaïl an und schreibt ein Buch mit dem Titel *L'Algérie aux Algériens* (Algerien den Algeriern, d. Übers.). Er war ein Mischling, Sohn eines Pflanzers aus Cayenne und einer schwarzen Sklavin, und ein Bewunderer Enfantins, dem er schon einmal nach Ägypten gefolgt war.

Bei seiner Rückkehr sollte Enfantin mit jenem Sinn für Prophezeiungen, der ihn nie verließ, schreiben: »Algerien wird noch Frankreichs Kreuzigung bedeuten. Es ist eine Eisenkugel, die uns an den Füßen hängt.«

Zahlreiche weitere saint-simonistische Projekte sollten in Frankreich noch von den einstigen Zönobiten aus Ménilmontant realisiert werden, insbesondere das des Eisenbahnnetzes. Zum Verwaltungsdirektor ernannt, trifft Enfantin eine grundlegende Entscheidung für die Zukunft der französischen Bahnlinien. Er beschließt die Fusion achtundzwanzig kleiner Gesellschaften zu sechs großen und wird somit zum Begründer der Eisenbahngesellschaft PLM (Paris–Lyon–Méditerranée, Anm. d. Übers.). Die Ironie des Schicksals wollte, daß es ihm gelang, zwischen den einzelnen Regionen Frankreichs für eine bessere Kommunikation zu sorgen, er, der doch so sehr davon geträumt hatte, eine solche zwischen den Gesellschaftsklassen, den Geschlechtern und den Völkern herzustellen.

Um Ideen nie verlegen, widmete er seine letzten Lebensjahre der Einrichtung eines Intellektuellenkredits, den er recht hochtrabend als »Darlehen der Intelligenz für die Intelligenz« bezeichnete. Auf diese Weise wurde er Vorläufer einer Idee, die verrückt erschien, aber im darauffolgenden Jahrhundert wiederaufgenommen werden sollte durch das Sti-

pendium für besondere Berufung oder die Darlehen der Caisse des Lettres.
In Paris wohnte er in der Rue de Boulogne 36 mit einer blutjungen Frau, Eugénie Guillaume, zusammen, die man für seine Geliebte hielt. Sie aber hatte Arlès-Dufour im Vertrauen gestanden, daß sie nicht seine Lebensgefährtin, sondern seine leibliche Tochter sei.
Im Februar 1864 starb sein geliebter Jünger Lambert, und darüber kam Enfantin nicht mehr hinweg. Der Vater war des Lebens müde, und seine Hände waren von einem ständigen Zittern befallen. In sein majestätisches und immer strahlendes Gesicht hatten sich tiefe Falten eingegraben. Er starb am 31. August desselben Jahres und hinterließ denen, die ihn geliebt hatten, einen Brief, der mit folgenden, an Christus erinnernden Worten endete: »Wer von Euch hätte nicht ein klein wenig zu meinem Tod beigetragen? … Ich segne Euch.«
Wie er es sich auserbeten hatte, wurden die Trauerfeierlichkeiten für ihn in aller Bescheidenheit und ohne das Beisein jeglichen Priesters abgehalten. Arthur Enfantin und Arlès-Dufour führten den Trauerzug an, gefolgt von Laurent, Fournel, Guéroult und Aglaé Saint-Hilaire, ferner von Barrault, Duveyrier, Isaac Pereire, Félicien David, d'Eichtal und dem Arbeiterdichter Vinçard. Alle waren sie gekommen, die Hinterbliebenen von Ménilmontant.
Er wurde auf dem Friedhof Père-Lachaise, unweit von Saint-Simon und Olinde Rodrigues, beigesetzt.
Obwohl seine Dienstbezüge während der letzten Jahre sehr hoch gewesen waren, hatte er bescheiden gelebt, und so schätzte man, daß er seinen Erben wohl mehr als zwanzig Millionen hinterlassen würde. Doch es wurde offenbar, daß er jeden Monat einen Teil seines Gehalts für die von Fournel

geleitete Gesellschaft der Freunde der Familie abgezweigt hatte, die bedürftige Saint-Simonisten unterstützte. Den verbleibenden Rest vermachte er jeweils zur Hälfte Arthur und seinem Testamentsvollstrecker Arlès-Dufour.
Die Doktrin lebte nach wie vor in den Herzen derer, die ihr ihre schönsten Jahre gewidmet hatten. In Arlès' Haus in Oullins, nahe Lyon, trafen sich noch gelegentlich die alten Getreuen des Saint-Simonismus. Eine mächtige Büste des Vaters wachte im Park über die Zusammenkünfte dieser unverbesserlichen jungen Leute, die sich nicht dazu entschließen mochten, auf etwas zu verzichten, was die schönste Zeit ihres Lebens und einen historischen Augenblick in der Geschichte ausgemacht hatte.
Zwei Jahre darauf starb Holstein, der älteste Freund der Familie, in Saint-Simon und vermachte Arlès zehntausend Franc zum Zwecke der Verbreitung des Saint-Simonismus. Noch auf dem Sterbebett beteuerte er, daß er an »den ewiggütigen Gott, Vater und Mutter eines jeden und einer jeden«, glaube.
Auch Félicien David, der zum ruhmvollen Tondichter der damals sehr bekannten Opern *Rêves d'Orient* (Orientalische Träume, d. Übers.) und *Lalla Roukh* geworden war, blieb ein Getreuer …

Alles in allem haben die Männer unter den Saint-Simonisten, Fourieristen und anderen trotz ihren Übertreibungen Karriere gemacht. Letztlich endeten sie mit Auszeichnungen und Ehren überhäuft und im Wohlstand, was aber ist aus den Frauen geworden? Sie sind alle völlig von der Bildfläche verschwunden. Pauline und Flora sind mehr als tot, sie sind vergessen, und der Gedanke des Feminismus bleibt für zwanzig Jahre verschüttet. Freiheit für die Frauen reimt sich fortan nur mehr auf Reinheit, Keuschheit und Mutterschaft.

Eugénie Niboyet, der Barbey d' Aurevilly den liebenswürdigen Beinamen »Isebel der Demokratie« gegeben hatte, ist nicht mehr die wildentschlossene Kämpferin für die Rechte der Frau. Sie hat sich auf die sentimentale Kitschpresse besonnen und ein *Journal pour toutes* (Zeitschrift für jede Frau) herausgebracht, das in der Tat niemanden schockieren konnte und die Familienväter wieder in Sicherheit wiegte. Eine Grafik auf Seite 1 der ersten Ausgabe definierte überdeutlich die Ziele und Grenzen dieses Unterfangens. Sie zeigte »in der Mitte eine Mutter vor der Wiege, rechts davon eine Braut, wie sie den Kopf unter ihrem Schleier geneigt hält, und im Hintergrund ein junges Mädchen, das in einem gutbürgerlichen Salon am Piano sitzt«. *

»Der Mann ist dafür geschaffen, zu denken, die Frau, zu lieben«, erinnerte Auguste Comte, der als Denker gerade in Mode war.

Die Exproletarierinnen sind es, die in diesem großen Scheitern noch am glimpflichsten wegkommen. Sie bleiben eingebettet in die Arbeitswelt und genießen so finanziell eine relative Unabhängigkeit und Arbeitersolidarität, die sie vor der Isolation bewahrt, der die Hausfrauen ausgesetzt sind.

Nachdem die unverwüstliche Suzanne Voilquin mit knapper Not in Ägypten der Pest entgangen ist und die Gleichgültigkeit des Vaters, die Trennung von Lambert und den Tod ihres einzigen Kindes verwunden hat, betätigt sie sich in Rußland als Hebamme, wo sie sich den Rogés, Clorinde und Tajan, angeschlossen hat. Diese beiden haben nach der

* *Les premières journalistes* (Die ersten Journalistinnen, d. Übers.) von Laure Adler, Editions Payot.

Episode im Orient wieder zueinandergefunden. Alle drei machen sie sich später auf nach Louisiana, um dort in einer Phalanstèregemeinschaft zu leben. 1864 stirbt Suzanne dann in einem Armenhaus.

Désirée Véret (nunmehr Désirée Gay) wird in Belgien, wo sie Zuflucht gesucht hatte, Präsidentin der Frauensektion der Internationalen.

Jeanne Deroin lebt gemeinsam mit Marie Talon und ihren Kindern im englischen Exil, wo sie in ihrer Zeitung *L'Almanach des femmes* den Kampf beharrlich fortführt. Dort auch stößt sie, entmutigt durch das Abblocken jeglicher die Frauen begünstigenden Aktion, ihren bekannten Wutschrei aus, der in jeder Geschichte des Feminismus zitiert wird: »Die Frau ist das Verbrechen des Mannes.«

Für die einstigen »Damen der Doktrin« hingegen heißt es nun, in Einsamkeit und Enttäuschung zu leben. Abhängig von einem Ehemann oder einer Familie, abgelehnt von einer Gesellschaft, deren geheiligte Tabus sie übertreten haben, und ohne die geringste berufliche oder politische Zukunft, da sie weder eine Ausbildung noch bürgerliche Ehrenrechte haben, sind sie die großen Verliererinnen in diesem Abenteuer.

Cécile Fournel, die nun in Henris Schatten lebt, wird nur ein einziges Mal, nämlich dreißig Jahre später, ihr Schweigen brechen, als sie an Gustave d'Eichtal, einen ehemaligen Anhänger der Lehre, der die Freundschaft mit ihr zu erneuern suchte, schreibt: »Sie haben zweiunddreißig Jahre lang gut gelebt, ohne zu wissen, daß ich überhaupt existierte. Ohne es auch wissen zu wollen. Ich mache Ihnen daraus keinen Vorwurf. Ich stelle lediglich fest, daß ich als Frau da, wo Sie als Mann nur eine Idee aufgestellt und verfolgt haben, ein Stück meines Herzens hingegeben habe.«

Was die Treueste unter allen, Aglaé Saint-Hilaire, angeht, die sich als Madame Thomas in der Ehe als ebenso würdig erwies, wie sie es im Apostolat gewesen war, so starb sie 1869 in hohem Alter.

Einige andere haben geglaubt, sie könnten, des Glaubensvaters und der Mutter beraubt, nicht länger leben. Marie Talon, die, wie Cécile Fournel, 1834 einen mißglückten Selbstmordversuch unternommen hat, zieht Jahre später die traurige Bilanz dieses Abenteuers für die Frauen: »Alle hatten sie sich mit heiligem Eifer in diese Aufgabe gestürzt, in der sie alle ihren inneren Frieden und ihr Glück, wenn nicht gar ihre Moral oder ihr Leben verloren haben.«

Marie-Reine Flichi, geborene Guindorf und einstige Gründerin des *Journal des prolétariennes saint-simoniennes* (Zeitung der saint-simonistischen Proletarierinnen), stürzt sich mit dreißig Jahren in die Seine, nachdem sie es für unmöglich erklärt hat, in Freiheit seine Freiheiten zu leben, wenn man eine Frau ist.

Claire Démar schreibt an Lambert am Tag vor ihrem Selbstmord: »Ich sterbe aus Zweifel ...« Radikaler noch als Pauline, zögert sie nicht, »eine rein physische Erprobung des Fleischlichen durch das Fleischliche« vor jeglicher Verbindung zu preisen, und wies »den beleidigenden Schutz dessen, der sich als ihr Herr ausgab und doch nicht mehr als ihresgleichen war« weit von sich *. Sie sollte sich gemeinsam mit einem zweiundzwanzigjährigen jungen Anhänger, Perret Desessarts, der nicht ihr Liebhaber war, das Leben nehmen. Sie selbst war zweiunddreißig.

Es ist schon richtig, daß Claire Démar, wie *Le National* in

* *L'Affranchissement des femmes* (Die Befreiung der Frauen, d. Übers.) von Claire Démar, neuverlegt bei Payot, 1976.

seinem kurzen Nachruf zu bedenken gab, »bereits jenen Lebensabschnitt erreicht hatte, wo sich die Frauen für gewöhnlich damit abfinden müssen, daß sie in der Welt nicht mehr zu glänzen und zu gefallen vermögen«. Demnach hatte sie ja nicht mehr viel zu verlieren.

Auch Männer nehmen sich das Leben, wie beispielsweise der sechsundzwanzigjährige Jules Mercier, ehemaliger Redakteur beim *Globe* und Verfasser saint-simonistischer Lieder, der 1832 als Missionar durch ganz Frankreich zog. »Hätte ich ihre in Tränen aufgelösten Herzen doch geküßt, vielleicht lebten sie dann heute noch!« ruft, erschüttert über diese Serie von Toten, ein Arbeiterdichter aus.

Doch nur ein einziger weiterer Dichter wird sich, auf seinen Felsen geflüchtet, auch der übrigen Toten erinnern: all jener Frauen nämlich, die auf den Barrikaden, in Gefängnissen oder in der Verbannung umgekommen waren.

»Erbarmen! Dies Wort entrang sich dem Innersten meiner Brust angesichts des Sarges einer Frau, einer Schwester und Märtyrerin«, wird Victor Hugo sagen, als er auf Jersey gemeinsam mit Pierre Leroux dem Begräbnis von Louise Julien, einer Verbannten wie sie, beiwohnt. »Pauline Roland in Afrika, Blanca Teleki in Perth … so viele andere, Rosalie Gobert, Augustine Péan, Claudine Hybruit, Anne Sangla und noch so viele mehr … Geächtete, Verbannte, Gemarterte, zu Tode Gefolterte, Gekreuzigte. O ihr armen Frauen!«

Ja, ganz ohne Zweifel, viele, die die Historie sich zu vergessen beeilte, waren arme Frauen. Doch obwohl es nicht den Anschein hat, gehörte Pauline nicht zu diesen Frauen. Sie hätte dieses Wort und auch Mitleid von sich gewiesen, denn bis zum Schluß glaubte sie an ihren Kampf und daran, daß ihre Ideen eines nicht mehr fernen Tages triumphieren würden.

Wenn man die Geschichte ihres Lebens so verfolgt, kann man sie dennoch als furchtbar, lächerlich oder unnütz empfinden. Man möchte ihre Mutter gewesen sein und ihr zugerufen haben können: »Pauline, halt ein! Hör auf mit all diesen ... Dummheiten.«

Man wartet ständig darauf, daß Pauline mit dem Älterwerden auch klüger wird! Aber das hieße wohl den Glauben der Apostel vergessen. »Nie war mein Glaube in die Zukunft größer«, schrieb sie unbeirrbar noch einen Tag vor ihrer Deportation.

Man mag sie für verrückt halten, diese Frau, die bis ins Absurde hinein ihren Prinzipien getreu leben und vor einer Gesellschaft, die so viel gar nicht verlangte, auch alle Verantwortung dafür tragen wollte.

Doch mußte man nicht verrückt sein, um sich im Jahr 1830 als freie Frau verstehen zu wollen? Mußte man nicht verrückt sein, um eine Theorie von individueller und sexueller Freiheit in die Tat umzusetzen, deren alleinige Erwähnung schon ehrbare Leute beiderlei Geschlechts in Harnisch brachte? Mußte man nicht schließlich auch verrückt sein, wenn man ganz allein alle Risiken dieses Verhaltens tragen wollte, und das hundert Jahre, bevor die Medizin die Frauen davor bewahrte, den Zufälligkeiten der Zeugung ausgesetzt zu sein, und bevor die soziale Gesetzgebung die Ungerechtigkeit milderte, die Mütter zu den für ihre Kinder einzig Verantwortlichen machte?

Und wie sehr sind sie nicht das Salz der Erde? Wie haben die Saint-Simonistinnen nicht durch ihre Unerschrockenheit die Gemüter mit neuen Verhaltensweisen vertraut gemacht? Wie sehr haben sie nicht gerade durch eben ihre Verrücktheit den schuldbeladenen Egoismus dieser patriarchalischen Gesellschaft ans Tageslicht gebracht, die sie zu einer Existenz als Fürsorgebedürftige und Entrechtete verurteilte ?

Was an Pauline Rolands Geschichte besonders tief beeindruckt, ist der Umstand, daß die Maßlosigkeit der Menschen zuweilen auf unerhörten Wegen ans Erhabene grenzt. Pauline ist eine unwahrscheinlich anmutende Hauptfigur, die kein Romanschriftsteller, der um Glaubhaftigkeit bemüht ist, zu erfinden gewagt hätte. All die Mißgeschicke, die ihr ihr Eigensinn einbringen würde, hätte man ihr vorhersagen können, und man hat es sicherlich auch getan. Denn es sind die ordentlichen Leute, die Vernünftigen und »Gräulichen« , wie sie die Romantiker nannten, die im Recht bleiben. Doch Pauline wollte trotzdem all die Wege erproben, die jene großen Lyriker von Utopisten den Frauen erschlossen.

Sie hatte dabei lediglich vergessen, daß, wenn man arm ist, an der Liebe Gefallen findet und zu allem Unglück auch noch fruchtbar ist, sexuelle Freiheit nichts anderes als die sichere Versklavung und materielle Not bedeutet.

Daß es Meinungsfreiheit, wenn man arm ist und das Unglück es will, daß man ein rebellisches Temperament hat, nur auf die Gefahr hin geben kann, im Gefängnis zu landen. Und daß schließlich der Hang zum Erhabenen und zum Martyrium manches Mal mit dem Tod bezahlt werden muß, wenn es das Unglück will, daß man ein mutiger Mensch ist und einem Geschlecht angehört, bei dem Heldenhaftigkeit als »abscheulich« erachtet wird.

Anhang

Anmerkungen zu den genannten Personen

Marie d'Agoult (1805–1876)
Veröffentlichte unter dem Namen Daniel Stern Romane und historische Studien. Machte aus ihrem Salon einen der berühmtesten Cénacles der Romantik.
Hatte eine stürmische Liaison mit Liszt, dem sie zwei Töchter gebar, Cosima, die spätere Ehefrau Richard Wagners, und Blandine.

Jean-François Aicard (geboren 1801 in Toulon)
Jurist und Journalist. Wurde 1834 Pauline Rolands Liebhaber und Vater dreier ihrer Kinder. Verließ sie wegen Victoire Isnard, die er 1847 heiratete und von der er einen Sohn hatte: Jean Aicard, Erfolgsschriftsteller (*Maurin des Maures)* und Mitglied der Académie française.

Hortense Allart, verheiratete Madame de Méritens (1801–1879)
Freie und eigenwillige Frau, die Gedankenaustausch und Freundschaften mit zahlreichen Schriftstellern, darunter auch Chateaubriand, pflegte.

Arlès-Dufour
Saint-Simon ist, Bankier und Freund Enfantins, dessen Testamentsvollstrecker er werden sollte.

Arnauld (1612–1694)
Theologe an der Sorbonne. Hatte dreizehn Brüder und sechs Schwestern, die alle im Kloster Port-Royal, das er reformiert hatte, den Schleier nahmen. Leidenschaftlicher Verfechter der jansenistischen Doktrin gegen die Jesuiten. Führte bei den »Ordensherren von Port-Royal« ein Leben in Gelehrsamkeit und Gottesfurcht.

Babeuf (1760–1797)
Revolutionär, der für die Landaufteilung eintrat, für die Republik der Gleichberechtigten und die Tugendhaftigkeit nach Art der Gracchen, daher auch sein sich selbst zugelegter Beiname Gracchus. 1797 durch die Guillotine hingerichtet.

Armand Barbès (1809–1870)
Republikaner und Revolutionär. Er wurde mehrmals verhaftet und dreimal zum Tode verurteilt! 1848 zum Volksvertreter gewählt, mußte nach dem Staatsstreich ins Exil und starb in Holland. Neunzehn Jahre Exil.

Jules Barbey d'Aurevilly (1808–1889)
Katholik und politisch aktiver Royalist, Schriftsteller und Dandy, gefürchtet wegen seiner bissigen Zeitungsartikel und seiner Geschicklichkeit im Duell. Wandte sich mit aller Verbissenheit gegen Auguste Comtes Positivismus, Zolas Populismus und Hugos Humanismus – wobei er letzterem niemals irgendwelche Genialität zugestand –, sowie gegen den Feminismus im allgemeinen. Wichtige Werke: *Le Che-*

valier Des Touches (Ritter Des Touches), *Les Diaboliques* (Die Teuflischen).

Saint-Amant Bazard (1791–1832)
Seit seiner Jugend in politische Kämpfe verwickelt. Wurde ein begeisterter Anhänger des Saint-Simonismus und später dann zum Vater der Doktrin. Starb nach seinem Bruch mit Enfantin an den Folgen eines Schaganfalls.

Claire Bazard
Eine Frau von großer Intelligenz und intellektueller Rechtschaffenheit. Stellte sich anläßlich des Bruchs auf die Seite ihres Mannes.

P. J. de Béranger (1780–1857)
Poet und ein vom Patriotismus und der Liebe zum einfachen Volk inspirierter Liederdichter. Gegenstand höchster Verehrung von seiten so freiheitsliebender Schriftsteller wie Stendhal und Mallarmé. Kam wegen einer Sammlung subversiver Lieder ins Gefängnis. Lehnte sein ganzes Leben hindurch Ehrungen und Würden ab, um sich seine Freiheit zu bewahren. Behielt immer ein fürsorgliches Auge auf Pauline Roland, zu der er eine aufrichtige Zuneigung gefaßt hatte.

Louis Blanc (1811–1882)
Historiker und republikanischer Aktivist. Begründer der sozialistischen Partei. War Mitglied der Regierung Lamartine und mußte nach dem Staatsstreich ins englische Exil. Dort blieb er achtzehn Jahre.

Louis Auguste Blanqui (1805–1881)
Theoretiker des Sozialismus und Anführer der republikanischen Opposition. Sein Leben ist eine einzige Folge von Verschwörungen und Haftstrafen. 1879 zum Abgeordneten von Bordeaux gewählt. Doch ausgelaugt von vierunddreißig Jahren Gefängnisleben, stirbt er 1881.

Raymond Bonheur (geboren 1790)
Maler, Saint-Simonist und Feminist. Vater von Rosa Bonheur, die er dazu ermutigt hatte, Künstlerin zu werden, und die die erste weibliche Malerin von internationalem Ruf wurde.

André Breton (1896–1966)
Dichter und Vater des Surrealismus. Widmete Fourier und der Utopie eine Ode.

Étienne Cabet (1788–1856).
Einer der vier großen französischen Utopisten. Obwohl Sohn eines Faßbinders, gelingt es ihm, Anwalt und später, 1831, Abgeordneter zu werden. Als Theoretiker des Kommunismus leitet er die Carboneria, gründet die sozialistische Zeitung *Le Populaire* sowie eine Lebensgemeinschaft in Nauvoo, Texas. 1848 nach dem Staatsstreich ins Exil verbannt, sucht er in England Zuflucht, wo er sich einem anderen Utopisten, Robert Owen, anschließt. Schrieb 1841 den philosophischen Roman *Voyage en Icarie* (Reise nach Ikarien), der erheblichen Einfluß auf die Arbeiterwelt kurz vor dem Volksaufstand von 1848 hatte. Hob die Frauen in seinem Gemeinschaftssystem in den Himmel, verweigerte ihnen jedoch jegliche Unabhängigkeit außerhalb des häuslichen Kreises.

Hippolyte Carnot (1801–1888)
Sohn des großen Lazare Carnot, des »Organisators des Sieges« unter der Französischen Revolution, und Vater von Sadi Carnot, dem späteren Präsidenten der Republik. Saint-Simonist. Von 1839 bis 1849 Abgeordneter von Paris, dann Minister des staatlichen Unterrichtswesens. Verordnet das weltliche und unentgeltliche Pflichtschulwesen für Mädchen wie Jungen, ein Projekt, dem jedoch das kirchlich und reaktionär orientierte Gesetz Falloux folgte. Sollte Napoleon III. den Eid verweigern.

Michel Chevalier (1806–1879)
Nationalökonom und Politiker. Bergbauingenieur. Als einer der allerersten Saint-Simonisten leitet er *Le Globe* und wird 1834 gemeinsam mit Enfantin ins Gefängnis geschickt. Später dann Mitglied des Conseil d'État und Lehrer am Collège de France. 1848 seines Amtes enthoben, durch Napoleon III. jedoch wieder eingesetzt.

Auguste Comte (1798–1857)
Philosoph. Von 1817 bis 1825 Saint-Simons Sekretär. Begründer des Positivismus. Ursprünglich Lehrer am Collège de France, wird er aus dem Schuldienst entfernt und stirbt schließlich in Armut, seine Theorien aber werden einen großen Widerhall finden.

Victor Considérant (1808–1893)
Polytechniker und Fourierist. Setzte den Begriff »Recht auf Arbeit« durch. Zum Abgeordneten gewählt und schließlich 1849 zur Deportation verurteilt. Geht ins belgische Exil und dann nach Texas in eine landwirtschaftliche sozialistische

Gemeinschaft. Sollte sich 1870 der Pariser Kommune anschließen.

Benjamin Constant (1767–1830)
Schriftsteller (Autor eines bekannten Romans [*Adolphe*]) und Politiker. Führte ein intellektuell und gesellschaftlich, aber auch in Liebesdingen überaus reges Leben. Mme de Charrière und Mme de Staël waren ihm enge Freundinnen.

Paul-Louis Courier (1772–1825)
Schriftsteller, der in seinen Werken für die Bauern und die kleinen Leute eintritt. Wurde ermordet.

Félicien David (1810–1876)
Komponist und Kapellmeister. Blieb sein Leben lang dem Saint-Simonismus treu, für den er zahlreiche Hymnen und Chorgesänge schrieb. Führte den Exotismus in die französische Musik ein und wurde Berlioz' Nachfolger im Institut de France.

Claire Démar oder Émilie d'Eymard (1800–1833)
Leidenschaftliche Republikanerin und Feministin. Veröffentlicht *L'Appel d'une femme du peuple sur l'affranchissement des femmes* (Aufruf einer Frau des Volkes zur Befreiung der Frauen) und *Ma loi d'avenir* (Mein Zukunftsgesetz). Begeht mit dreiunddreißig Jahren Selbstmord angesichts der fehlgeschlagenen Bemühungen der Frauen, Gleichberechtigung zu erlangen.

Jeanne Deroin (1805–1888)
Kleine Weißnäherin, aber verbissene Kämpferin für die Rechte der Frauen und Arbeiter. Gemeinsam mit Pauline

Roland die erste Frauenstimmrechtlerin. Mitarbeiterin bei der Zeitschrift *Voix des femmes;* Saint-Simonistin, später dann Sozialistin. Mit Pauline wegen der Gründung von Arbeitervereinen sechs Monate in Haft, nach 1848 dann mit ihrem Mann und ihren drei Kindern im englischen Exil. Von Flaubert ins Lächerliche karikiert durch seine Romanfigur MlleVatnaz aus der *Éducation sentimentale* (Die Schule der Empfindsamkeit).

Desprez (geboren 1801 in Falaise)
Leiter des Gymnasiums von Falaise, Saint-Simonist und Hauslehrer der beiden Demoiselles Roland.

Maxime du Camp (1822–1894)
Verfasser von Sittenstudien und -aufsätzen. Sympathisant des Saint-Simonismus und ein enger Freund Flauberts.

Jules Dumont d'Urville (1790–1842)
Seefahrer. Unternahm drei Weltumsegelungen und entdeckte Adélieland. Kam bei einem Eisenbahnunglück zwischen Paris und Versailles ums Leben.

Charles (1805–1860) und Henri (1840–1892) Duveyrier
Sowohl Vater wie Sohn Saint-Simonisten und treue Anhänger des Vater Enfantin. Charles trug den Beinamen »Poet Gottes«.

Gustave d'Eichtal (1804–1886)
Schriftsteller und Gräzist. Zunächst Schüler Auguste Comtes, dann Enfantins.

Barthélemy Prosper Enfantin (1796–1864)
Sohn eines ruinierten Bankiers. Polytechniker. Rußlandreise, begeistert sich dann für den Saint-Simonismus, aus dem er eine Religion machen wird. 1833 gerichtlich verfolgt und zu einem Jahr Gefängnisstrafe verurteilt, bricht er anschließend auf der Suche nach dem weiblichen Messias nach Ägypten auf. Sein mächtiger Einfluß auf seine Jünger verleitete sie bisweilen zu mystisch-sinnlichen Tollheiten.

Friedrich Engels (1820–1895)
Deutscher Theoretiker des Sozialismus. Nach 1848 im englischen Exil. Folgte Marx in seiner Theorie vom historischen Materialismus.

Marie-Reine Flichi, geb. Guindorf (1806–1836)
Modistin. Neben Désirée Véret Mitbegründerin der *Tribune des femmes*. Saint-Simonistin, später Fourieristin. Erteilte den Arbeiterinnen allabendlich kostenlosen Unterricht. Nahm sich mit dreißig Jahren das Leben.

Charles Fourier (1772–1837)
Der eigenständigste Geist des 19. Jahrhunderts. Als Autor von *La Théorie des quatre mouvements* (Theorie der vier Bewegungen und der allgemeinen Bestimmungen) und der *Nouveau Monde industriel* (Die neue Instustriewelt), gründete er seine Utopie auf das Glück des Individuums und der Chancengleichheit. »Du, aufrecht unter all den großen Sehern, der du glaubtest, der Gewohnheit und des Unheils Herr zu werden!« schrieb André Breton in seiner *Ode an Charles Fourier*.

Henri Fournel
Bergbauingenieur und Geologe, überzeugter Saint-Simonist, arbeitete mit Enfantin am Projekt zum Suezkanal. Seine Frau Cécile löste sich nach der Erfahrung von Ménilmontant von der Bewegung.

Émile de Girardin (1806–1881)
Erfinder der bezahlten Werbung in der Presse und des Fortsetzungsromans. Nach dem 2. Dezember des Landes verwiesen. Seine Frau, Delphine Gay, schrieb zahlreiche Erfolgskomödien.

Olympe de Gouges (1748–1793)
Schriftstellerin (dreißig Theaterstücke) und Revolutionärin. Veröffentlichte 1791 eine *Déclaration des droits de la femme* (Deklaration über die Rechte der Frau). Starb 1793 unter dem Fallbeil.

Adolphe Guéroult (1810–1872)
Journalist. Gründete seine eigene Zeitung, in der er für den Saint-Simonismus eintrat. War Paulines erster Liebhaber und der Vater von Jean-François Roland.

Léon Halévy (1802–1883)
Romancier und Dichter. Saint-Simonist, der dem Vater immer treu blieb.

Hoart
Einer der ältesten Freunde Enfantins. Folgte ihm nach Ägypten, wo er an der Pest starb.

Jean Jaurès (1859–1914)
Historiker und Politiker von eminenter Gelehrsamkeit und mitreißender Wortgewalt. Schließt sich 1893 dem Sozialismus an und wird Parteichef. Ermordet am 31. 7. 1914.

Alphonse Karr (1808–1890)
Journalist und Schriftsteller, Verfasser von hundert berühmten Romanen und Pamphleten und berüchtigter Antifeminist. »Eine schreibende Frau macht zwei Fehler: Sie erhöht die Zahl der Bücher und schmälert die Zahl der Fauen.«

Vater J.B. Lacordaire (1802–1861)
Berühmter Prediger und Schriftsteller. 1848 zum Abgeordneten gewählt mit Sitz auf der Linken der Nationalversammlung. Mitglied der Académie française.

Jacques Laffitte (1767–1844)
Finanzmann und Politiker. Finanzminister und Ministerpräsident unter Louis-Philippe. Finanzierte Saint-Simons Arbeiten und wandte im Laufe seiner Karriere häufig dessen Theorien an.

Charles Lambert (1806–1864)
Der treueste Schüler des Vaters. Ingenieur. Verbrachte zwanzig Jahre in Ägypten. Paulines Beichtvater. Sein gesamtes Hab und Gut hatte er der saint-simonistischen Gemeinde zur freien Verfügung gestellt.

Jules Lechevalier
Treuer Saint-Simonist und Freund des Vaters.

Alexandre Auguste Ledru-Rollin (1807–1874)
Anwalt. 1848 kurzfristig Innenminister und einer der Initiatoren des allgemeinen Wahlrechts. Nach dem Volksaufstand im Exil, kehrt erst 1871 nach Frankreich zurück.

Gustave Lefrançais
Republikanischer Journalist und Lehrer, 1848 inhaftiert. Neben Jeanne Deroin und Pauline Roland Gründer der Lehrer- und Lehrerinnen-Vereinigung. Sollte Pauline während ihrer letzten Jahre ein treuer Vertrauter bleiben und sich 1870 an der Pariser Kommune beteiligen.

Ernest Legouvé (1807–1903)
Lehrstuhlinhaber für weibliche Moralgeschichte am Collège de France, ein Lehrstuhl, der 1848 durch Carnot neu geschaffen worden war. Bezeichnete sich als »Erbfeministen«. »Seien Sie unbesorgt, ich will keine Abgeordneten und nicht einmal Senatoren aus ihnen machen. Ein weiblicher Arzt stößt einen ab, ein weiblicher Notar wirkt lächerlich, und ein weiblicher Anwalt schreckt ab!« Man sieht schon, wo die Grenzen seines Feminismus liegen.

Élisa Lemonnier, geb. Marie Grimailh (1805–1865)
Verheiratet mit Charles Lemonnier, der als Saint-Simonist mit der Verbreitung der Lehre in Toulouse betraut war. Sie löste sich von Enfantin anläßlich des Streits der beiden Väter über die Frauen. Organisierte am Rande der Nationalwerkstätten Näh- und Leseunterrichtsstunden für die Arbeiterinnen.

Pierre Leroux (1797–1871)
Schriftsetzer, schließlich Wirtschaftswissenschaftler und

Journalist. Mitbegründer der Zeitung *Le Globe,* einem zunächst romantischen, dann saint-simonistischen Blatt. Schuf mit George Sands Hilfe ein Phalanstère in Boussac, wo Pauline die Leitung der Schule übernahm. 1848 zum Abgeordneten gewählt, mußte er nach dem Staatsstreich ins Exil gehen. Lebte in völliger Armut und Not auf Jersey, unweit von Victor Hugo, der dort gleichermaßen im Exil war.

Émile Littré (1801–1881)
Lexikograph und Philosoph. Schüler Auguste Comtes. 1875 zum unabsetzbaren Senator gewählt. Seine Wahl in die Académie française führte zum Austritt von Monseigneur Dupanloup! Berühmt aufgrund des umfassendsten aller Wörterbücher der französischen Sprache: *Le Littré.*

John Stuart Mill (1806–1873)
Englischer Nationalökonom und Philosoph. Zeigte Sympathien für den Saint-Simonismus, den Sozialismus und den Feminismus. Veröffentlichte 1869 *The Subjection of Woman* (Die Hörigkeit der Frau).

Adèle Morlane
Ergebene Geliebte Vater Enfantins seit 1826. Sie war fünf Jahre älter als er und schenkte ihm einen Sohn, Arthur, den er letztendlich anerkannte. Er lehnte es jedoch immer ab, sie zu heiraten, und schrieb ihr: »Wisse, daß ich angebetet werden will.« Ihm wurde gehorcht.

Eugénie Niboyet, geb. Mouchon
Frau eines Anwalts. Professionelle Journalistin, die in verschiedenen Zeitungen, die sie gründete, für die Emanzipation der Frauen kämpfte. Schuf die *Association fraternelle*

des démocrates des deux sexes (Brüderliche Vereinigung der Demokraten beiderlei Geschlechts), die den Abgeordneten etliche Projekte zugunsten der bürgerlichen und juristischen Ehrenrechte für die Frauen vorlegte, die in der Kammer regelmäßig mit spöttischen Bemerkungen abgetan wurden. Wurde auch als die »blaustrümpfige Jeanne d'Arc« bezeichnet.

Adolphe Nourrit (1802–1839)
Tenor, der sich vor allem durch seine Auftritte in den Opern von Meyerbeer einen Namen machte. Saint-Simonist.

Thérèse Nugues
Kusine Enfantins, mit der er eine herzliche Korrespondenz unterhielt, obwohl es ihm nie gelang, sie von der Ernsthaftigkeit seiner Ideen zu überzeugen.

Robert Owen (1771–1858)
Englischer Utopist. Machte aus seiner Textilfabrik in New Lanark eine Modellgemeinschaft, in der die Arbeiter am Gewinn beteiligt wie auch sozialversichert waren.

Émile (1800–1875) und Isaac (1806–1880) Pereire
Aus einer Bankiers- und Nationalökonomenfamilie. Émile war, neben seinem Bruder Isaac, einer der maßgeblichsten Schüler von Saint-Simon. Großer Initiator des industriellen Aufschwungs in Frankreich unter Louis-Philippe und Napoleon III. Begründer des Eisenbahnnetzes im Norden und Süden des Landes wie auch der *Compagnie générale transatlantique*. Setzte sich immer schützend für Enfantin ein.

Pierre Joseph Proudhon (1809–1865)
Theoretiker des Sozialismus, dessen neurotischen Frauenhaß man oft allzuleicht übersieht. »Die Frau an sich hat keine Daseinsberechtigung. Sie ist eine Art Mittelbegriff zwischen dem Mann und dem Rest des Tierreichs.« Außerdem ist sie »ein schlechter Partner, der im Durchschnitt weit mehr kostet, als er einbringt, und dessen Existenz nur auf ständige Opfer des Mannes gründet«. Und was den Geschlechtsakt betrifft, so ist dieser »lächerlich für denjenigen, der Zeuge der Angelegenheit wird, und mühselig und unerquicklich für den Beteiligten«. Vom vierzigsten Lebensjahr an sollte ein Mann absolute Keuschheit wahren. Von Proudhon stammt auch der berühmte Ausspruch: Die Frau, »deren Charakter im wesentlichen von Falschheit geprägt ist«, kann nur entweder »Hausfrau oder aber Kurtisane« sein. Doch Proudhon bleibt ein hochgeachteter Meister, und Enfantin und Fourier mit ihrer Generosität und ihrem Aufruf zum Glück sind es, die als Verrückte und Utopisten abgestempelt werden.

Edgar Quinet (1803–1875)
Dichter, Historiker und Politiker. Wurde als Lehrer am Collège de France 1846 vom Unterricht suspendiert. Verfasser von *Ahasveèrus,* einem langen Gedicht über die Suche nach der Freiheit, das Pauline Roland in den Himmel hob. 1851 verbannt, kehrte er erst 1870 wieder nach Frankreich zurück. Schöpferischer und edelmütiger Geist, enger Freund von Michelet.

Olinde und Eugène Rodrigues
Junge Bankiers, begeisterte Saint-Simonisten. Olinde, Professor am Polytechnikum, wurde entlassen, weil er Jude war. Subventionierte Saint-Simons Werk und später Enfantins

Unternehmungen. Leitete Eisenbahngesellschaften und schuf die ersten Altersversorgungskassen.

Rouget de Lisle (1760–1836)
Offizier. Schrieb 1792 in Straßburg den Text und die Musik zur *Marseillaise* ... Komponierte für Saint-Simon eine *Industriellenhymne*. Monarchieanhänger. Erhielt von Louis-Philippe eine Rente. Starb in Armut.

Aglaé Saint-Hilaire
Eine Getreue Vater Enfantins, den sie ihr Leben lang liebte. Für zahlreiche Anhänger, darunter auch Pauline Roland, stellte sie die »Mutter in der Doktrin« dar. Sie hoffte, weiblicher Messias an der Seite Enfantins werden zu dürfen. Heiratete in vorgerücktem Alter M. Thomas.

Saint-Simon. Claude Henri de Rouvroy, Graf von Saint-Simon (1760–1825)
Philosoph, Nationalökonom und Gründer des Systems, das seinen Namen trägt und am Anfang des Sozialismus im 19. Jahrhundert steht.

George Sand. Aurore Dupin, Baronin Dudevant (1804–1876)
Verheiratet mit Baron Dudevant, von dem sie sich mit zwei Kindern 1831 trennte. Liierte sich mit Jules Sandeau, Musset, Liszt, Chopin und anderen bedeutenden Männern. Romantisch orientierte Schriftstellerin, wußte jedoch auch die Bauern und Arbeiter ihres heimatlichen Berry zu schildern und schuf unter dem Einfluß ihres Freundes Pierre Leroux den ländlichen Roman. Sie legt darin die Thesen des beginnenden Sozialismus dar. *Indiana* (1832), *Lelia, Consuelo, La*

Mare au diable (Das Teufelsmoor) und an die dreißig weitere Werke. Feministin, allerdings nur, was die emotionale Ebene betrifft, da sie der Meinung ist, daß »eine Frau, wenn sie lieben und geliebt werden könnte, wie sie es wünscht, nicht auf den Gedanken käme, noch andere Ansprüche zu stellen«.

Émile Souvestre (1806–1854)
Schriftsteller und Romancier, schilderte bretonische Sitten und Gebräuche.

Eugène Sue (1804–1857)
Volksverbundener Romanschriftsteller. Patenkind der Kaiserin Joséphine, Militärarzt. Zu humanitären Idealen konvertiert, 1848 in die Nationalversammlung gewählt. Im Dezember 1851 ins Exil geschickt. Beträchtliches Ausmaß literarischen Schaffens: *Les Mystères de Paris* (Die Geheimnisse von Paris) in zehn Bänden, *Le Juif errant* (Der ewige Jude) etc.

Marie Talon
Eine der Saint-Simonistinnen, die der Hierarchie angehörte. Verfaßte gemeinsam mit Cécile Fournel die Geschichte der Sekte mit dem Titel *Le Livre des actes* (Das Buch der Taten), während die Gemeinschaft sich nach Ménilmontant zurückgezogen hatte.

Augustin Thierry (1795–1856)
Historiker. Schrieb sein erstes Werk in Zusammenarbeit mit Saint-Simon. Bekannt durch seine *Récits des temps mérovingiens* (Könige und Königinnen der Merowinger).

Flora Tristan (1803–1844)
Uneheliche Tochter eines reichen Peruaners und einer Französin, die durch den Tod des Vaters ihres Kindes in bittere Armut geriet. Die schöne und leidenschaftliche Flora verläßt den Graveur Chazal, mit dem sie blutjung verheiratet wurde, um sich dem Kampf für die Unterdrückten zu widmen. Er verwundet sie schwer mit einem Revolverschuß und wird zu zwanzig Jahren Gefängnis verurteilt. Sie verläßt Frankreich mit ihrem dritten Kind (eine Tochter, die einmal Gauguins Mutter werden wird). Sie kehrt zu ihrer Familie in Peru zurück, findet dort aber schlechte Aufnahme. Schreibt *Souvenirs et pérégrinations d'une paria* (Fahrten einer Paria). Stellt dann in *Promenades dans Londres* (Spaziergänge in London, d. Übers.) Untersuchungen über das Elend in London an, aus denen Pauline zahlreiche Einzelheiten für ihre eigenen Artikel über die Lebensbedingungen der Arbeiter in Europa entnehmen wird. Erkennt als eine der ersten, vier Jahre vor dem *Kommunistischen Manifest* von Marx, die Notwendigkeit von Arbeiterverbänden. Schreibt ihr wichtigstes Werk, *L'Union ouvrière* (Der Zusammenschluß der Arbeiter, d. Übers.), das so unterschiedliche Persönlichkeiten subskribieren wie George Sand, Marceline Desbordes-Valmore, Louise Colet, Hortense Allart, Pauline Roland, Sozialisten wie Victor Considérant, Louis Blanc, Vinçard und ferner auch der Lied- und Textdichter Béranger, Eugène Sue, der Schauspieler Frédérick Lemaître etc. Unternimmt einen Kreuzzug durch ganz Frankreich, um diesen Zusammenschluß zu predigen. Dabei stirbt sie 1844 an Erschöpfung in Bordeaux. Ein Schlüsselsatz: »Der unterdrückteste Mann kann immer noch ein Wesen unterdrücken, seine Frau. Die Frau ist der Proletarier des Proletariers.« Pauline Roland, mit

der sie in enger Freundschaft verbunden war, vertraute sie noch kurz vor ihrem Tod ihre Tochter an.

Désirée Véret, verheiratete Mme Gay

Modistin. Gründete mit zweiundzwanzig Jahren gemeinsam mit der Weißnäherin Reine Guindorf die erste feministische Zeitung. Heiratete den Fourieristen Léopold Gay und machte es sich zur Aufgabe, die Arbeit der Industriearbeiterinnen zu organisieren. Anfänglich Saint-Simonistin, wurde sie eine Bewunderin Robert Owens. Nach 1848 in der Verbannung lebend, starb sie schließlich in Brüssel, wo sie den Vorsitz in der Frauensektion der Internationalen geführt hatte.

Suzanne Voilquin (1801–1876)

Waise. Im Taglohn arbeitende Stickerin. Als saint-simonistische Proletarierin leitet sie die Zeitung *La Tribune des femmes*, die sie mit ihrem eigenen Verdienst finanziell unterstützt. Folgt Enfantin nach Ägypten, wo sie die Pestkranken pflegt und den Beruf der Hebamme erlernt. Erkennt den Sozialismus nicht ohne die Emanzipation der Frau an. Hinterließ ein interessantes Zeugnis ihrer Tage: *Souvenirs d'une fille du peuple* (Erinnerungen einer Tochter des Volkes, d. Übers.), ersch. bei Maspero.

Vinçard

Einer der ersten Arbeiter, der sich dem Saint-Simonismus anschloß, um die »Lehre nicht den Bourgeois« zu überlassen. Als Beteiligter beim Ansturm auf den Faubourg Saint-Antoine und als Lieddichter gehörte er auch zu den Mitgliedern des Phalanstère von Ménilmontant.

Virginia Woolf (1882–1941)
Englische Romanschriftstellerin und Verfasserin eines der scharfsichtigsten und frappierendsten Essays über die Situation der Frau, *A Room of One's Own* (Ein Zimmer für sich allein), der zwar 1929 schon entstand, in Frankreich jedoch erst 1951 von Clara Malraux übersetzt wurde.

Zeittafel

1805 7. Juni: Pauline Rolands Geburt in Falaise, Normandie. Im selben Jahr findet die Seeschlacht von Trafalgar statt, in deren Verlauf Admiral Nelson getötet wird. England bleibt Herrin der Meere, doch Napoleons Siege häufen sich in Europa: am 2. Dezember bei Austerlitz.

1812–1813 Zerschlagung des Kaiserreichs. Rückzug von der Beresina. Kapitulation des Kaisers, der ins Exil auf die Insel Elba geschickt wird.

1814 Ludwig XVIII.wird zum König der Franzosen proklamiert.

1815 Die Hundert Tage. Die Schlacht bei Waterloo. Exil für Napoléon I. auf Sankt Helena. Zweite Restauration Louis-Philippes. Der weiße Terror geht auf die Anhänger des Kaisers nieder.

1824 Tod Ludwigs XVIII. Karl X., ein weiterer Bruder Ludwigs XVI., wird zum König proklamiert.

1825 Wahl einer ultrareaktionären Abgeordnetenkammer, Strafverfolgung gegen die Liberalen und Laizisten. Tod von Saint-Simon, Begründer des utopischen Sozialismus.

1826 Enfantin gründet die saint-simonistische Kirche. Desprez, der Hauslehrer von Pauline und ihrer Schwester Irma, tritt ihr bei.

1827–1830 Pauline und ihre Schwester begeistern sich für Saint-Simons Gesellschaftslehre.

Juli 1830, Gewaltstreich durch Karl X.: Die Kammer wird aufgelöst und die Presse mundtot gemacht. Das Wahlrecht wird einzig und allein dem Besitzbürgertum vorbehalten. In Auflehnung gegen diese »Juliordonnanzen« werden in Paris Barrikaden errichtet, und auf Notre-Dame wird die Trikolore gehißt. Es sind die sogenannten »Trois Glorieuses«, die drei Ruhmestage. Doch der Sieg der Republikaner wird geflissentlich ignoriert, und das Parlament setzt Louis-Philippe die Krone auf.

1832 Die saint-simonistische Kirche zerstreut sich infolge des Prozesses gegen Enfantin, der zu einer einjährigen Gefängnisstrafe verurteilt wird. Pauline trifft genau zu diesem Zeitpunkt in Paris ein, als der »Roi au parapluie« (»König mit dem Regenschirm«) zum Symbol für die Regierungsform im Sinne der Bourgeoisie wird.

1833 Pauline begegnet Guéroult und »liebt ihn in Saint-Simon«. Obwohl sie von dem jungen Mann ein Kind erwartet, gibt sie sich, der saint-simonistischen Moralvorstellung folgend, J.-F. Aicard, ebenfalls einem Saint-Simonisten, hin.

1834 Mit Aicard arbeitet Pauline an Pierre Leroux' *Encyclopédie nouvelle.* Enfantin ist mit seinen Jüngern in Ägypten auf der Suche nach dem weiblichen Messias. In der Heimat erlebt man die ersten Streiks. Der der Lyoner Seidenarbeiter wird grausam niedergeschlagen.

1835 Im Januar Geburt von Paulines erstem Kind: Jean-François Roland, der als Kind unbekannten Vaters gemeldet wird. Pauline arbeitet für die bei der Obrigkeit sehr schlecht angeschriebene Oppositionspresse.

1840 Im Arbeitermilieu brodelt es. Pauline lebt in Toulon mit Aicard, der sich in die junge Victoire Isnard verliebt hat.

Sie hat zwei weitere Kinder bekommen, eines ist ein Mädchen, das frühzeitig sterben wird.

1841 Pauline schreibt für die von George Sand und Pierre Leroux geleitete *Revue indépendante*. Sucht bald mit ihren beiden Kindern Zuflucht bei ihrer Schwester Irma in Chartres.

1843 Guizot weigert sich, die Wahlreform und die vom Volk geforderten Sozialmaßnahmen durchzuführen.

1844 Pauline lebt wieder mit Aicard zusammen. Ein weiteres Kind, Moïse, wird geboren, doch sie erträgt die Liaison zwischen Aicard und Victoire nicht länger.

1845 Dramatischer Bruch: Pauline kehrt mit ihren drei Kindern nach Paris zurück und lebt dort in bitterer Armut. Aicard wird Victoire heiraten.

1847 Pauline findet Zuflucht in Boussac, in der von Pierre Leroux gegründeten Lebensgemeinschaft. Dort übernimmt sie die Leitung der Schule sowie die einer Zeitung.

1848 Die soziale Explosion: Die Arbeiter fordern die Republik. Louis-Philippe ist gezwungen abzudanken. Eine provisorische Regierung mit Lamartine an der Spitze wird gebildet. Leroux wird in die Constituante gewählt, und Boussac muß schließen. Pauline kehrt nach Paris zurück.

1849/50 Die Aprilwahlen wurden zu einer Niederlage für die Sozialisten, die eine Gegenregierung schaffen. Im Juni ist Paris erneut mit Barrikaden übersät. Das Militär schlägt zurück: tausend Tote, fünfzehntausend Pariser werden verhaftet, viertausend nach Algerien deportiert. Die Notabeln ergreifen wieder die Macht, Prinz Louis-Napoléon wird zum Präsidenten der Republik gewählt. Die Linke wird führerlos gemacht, und eine Fülle repressiver Gesetze werden verabschiedet. Pauline hat mit Jeanne Deorin die erste Näherinnen-, Lehrer- und Lehrerinnenvereinigung gegründet. Sie wird gleichzeitig mit Jeanne Deroin wegen »ungesetzlichen Zusammenschlusses« zu sechs Monaten Haft verurteilt.

1851 Am 2. Dezember Staatsstreich des Prinz-Präsidenten, der sich unter dem Namen Napoleon III. zum Kaiser der Franzosen ausrufen läßt.

1852 Sechsundzwanzigtausend Sozialisten und Republikaner werden verhaftet und zehntausend nach Cayenne oder Algerien deportiert. Viele gehen ins Exil: Leroux, Hugo, Jeanne Deroin. Für ihren Widerstand gegen den Staatsstreich wird Pauline Roland am 6. Februar 1852 verhaftet und in Saint-Lazare gefangengesetzt. Im März wird sie zur Deportation nach Algerien verurteilt. Im Juni verläßt sie Le Havre und wird in das Klostergefängnis El Biar gebracht. Im Juli wird sie, die als allzu staatsgefährdender Häftling gilt, in ein Gefängnis nach Annaba überstellt. Ende Oktober – sie befindet sich inzwischen in üblem Gesundheitszustand – wird sie begnadigt. Erschöpft von der Seereise, stirbt sie am 16. Dezember auf der Strecke nach Paris an Rippenfellentzündung. Ihr ältester Sohn, der zu ihr geeilt ist, erlebt noch ihren letzten Atemzug.